6th

원가계산과 원가관리

박석하·손영삼·김제승 공저

COST ACCOUNTING & COST MANAGEMENT

도서
출판 범한

머 리 말

각종 경영혁신기법이 기업에 확산되고 있으나, 이 기법들을 도입한다고 해서 기업이익이 한 순간에 증가하는 것은 아닙니다. 대한상의에 따르면(2015), 우리나라의 100년 장수기업은 두산을 비롯 7개사이며, 평균수명이 32.9년에 불과하다고 합니다. 이는 기업을 둘러싼 환경을 헤치고 나가지 못하면 어떤 기업도 살아남을 수 없다는 것을 의미합니다.

"知彼知己면 百戰百勝이다"라는 말이 있듯이 기업경쟁력 요소에는 여러 가지 있으나 그 중에서 기업이 적정 이익을 확보하고 국제적인 가격 경쟁력을 갖추기 위해서는 생산하는 제품의 원가를 정확히 알아야 하며, 원가구조 개선을 위한 원가절감 활동을 지속적으로 추진하여야 합니다. 지금까지 원가관리에 대해 많은 책자가 보급되어 기업 발전에 기여한 바가 크나 대부분이 재무회계 중심으로 기술되어 왔습니다. 특정 제품의 원가를 산출하기 위한 개별원가계산방법도 회계이론 중심으로 전개하였기 때문에 제품 생산과정과의 연관관계가 부족하여 원가계산 및 원가관리를 통한 원가의 개선점을 찾기가 곤란하였습니다.

이 책은 수년간 원가관리 및 제품별 원가계산 실무 경험을 바탕으로 이공계 및 엔지니어 출신이라도 쉽게 이해하며, 실무에 최대한 활용할 수 있도록 구성하였습니다.

본서는 총 3편으로 구성되어 있습니다.

제1편에서는 원가의 기초, 의미, 원가계산과 원가관리의 필요성에 대해 설명하였으며, 원가계산과 재무제표의 연관성 등 원가에 대한 기본적인 개념인식을 도모하고자 하였습니다. 그리고 업종별 적합한 원가계산과 최근의 원가계산방법을 수록하였습니다.

효율적인 원가관리를 위해서는 신속하고 정확한 제품별 원가계산이 필수입니다. 따라서 제2편에서는 요소별 원가계산 방법에 대해 알기 쉽게 세부적으로 기술하였으며, 수익성 창출을 위한 다양한 원가절감의 접근방법으로서 물류측면, 환경측면, 품질측면에서 원가계산방법과 코스트 테이블 작성 및 활용하는 방법에 대해 설명하였습니다. 단순히 계산하는 방법뿐만 아니라 부가가치 창출을 위한 기본적인 사고방식도 동시에 제시하였습니다.

기업 스스로 경쟁력을 갖추고 생존하기 위해서는 지속적인 원가절감 활동을 추진해 나가야 하기 때문에 제3편에서는 원가혁신방법을 수록하였습니다. VE 활동뿐만 아니라 원가 디자인과 원가 예측방법을 소개하여 앞으로의 원가혁신 포인트를 인지하는데 도움을 주고자 하였습니다.

부록에는 원가계산에 의한 예정가격 작성준칙 및 원가계산준칙, 원가관련 전문용어를 추가하여 기업의 원가형태에 따른 계산방법에 참고가 되도록 하였습니다.

본서는 이런 종류의 원가 정보와 지식에 갈증을 느껴온 독자 여러분에게 얼마나 더 가까이 다가갈 수 있을까 하는 고민으로 시작하였습니다.

어렵고 복잡하게 느껴지던 원가에 쉽게 접근할 수 있는 계기가 마련되고, 실무와 연관시켜 지속적인 원가절감 활동을 통하여 기업 발전에 초석이 되었으면 합니다.

본서의 개정6판을 낼 수 있도록 많은 격려와 응원을 해주신 독자 여러분에게 깊이 감사드립니다.

2022년 4월
저자 일동

02
원가계산과 활용

01

원가의 개념

제1장 원가관리란

제1장 원가관리란

---

1 기업환경 변화와 원가관리

1) 경영 패러다임의 변화

1980년대까지만 해도 기업들은 매출확대를 경영활동의 주요 관심사로 두었으며, 1990년대 초반까지는 이익을 중시하는 경영활동을 하였다.

그러나 2000년대는 1990년대의 현금흐름과 경제적 부가가치를 중시하는 가치 중시의 경영활동에서 지속가능경영으로 경영패러다임이 전환되고 있다([그림 1-1] 참조).

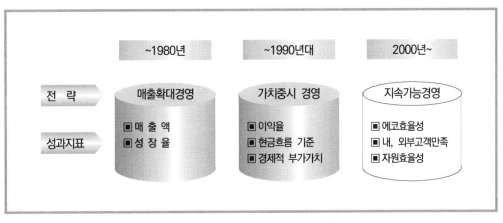

[그림 1-1] 경영 패러다임의 변화

2) 경영환경 변화가 원가관리에 미치는 영향

경영환경 변화가 원가관리에 영향을 끼쳐([그림 1-2] 참조) 변동비의 감소 및 고정비와 간접비의 증가, 신속·정확한 원가정보 요구, 재고자산의 감소, 환경 및 물류비용 상승 등으로 나타나고 있다.

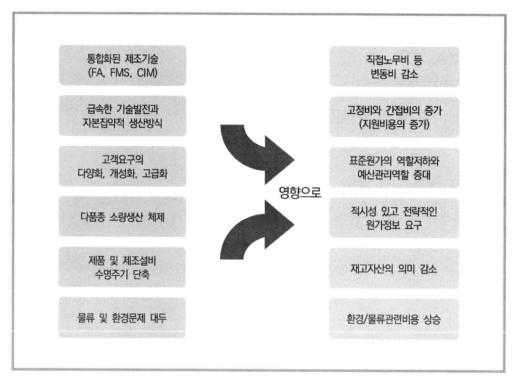

[그림 1-2] 경영환경 변화가 원가관리에 미치는 영향

3) 기업의 생존부등식

기업이 생존하기 위해서는 기본적으로 제품을 생산하는 원가 이상의 가격을 받을 수 있어야 한다. 생산원가 이하의 가격이 장기화되면 결국 그 기업은 도태되기 때문이다. 기업이 생존을 위해서는 '제품의 가격〉제품의 원가'라는 부등식을 만족시켜야 한다([그림 1-3] 참조). 생산자 사이의 과당 경쟁이 있거나 농수산물처럼 상품이 시간제약을 받아 빨리 팔 수 밖에 없을 때, 이 부등식이 성립하지 않게 되고 기업의 생존에 암울한 존재로

작용한다.

그러나, 소비자의 입장에서는 제품의 가치가 그 구입가격보다 커야 한다('상품의 가치 〉 상품의 가격'). 물론 소비자가 느끼는 가치를 화폐단위로 환산한다는 것은 어려운 일이나 계량적인 파악이 어렵다고 해서 그것이 존재한다는 사실을 간과해서는 안 된다. 소비자의 평가는 상품을 구입한 후에 달라질 수 있기 때문에 상품을 사서 써 보면서 기대에 어긋나게 되고, '써 보니 별 것이 아니구나', '속았구나' 라고 생각하게 될 수도 있다. 또 상품이 자주 고장이 난다든지, 사용 중에 품질이 변해도 소비자는 실망하게 된다. 따라서, 기업은 위의 두 가지 부등식을 동시에 만족시켜야 생존을 보장받게 되며 '제품의 가치 〉 제품의 가격 〉 제품의 원가'라는 기업의 존속을 위한 생존부등식이 형성된다.

소비자가 느끼는 상품의 가치를 높이는 일은 기업의 목표라 할 수 있다. 기업이 아무리 열심히 일을 해도 그 산출물에 대해 소비자가 궁극적으로 반응을 보이지 않으면 기업이 일한 성과는 없는 것이나 다름없기 때문이다. 제품의 원가를 낮추는 일은 기업이 살아남기 위한 필요조건이며, 자원의 유한성을 생각한다면 피할 수 없는 과제이다.

따라서, 소비자가 느끼는 상품의 가치를 높이는 일(유효성 : Effectiveness)과 제품의 원가를 낮추는 일(효율성 : Efficiency)은 기업의 가장 중요한 업적지표가 되어야 한다. 따라서, 기업의 업적을 향상시키기 위해서는 이 두 가지 지표를 동시에 고려하여야 한다.

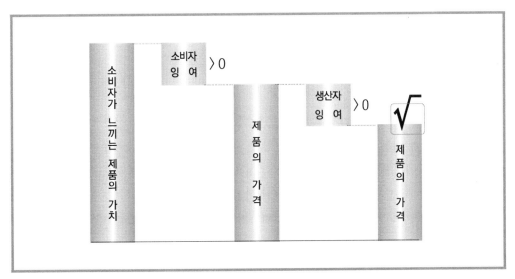

[그림 1-3] 기업의 생존 부등식

4) 핵심 성공 요인으로서의 원가

기업의 지속가능발전을 위해서는 고객이 원하는 최고의 품질을 가장 빠르게, 가장 저렴한 가격으로 공급할 수 있어야 한다. 고객이 느끼는 가치를 증대시키기 위해서는 원가의 역할이 그만큼 크다고 할 수 있다.

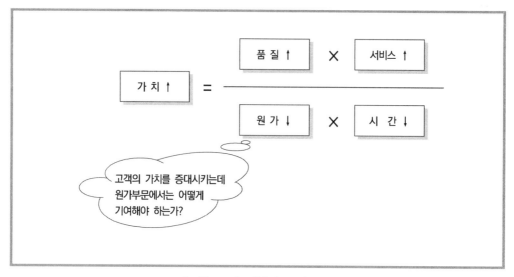

[그림 1-4] 가치와 구성요소

2 경영환경의 변화와 전략의 선택

기업의 경영전략([그림 1-5] 참조)은 수익을 향상시키기 위하여 초기단계와 성장단계에서 집중화 전략과 차별화 전략이 있으며, 성장 및 성숙단계에서는 가격우위 전략이 있다.

전략의 선택은 [그림 1-6]과 같이 매출액의 증대를 통한 이익률 증가보다는 원가절감을 통한 방법이 상대적으로 이익률 향상전략에 유효하다고 할 수 있다.

현재 많은 기업들이 양적인 경영보다는 원가절감을 통한 내부 효율화 및 규모의 경제를 통한 가격 경쟁력 확보를 위한 노력을 경주하고 있다.

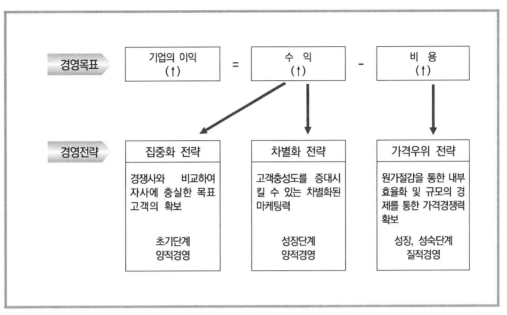

[그림 1-5] 전략의 내용

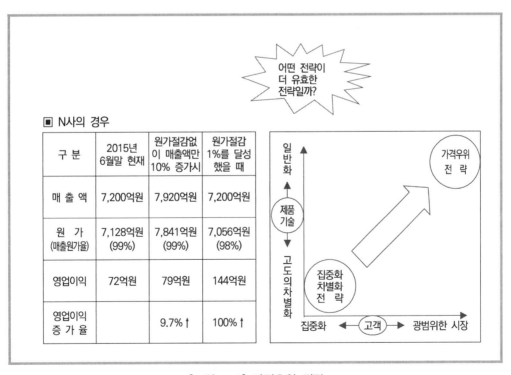

[그림 1-6] 가격우위 전략

3 원가관리의 필요성

1) 의의

무한 경쟁시대를 맞이하고 있다. 원가파괴 현상은 국가·지역의 임금격차가 없어질 때까지 계속된다. 생존하기 위해서는 원가혁신 활동이 반드시 수반되어야 한다.

2) 원가관리의 목적

(1) 원가관리의 정의

기업 이익 관리의 일환으로서, 기업의 안정적 발전에 필요한 원가 달성 목표를 결정하고, 목표달성을 위한 추진계획 수립 및 점검을 통해 지속적인 원가절감 및 개선을 하는 일체의 관리활동이다.

(2) 기본사고 및 필요성

원가관리는 이익을 내기 위한 기본 도구이다.

가. 기본사고

① 고객지향적(Market-In)인 사고방식

매출액 - 목표이익 = 허용(목표)원가

② 생산자 중심(Product-Out)인 사고방식

원가 + 이익 = 매출액

③ 소비자 가치(Needs-In) 중심

이익 = 매출액 - 원가

나. 필요성

① 기업은 장·단기 생산 및 판매, 투자계획과 시장동향 및 경쟁사 판매전략을 분석하여 이익계획을 수립한다.

② 목표이익 결정에 따라 기업이 지출하여야 할 최소비용인 목표원가를 결정할 수 있다.

③ 목표원가를 달성하기 위하여 각 부문 및 단위조직에 대한 합리적인 원가관리가 필요하다.

(3) 원가관리의 기능 및 역할

원가관리는 회사의 경영정책을 구체적인 목표수치로 나타내고, 각 부문 및 단위조직의 정확한 목표와 관리점을 제공한다.

체계적인 원가관리를 통해 다양한 원가정보 제공이 가능하며, 사업계획의 진척사항을 사전점검 및 통제함으로써 급변하는 주변 경제환경에 탄력적으로 대처할 수 있다. 또한 각 부문의 실적원가와 경영 목표를 비교함으로써 실패요인 및 취약점을 분석할 수 있고, 업적평가가 가능하며, 차기 경영개선 계획 수립의 기초자료로 활용할 수 있다.

3) 원가절감 인식

(1) 제조원가 절감과 이익

제조원가 10% 절감이 이익에 미치는 영향을 계산해 보면 이익의 300% 향상의 효과와 같다는 것을 알 수 있다.

〈표 1-1〉 제조원가 절감이 이익에 미치는 영향

판매가격	제조원가	이 익	비 고
₩10,000	₩9,500	₩500	이익률 5%로 가정
₩10,000	₩8,550	₩1,450	제조원가 10% 절감으로
	10% 원가절감	2.9배 증가	이익 확보는 약 3배에 가깝다.

(2) 재료비 절감과 이익

재료비 절감이 이익에 미치는 영향을 계산해 보면, 재료비 15% 절감은 이익 300% 향상과 같은 효과를 가져온다.

〈표 1-2〉 재료비 절감이 이익에 미치는 영향

매 출 액	매출원가 구성	이 익	비 고
₩10,000	₩9,500	₩500	이익률 5%로 가정
	₩8,550	₩1,498	
₩10,000	변동비 : ₩6,650	3배 승가	변동비 15% 절감으로 인한 이익확보는 약 3배에 필적함.
	고정비 : ₩2,850		
	제조원가의 약 70%가 변동비(재료비)로 가정함 : ₩9,500×0.7 = ₩6,650 　　　　　　　　　15% 변동비 절감시 : ₩6,650×0.15 = ₩998 직접원가계산 방식에 의한 한계이익(공헌이익)으로 평가		

(3) 매출액 증감과 이익

매출액이 30% 감소했을 때 절대이익 확보를 위해서 재료비 절감으로 달성하는 경우 21.6%를 절감하여야 한다.

〈표 1-3〉 절대이익 확보와 원가 절감

매 출 액	매출원가	이 익	비 고
₩10,000	₩9,500	₩500	이익률 5% 가정 변동비는 직접원가 고정비는 기간원가 손실+절대이익 = ₩1,005 절감액 = ₩1,005/₩4,655 = 21.6%
	변동비 : ₩6,650		
	고정비 : ₩2,850		
₩7,000	고정비 : ₩2,850	₩500	
	변동비 : ₩4,655		
	손 실 : ₩ 505		
	제조원가의 약 70%를 변동비(재료비)로 가정함 : ₩6,650×0.7 = ₩4,655 직접원가계산 방식에 의한 한계이익(공헌이익)으로 평가		

4) 원가 절감 포인트

변동비의 절감은 재료비 절감에 연동된다. 원재료, 부품가공의 재공품, 반제품, 제품 등의 경우에는 다음과 같은 개선에 역점을 두어야 한다.

(1) 기업이 요구하는 원가에 맞는 설계사양·공정·공법

　① 설계시 원가 절감요소를 고려하여 설계
　② 제조시 설계사양에 따라 가공되어야 함.
　③ 공법·공정의 최적화를 추구하여야 함.

(2) 지속적인 원가절감 활동

　설계, 구매, 제조 각 단계에서 발생하는 낭비를 최소화하는 활동의 추진

(3) 재고를 최소화 하는 물류개선 및 JIT(JUST IN TIME) 활동

　① 공정내 재고
　② 보관재고 등

(4) 팔리는 물건만 생산

　① 예술품이 아닌 제품을 만들어야 한다.
　② 구색용이 아닌 수요에 적응하는 제품생산

제2장 원가의 기초개념

1 원가와 원가계산 원칙

1) 원가의 의의

원가란 『경영에서 급부(제품 또는 용역)를 생산하기 위하여 소비된 경제적 가치를 화폐 가치로 표시한 것』으로서, 원가는 소비된 경제 가치, 생산 및 판매 활동에 직접 관련된 비용으로서 정상적인 소비액을 말한다.

① 기간 원가 : 기업 전체 또는 특정제품의 제조에 필요한 일정기간 중의 총비용을 말한다.

② 개별 제품원가 : 제품 1개(또는 1단위)당의 제조에 필요한 비용이다.

2) 원가계산의 일반원칙

(1) 진실성의 원칙

경영의사결정에 대한 기초를 제공하기 위하여 진실된 내용을 반영하여야 한다.

(2) 객관성의 원칙

유익한 원가계산을 행하기 위하여 객관적으로 계산이 행해져야 한다.

(3) 일관성의 원칙

기간별 비교 가능한 방법으로 행해져야 한다.

(4) 직접부과의 원칙

원가는 가능한 한 그 계산대상에 직접 부과되어야 한다.

(5) 관련성의 원칙

원가계산은 관련되는 해당 문제 또는 목적에 대해 적절한 것이어야 한다.

(6) 중요성의 원칙

소요된 노력에서 얻어진 효과가 최대로 되기 위해서 계산상 중요한 자료가 취급되어야 한다.

(7) 예외관리의 원칙

경영관리자에게 유용하도록 원가계산에서는 경영상의 업적표준과 비교하여 그 차이가 표시되도록 하여야 한다.

(8) 원가보고의 원칙

원가자료는 경영관리상의 책임구분에 따라 작성보고 되어야 한다.

(9) 원가 수익 대응의 원칙

재무회계 목적을 위해서 생산품 1단위에 소요된 투자액을 그 수익에 대응시키는 목적으로 원가계산이 실시되어야 한다.

(10) 간접비 배부기준 선택에 관한 원칙

재무회계 목적 달성을 위하여 간접비 배부는 그 간접비를 발생시킨 기본적 활동과 이론적으로 관계성을 가지는 것이어야 한다.

2 원가의 분류

1) 원가의 구성요소

원가는 제품을 제조할 때 투입되는 재료비와 사람관련 투입 노무비, 재료비와 노무비를 제외한 기타 제조경비를 합하여 제조원가라 한다. 여기에 판매 및 일반관리비를 포함하여 총원가가 된다([그림 2-1] 참조).

재료비		노무비		제조경비		판매 및 일반 관리비
직 접 재료비	간 접 재료비	직 접 노무비	간 접 노무비	직 접 제조경비	간 접 제조경비	
제 조 원 가						
총 원 가						

[그림 2-1] 발생형태별 원가의 구성 요소

(1) 재료비

제품을 제조할 때 투입되는 재료비에는 직접 재료비와 간접 재료비가 있다. 직접 재료비는 제품생산에 직접 소비되는 주요한 구성 요소로서 원재료나 외주구입 부분품 등 추적이 가능한 재료비를 일컫는다. 간접 재료비는 제품생산에 소비되지만 전체 재료비 중 차지하는 금액 비중이 낮으며, 특정제품의 재료비로 산출하기 어려울 경우에는 제조경비로 계산하며, 용접봉·접착제 등을 간접 재료비라고 한다.

(2) 노무비

제품을 제조할 때 발생된 노역을 제공한 대가를 노무비라 하며, 노무비에는 직접 노무비와 간접 노무비가 있다. 직접 노무비는 제품생산에 직접 참여하는 작업자에 대한 임금 및 제수당·상여금·퇴직금 등을 말한다. 간접 노무비는 제품생산에 간접적으로 참여하는 인원에 대한 급여 및 제수당·상여금·퇴직금 등이 있다.

(3) 제조 경비

제품을 제조할 때 투입되는 재료비 및 노무비를 제외한 부분을 제조경비라고 하며, 제조경비에는 직접 경비와 간접 경비가 있다. 직접 경비는 특정 제품 원가계산에서 쉽게 배부가능한 기계감가상각비·건물감가상각비·전력비·수선비 등을 말한다. 간접 경비는 여러 제품을 생산할 때 공통적으로 발생하여 특정제품 원가계산할 때 제품별 직접 배부가 어려운 것으로 수도광열비·유류비·여비교통비 등이 있다.

(4) 판매 및 일반관리비

상품이나 제품의 제조 후에 판매 및 일반관리에 직·간접으로 지출되는 비용을 판매 및 일반관리비라 하며, 판매 및 일반관리직의 급여·접대비·광고선전비·운반비 등을 말한다.

2) 원가의 분류

(1) 추적가능성에 따른 분류

① 직접원가(Direct Cost) : 특정원가 대상에 대하여 발생한 원가의 물량추적이 가능한 것으로 인과관계가 상대적으로 분명하게 인지될 수 있는 원가(재료비, 직접노무비 등)를 말한다.
② 간접원가(Indirect Cost) : 물량추적이 어렵고 개별적이며, 구체적인 인과관계의 식별이 불가능한 원가(간접노무비, 보험료)를 말한다.

(2) 조업도에 따른 분류

① 고정비 : 조업도(생산량)의 변화에 관계없이 고정적으로 발생하는 원가
② 변동비 : 조업도(생산량)의 변화에 따라 변동하는 원가

(3) 제품제조시점에 따른 분류

① 실제원가(Actual Cost) : 실제로 투입된 인적, 물적 자원으로 발생한 원가
② 표준원가(Standard Cost) : 예산편성 및 피드 백 시스템의 기초를 제공하는 것으로 실제원가에 비해 다양한 의사결정에 유용하게 이용된다.

(4) 원가산정시점에 따른 분류

① 사전원가 : 제품개발 및 생산 전 산출된 원가
② 사후원가 : 제품개발 및 생산 후 산출된 원가

(5) 매출액과의 대응 관계에 따른 분류

① 제품원가(Product Cost) : 일정한 생산단위에 관련된 것으로 재고화 가능 원가
② 기간원가(Period Cost) : 일정기간의 수익에 대응하여 발생하는 것으로 흔히 자산화 또는 재고화 될 수 없는 비용(판매 및 일반관리비, 영업외 비용)

3) 원가의 단계별 분류

제품 원가가 어떤 단계를 거쳐 구성되고 있으며, 이익이 발생하는가를 보는 분류로서 [그림 2-2]와 같이 나타낼 수 있으며, 회계상 제조원가명세서와 손익계산서를 연관 지어 생각하면 이해하기 쉽다.

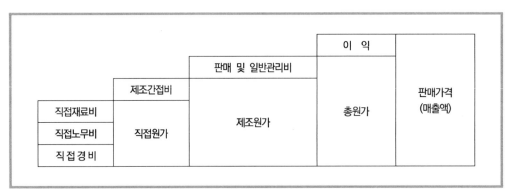

[그림 2-2] 원가의 단계별 구조

(1) 직접 원가

물량추적이 가능한 것으로 직접재료비, 직접노무비, 직접경비의 합계로서 원가계산을 하는 특정제품에 직접 부과하여 산출한다.

(2) 제조원가

직접원가에 제조 간접비(간접재료비, 간접노무비, 간접경비의 합계액)를 합한 내용으로 특정제품의 원가계산에는 간접비는 배부기준에 따라 계산하여 산출한다.

(3) 총 원가

제품의 제조 판매를 위해 소비된 원가를 말하며 제조원가에 판매 및 일반관리비를 합하여 계산한다. 판매 및 일반관리비라 함은 판매원의 급료, 광고 선전비, 포장비, 발송비, 접대비, 임원 및 사무직원의 급여 및 수당, 사용경비 등을 말한다.

공급업체의 판매 및 일반 관리비 적용시는 보통 가공비의 표준율(%)을 곱해서 계산하는 공통비로 취급하고 있으며, 분류 항목 중 일부는 계산기준을 설정 운영할 수 있다.

예를 들면, 수주생산의 경우 포장비, 운반비 등은 직접부과 할 수 있는 경우이다.

(4) 판매가격

총원가에 이익을 합한 금액이라고 생각할 수 있으나, 반드시 이 금액이 판매 가격이 되지는 않는다.

(5) 이익

판매가격과 총원가의 차이를 이익이라고 할 수 있다.

3 원가의 구성과 연계원가

1) 원가의 구성 및 특징

원가 견적서를 작성할 경우에는 가공비라는 용어를 사용하게 되며 재료비, 가공비, 관리비로 작성되는 경우를 흔히 볼 수 있다. 이와 같은 상황을 종합해서 원가의 구조를 표시하면 [그림 2-3]과 같이 표시할 수가 있다. 원가 구성은 목적에 따라 여러 가지로 달리 표시할 수도 있다. 재료비가 차지하는 비중이 높은 경우에는 재료관리비를 별도 관리 항목으로 설정하여 직접관리 가능하도록 하는 것도 원가관리의 한 방법이라 할 수 있다.

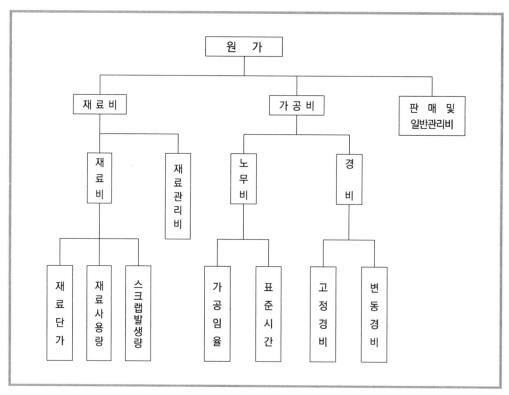

[그림 2-3] 원가의 구조

2) 제품과 연계 원가

우리 회사 규모의 회사에서 인건비가 차지하는 비중이 어느 정도가 표준(적합)인지? 궁금해 하는 사람들이 많다.

동종 업계보다 인건비 비율이 낮다, 재료비 비율이 낮다 등의 이유로 우리 회사는 관리를 잘하고 있다고 생각하는 사람들이 많이 있다. 이는 자신을 합리화시키고, 이 정도면 되겠지 하는 발상에서 나온 말이다.

제품의 생성과정에서 발생하는 원가구성을 살펴보면, 한 개의 제품이 만들어지기 위해서는 여러 개의 부분품이 필요하며 이 부분품을 만들기 위해서는 많은 부품과 자재가 필요하게 된다. 이를 연계시켜 알아보기 위한 원가를 '연계원가'라 하며 [그림 2-4]와 같이 표시할 수 있다. 가공제품의 구성에 따라 구성비도 차이가 있으며, 공급망에서 보면 원가 연계성의 정도·수준에 따라 원가 구조가 달라질 수 있다.

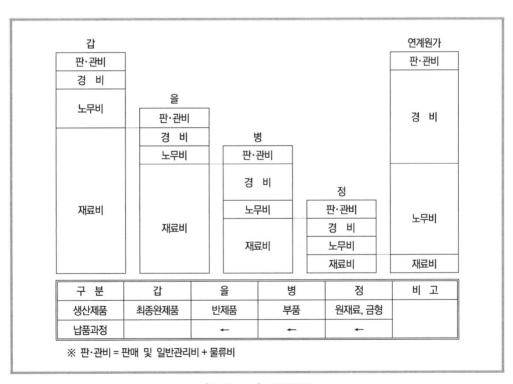

구 분	갑	을	병	정	비 고
생산제품	최종완제품	반제품	부품	원재료, 금형	
납품과정		←	←	←	

※ 판·관비 = 판매 및 일반관리비 + 물류비

[그림 2-4] 연계원가

4 원가와 비용의 차이

경영활동은 물건을 만들어 판매하는 활동이 주가 되며, 이를 지원하기 위하여 「사람을 선발하여 관리하는 일, 자재를 구매하고 관리하는 일, 자금을 조달하는 일, 기업의 전반적인 업무를 기획하고 관리하는 일 등 여러 가지 보조활동」이 동시에 이루어진다. 이러한 모든 경영활동은 반드시 돈이 필요하게 된다.

원가(Cost)란 이러한 경영활동을 하기 위하여 「투입되는 돈」을 말한다. 좁은 의미로는 원가가 물건을 만들기 위한 돈을 뜻하지만, 넓은 의미로는 물건을 만들어 판매하고, 대금을 수금하기까지에 직접·간접으로 들어가는 모든 돈을 뜻한다.

원가와 유사한 개념으로서 "비용(Expense)"이라는 말이 자주 사용되고 있는 데 그 차이는 다음과 같다.

① 원가와 비용은 개념상의 차이로 구분하게 된다.

원가는 생산 또는 취득에 대응되는 개념이며, 비용은 수익에 대응되는 개념이다. 물건을 만들어 판매하였을 때 물건을 만들기 위하여 들어간 돈은 생산측면에서 보면 "원가"이고, 판매측면에서 보면 "비용"이다.

② 원가와 비용은 발생시점에서 차이가 난다.

원가는 생산이나 취득하는 시점에서 발생하며, 비용은 수익시점에서 발생한다. 어떤 물건을 만들기만 하고 판매는 하지 않았다면 원가는 발생했지만 비용은 아직 발생하지 않은 것이다.

③ 대부분의 원가는 비용화 되는 데 원가 중에는 비용으로 되지 않는 것도 있고, 비용 중에는 원가와 무관하게 발생하는 것도 있다. 공장부지로 사용하기 위하여 토지를 취득하는데 들어간 돈은 원가이긴 하지만 비용이 되지는 않는다. 또, 업무와 무관하게 지출하는 기부금이나 법인세 등은 비용으로 인식하지만 원가로 취급하지는 않는다.

이처럼 원가와 비용은 개념상 발생시점에서 일부는 근본적으로 차이가 나지만, 원가와 비용이 경영활동을 하기 위하여 "투입되는 돈"이라는 점에서는 동일하다.

5 원가계산시 비원가 항목

원가계산 기준에 의한 원가는,

① 경제가치의 소비

② 급부로 가치이전

③ 경영목적과의 관련

④ 정상적인 소비

이라는 네 가지 성질을 가지고 있다.

이러한 성질을 충족시킬 수 없는 경제 가치는 비원가이며, 이들 항목을 살펴보면 다음과 같다.

(1) 현재 영업에 공여되지 아니하고 있는 자산에 관련하여 발생하는 제비용

유휴 미가동자산, 투자자산, 경영목적과 관련이 없는 자산에 대한 감가상각비, 세금과 공과, 관리비 등

(2) 기업회계 원칙에서 규정하고 있는 영업외 비용

지급이자, 대손상각, 물품평가손실 등

(3) 이상 상태를 원인으로 하는 가치의 감소

우발손실, 천재지변에 의한 손실 등

(4) 세법상 특히 인정된 손금산입 항목

해외시장 개척 준비금 전입액, 정상 상각액을 초과하는 특별상각비 등

(5) 기타 이익잉여금에 부과되는 항목

법인세, 소득세, 배당금, 건설 이자상각 등

제3장 원가계산의 기초

1 원가계산의 목적

1) 일반 원가계산의 목적

원가계산은 기업 외부적으로는 이해관계자에게 정확한 기업의 정보를 제공하고, 내부적으로는 경영관리를 위한 의사결정을 위하여 필요하다.

(1) 기업의 외부 이해관계자

① 기업외부의 투자가, 채권자 주주, 정부 등 이해관계자에게 필요한 정보를 제공하는 것이 재무회계의 목적이다.

② 재무회계에서는 누가, 어떤 정보를 요구할지 모르기 때문에 일반 목적의 재무보고서를 재무제표란 형태로 기업외부 이해관계자에게 제공한다.
(재무상태표 : 재무 안전성, 손익계산서 : 기업 수익성을 나타낸다)

③ 재무제표를 작성할 때는 원가계산이 제공하는 재공품·반제품·제품의 제조원가 자료나 판매비 및 일반관리비에 관한 원가자료를 제공한다.

④ 제품의 제조원가는 제품이 판매되면 매출원가가 된다.

⑤ 원가계산 자료가 없으면, 손익계산서 중에서 기업 본래의 영업활동을 통한 이익을 정확히 계산할 수 없다.

(2) 경영관리를 위한 경영의사 결정

원가관리는 경영관리를 하는데 필요한 정보를 제공하는 것이다. 경영관리의 역할은 [그림 3-1]과 같이 나타낼 수 있다.

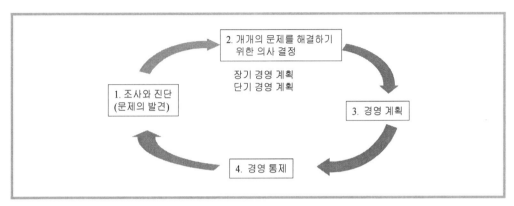

[그림 3-1] 경영관리의 역할

가. 문제해결을 위한 경영의사 결정목적

① 기업의 현장을 조사하고 재무제표 분석을 통하여 문제점을 도출한다.

② 문제해결을 위한 대안을 비교 검토하여 최적해를 선택한다.

③ 원가차이, 수익분석을 통하여 필요한 원가, 이익에 관한 정보를 제공한다.

④ 대안 중에서 경영 기본구조에 관한 내용은 장기경영 계획과 관련하여 결정하고, 매년 피드백하여 장기계획 달성률을 신장시킨다.

나. 경영계획과 경영통제 목적

① 경영 계획

중장기 경영계획과 단기 경영계획의 기조를 기초로 업무집행계획은 예산편성에 필요한 원가 및 이익에 관한 정보를 제공한다.

② 경영 통제

- 단기 경영계획에 따라서 사업이 수행된다.

- 경영계획의 계획 대 실적의 비교 및 차이 분석을 통하여 단기이익 통제에 필요한 정보가 제공된다.

- 표준 원가관리를 통하여 기업의 목표이익을 달성할 수 있게 한다.

2) 제품별 원가계산 목적

(1) 재무제표 작성목적

기업의 경영활동상황을 지난해에 얼마나 팔았는가? 지난해에 얼마나 이익이 있었는지? 재고금액은 얼마인가? 등에 대한 경영성과를 체계적으로 분석하기 위하여 매 결산기마다 재무제표를 작성하게 된다.

(2) 원가관리의 목적

① 원가를 발생시키는 요소에 대한 원가를 계산함으로써 원가의 수준 및 차이를 밝히고, 원가절감을 위한 제반활동을 통제한다.

② 원가관리는 원가의 표준을 설정하고 실제 발생된 원가를 기록, 계산하며 이를 표준원가와 비교하여 분석하고 경영의사결정에 활용한다.

(3) 예산관리의 목적

① 자금예측을 잘못하면 자금 확보에 차질이 발생하여 경영상 애로가 발생한다. 이를 방지하기 위하여 예산관리 할 때 원가를 기초로 작성, 관리한다.

② 변화하는 여건에 맞추어 수시로 예산을 조정하려면 제품의 구성, 제품의 원가, 제품별 생산 능력 등의 여러 가지 사항을 검토하는데 필요한 원가자료를 제공하는 데 원가계산의 목적이 있다.

(4) 가격정책 수립목적

① 판매가격은 생산자의 의지대로 결정되어지는 것이 아니라 시장의 상황에 의해 변하게 마련이다. 따라서, 정확한 원가를 모르고 있으면, 시장 변동 상황에 대처하기 어렵다.

② 원가 정보는 가격 정책을 수립하는 데 필수적인 역할을 한다.

(5) 경영의 기본계획 수립목적

경영활동의 기본적인 판매계획, 생산계획, 구매계획, 설비투자계획, 신제품개발계획, 인원계획, 이익계획 등 계획수립에 제품별 원가정보를 활용하고 있다.

2 원가계산과 재무제표 연관관계

1) 자금의 조달과 경영 활동

기업은 자체조달한 자기자본과 타인에게서 조달한 부채를 투자하여, 제품을 생산하기 위한 건물, 기계, 재료 등을 구입하고 임금 등을 지불하며, 판매 활동을 통하여 투입된 자금을 회수한다([그림 3-2] 참조).

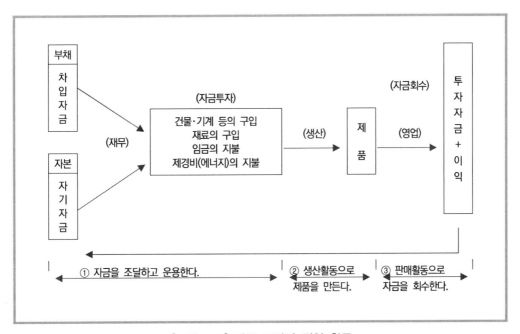

[그림 3-2] 자금 조달과 경영 활동

2) 재무상태표(Balance Sheet : B/S)

재무상태표는 어느 일정시점에 있어서의 기업의 자산·부채·자본의 상태를 나타내는 것이다. 부채계정은 타인으로부터 조달한 돈으로 어떤 내용의 빚이 얼마만큼 있는가를 나타낸다.

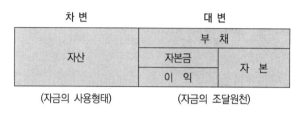

(자금의 사용형태)   (자금의 조달원천)

자산 = 자본 + 부채

자본계정은 자기가 조달하여 투자한 돈으로 자본금과 기업 활동을 통하여 축적된 돈을 나타낸다. 자산계정은 회사에 있는 자산이 열거되며 조달된 돈이 어떻게 사용되었는가를 보여준다. 재무상태표의 구조와 예는 〈표 3-1〉, 〈표 3-2〉와 같다.

〈표 3-1〉 재무상태표 구조

재 무 상 태 표

20XX년 12월 31일 현재

회사명:XX주식회사 (단위:원)

자 산		부채·자본
Ⅰ. 유동자산		Ⅰ. 유 동 부 채
Ⅱ. 비 유동자산		Ⅱ. 비 유 동 부 채
	투자자산	부 채 총 계
	유형자산	Ⅰ. 자 본 금
		Ⅱ. 자본잉여금
	무형자산	Ⅲ. 자본조정
		Ⅳ. 기타포괄손익 누계액
		Ⅴ. 이익잉여금
	기타 비유동 자산	자 본 총 계
자산총계		부채와 자본 총계

〈표 3-2〉 재무상태표 사례

재 무 상 태 표

제XX기 2017년 12월 31일 현재
제XX기 2016년 12월 31일 현재

회사명 : XXX주식회사   (단위:원)

과 목	제XX (당) 기		제XX (전) 기	
	금 액		금 액	
자 산				
I. 유 동 자 산		93,426,000		-
(1) 당 좌 자 산		93,426,000		-
(2) 재 고 자 산		-		-
II. 비 유 동 자 산		1,234,321,000		-
(1) 투 자 자 산		-		-
(2) 유 형 자 산		-		-
(3) 무 형 자 산		-		-
(4) 기 타 비 유 동 자 산		1,234,321,000		-
자 산 총 계		1,327,747,000		-
부 채				
I. 유 동 부 채		80,000,000		-
II. 비 유 동 부 채		69,624,000		-
부 채 총 계		149,624,000		-
자 본				
I. 자 본 금		100,000,000		-
II. 자 본 잉 여 금		1,000,000,000		-
III. 자 본 조 정		-		-
IV. 기 타 포 괄 손 익 누 계 액		-		-
V. 이익잉여금(또는 결손금)		78,123,000		-
자 본 총 계		-		-
부 채 와 자 본 총 계		-		-
		1,327,747,000		-

별첨 재무제표에 대한 주석 참조

3) 손익계산서(Incomes Statement : IS, Profit and Loss statement : P/L)

손익계산서란 기업의 경영성적을 표시하기 위하여 회계기간 동안에 매출액 등의 수익과 사용한 비용이 계산되며, 그 결과 얼마만큼의 이익을 올렸는 가 또는 손해를 보았는 가 하는 경영성과를 나타낸 것이다.

〈표 3-3〉 손익계산서 구조

손 익 계 산 서

제XX기 2017년 1월 1일부터 20XX년 12월 31일까지
제XX기 2016년 1월 1일부터 20XX년 12월 31일까지

회사명 : 로지스파크닷컴 주식회사 (단위:원)

과　　　　목	제XX (당) 기		제XX (전) 기	
	금　　액		금　　액	
Ⅰ. 매출액		1,231,231		1,012,350
Ⅱ. 매출원가		12,312		1,312
1. 기초제품 재고액	－		－	
2. 당기제품 제조원가	12,312		1,312	
3. 기말제품 재고액	－		－	
Ⅲ. 매출총이익(또는 매출총손실)		1,218,919		1,011,038
Ⅳ. 판매비와관리비		829,333		928,333
Ⅴ. 영업이익(또는 영업손실)		389,586		82,705
Ⅵ. 영업외수익		－		－
1. 이자수익	－		－	
Ⅶ. 영업외비용		132,231		－
1. 이자비용	－		－	
2. 기타의 대손상각비	132,231		－	
3. 단기투자자산처분손실	－		－	
Ⅷ. 법인세비용차감전순손익		257,355		82,705
Ⅸ. 법인세비용		－		－
Ⅹ. 당기순이익(또는 당기순손실)		257,355	－	82,705

일반적으로 손익계산서에는 4단계의 이익이 표현된다.

　매출총이익 = 매출액 - 매출원가

　▶ 판매활동 및 구매·제조활동이 효율적으로 이루어졌는가를 평가한다.

　영업이익 = 매출총이익 - 판매비와 일반관리비

　▶ 영업활동에서 창출한 이익이 얼마인가를 나타낸다.

> 법인세비용차감전 순손익 = 영업이익 + 영업외수익 - 영업외비용

▶ 주영업활동이 원활히 진행될 수 있도록 자금을 빌려오거나 여유자금을 다른 곳에
투자하는 등 재무활동의 평가가 이루어진다.

> 당기순이익 = 법인세차감전 순이익 - 법인세

▶ 당기에 기업이 획득한 순수한 이익이 된다.

4) 제조원가 명세서

제조원가 명세서는 제조활동에서 나타나는 원가를 정리 요약한 계산서이며, 손익계산서
의 부속명세서이다.

〈표 3-4〉 제조원가 명세서 상세구조

<u>제조원가명세서</u>

회사명:XX 주식회사 　　　　　　　　　　　　　　　　　　　　　　　　　　　(단위:원)

Ⅰ. 원재료비		
1. 기초원재료재고액	XXX	
2. 당기원재료매입액	XXXX	
계	XXXX	
3. 기말원재료재고액	XXX	XXXX
Ⅱ. 노무비		
1. 기본급	XXXX	
2. 제수당	XXX	
3. 퇴직급여추당금	XXX	XXXX
Ⅲ. 경　비		
1. 전력비	XXX	
2. 감가상각비	XXX	
3. 수선비	XXX	
4. …	XXX	XXXX
Ⅳ. 당기총제조 비용		XXXX
Ⅴ. 기초재공품재고액		XXX
Ⅵ. 합　계		XXXX
Ⅶ. 기말재공품재고액		XXX
Ⅷ. 고정자산(또는 타계정)대체액		XXX
Ⅸ. 당기제품 제조원가		XXXX

5) 제조원가와 매출액 관계

재료창고에서 재료가 불출되어 공장에서 가공·조립할 때 투입된 노무비 및 제조경비의 합이 그 제품의 제조원가가 된다. 여기에 판매 및 일반관리비, 영업이익 등이 포함되어 시장에서 판매시점에 매출액으로 나타난다([그림 3-3] 참조).

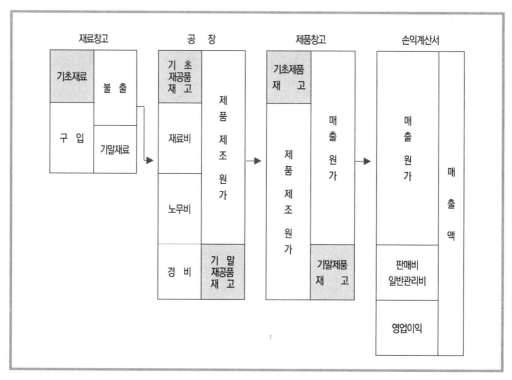

[그림 3-3] 제조원가와 매출액

6) 재무제표의 연관도

결산 기초 명세서인 판매 명세서는 손익계산서의 매출액과 연관되며 제조원가 명세서는 손익계산서의 매출원가와 연관되어 나타난다(〈표 3-5〉 참조).

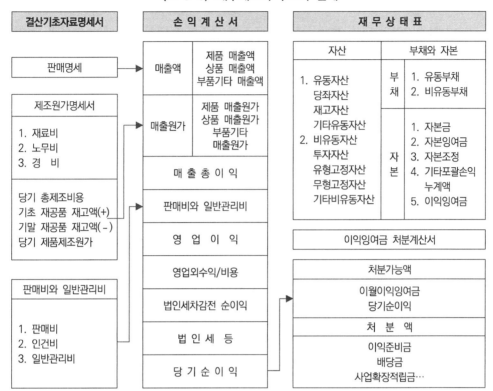

〈표 3-5〉 재무제표의 구조와 관계

3 회계의 체계와 원가회계

1) 회계의 체계

회계란 기업의 경제적 활동을 화폐단위로 측정·기록·분류하여 전달함으로써 정보이용자들이 합리적인 의사결정을 할 수 있도록 하는 서비스 활동이다. 이와 같은 회계는 정보이용자가 요구하는 정보의 유형에 따라 재무회계(Financial Accounting)와 관리회계(Managerial Accounting)로 분류된다.

(1) 재무회계

재무회계는 기업의 외부 정보이용자인 주주나 채권자 등에게 기업의 재무상태, 경영성과 및 현금흐름의 변동에 관하여 유용한 정보를 제공하는 분야이다. 재무회계는 기업의 외부정보이용자에게 유용한 정보를 제공하는 것을 목적으로 하기 때문에 일반적인 정보를 전달해 줄 수 있는 재무제표의 작성과 보고에 관련된 문제를 다루고 있다.

(2) 관리회계

관리회계는 기업의 내부 의사결정자인 경영자에게 기업의 전략적 의사결정, 단기적 특수의사결정, 계획과 통제 및 성과평가에 유용한 정보를 제공하는 분야이다. 관리회계는 특수 목적의 재무제표나 보고서를 통해서 기업내부 정보이용자의 의사결정에 유용한 정보를 제공하는 것을 목적으로 한다.

재무회계와 관리회계의 주요 차이점을 정리하면 〈표 3-6〉과 같다.

〈표 3-6〉 재무회계와 관리회계

구 분	재무회계	관리회계
목 적	외부이용자의 경제적 의사결정에 유용한 정보를 제공하기 위한 외부보고 목적	내부경영자의 경제적 의사결정에 유용한 정보를 제공하기 위한 내부보고 목적
이 용 자	외부이용자인 주주, 채권자, 정부 등	내부이용자(주로 경영자)
보고수단	일반 목적을 위한 재무제표	특수 목적의 재무제표와 기타 보고서
보고서 작성이유	법에 의한 요구	필요한 경우에 작성
준거기준	기업회계기준 등 일정한 기준에 일치해야 한다.	일정한 기준이 없다.
정보의 내용 및 속성	과거 지향적, 객관성 강조	미래지향적, 목적적합성 강조

(3) 재무회계와 관리회계의 유사점

① 둘 다 같은 회계 정보 시스템에 의존하여 계산한다.
- 자료 수집 시스템을 각기 상이하게 보유한다는 것은 경제적 낭비라고 할 수 있다.
- 관리회계는 재무 회계 정보를 수정, 가감을 하지만 정규적으로 산출된 재무 회계 자료를 폭 넓게 이용한다.

② 양자 동일한 책임과 수탁 책임에 크게 의존한다.

- 재무회계는 기업 전체로서의 수탁 책임과 관련되어 있지만, 관리회계는 기업의 의사결정 부문에 대한 수탁 책임과 관련이 있다.

(4) 관리회계의 영역

① 원가의 개념

② 기초적 원가계산(개별원가계산, 종합원가계산)

③ 원가 - 조업도 - 이익관계(C-V-P)

④ 직접 원가계산과 전부원가계산

⑤ 종합 예산, 변동 예산, 원점 기준 예산

⑥ 책임 회계

⑦ 표준 원가계산

⑧ 차이 분석

⑨ 관련 원가 분석 - 특수 의사결정

⑩ 제품 가격 결정

⑪ 자본 예산 기법

⑫ 성과 평가

(5) 관리회계제도의 문제점

가. 정보제공자 측면

① 필요한 정보가 적시에 제공되지 않아 의사결정을 위한 정보제공이 불가능하다.

② 과거 실적자료 중심의 원가정보

③ 조직단위 및 계정과목별 원가정보

④ 재무 회계적 사고에 기초한 관리회계 제도 운영(재무원가, 제품별 제조원가 계산, 손익중심의 실적분석)

⑤ 관리회계에 대한 인식 미흡(재무제표 작성 수단 정도로 인식)

⑥ 간접비의 임의적 배부, 배부기준모순

⑦ 직접비 관리에 초점

⑧ 만능의 원가

⑨ 원가정보제공자 중심의 운영

⑩ 시스템간 연계체계가 미흡한 경우 수작업 과다

나. 정보이용자 측면

① 현장 관리자들이 현장에서 이용하는 원가 정보가 왜곡되었다고 생각하면, 이를 신뢰하지 않는다.

② 판매부서에서 제품가격을 책정하려 하거나 판매조합(Sales Mix)을 구성하면서 관리회계시스템에서 제공하는 원가정보를 사용하려 하지 않는다.

③ 매출액은 증가하는 데 영업이익은 증가하지 않는다.

④ 기업 내에 공식적인 원가시스템이 있음에도 의사결정을 위한 별도의 시스템이 존재한다.

⑤ 여러 가지 혁신활동이나 원가절감활동의 성과를 계량화할 수 없고, 성과를 거두지 못한다.

⑥ 단골고객이 자사의 주문제품을 피하고 타사의 표준제품을 구입하려 한다.

(6) 새로운 관리회계 시스템의 설계 방향

관리회계 시스템의 혁신방향은 기업의 경쟁력 강화를 통한 기업 가치 극대화를 지향하고 있으며, 다섯 가지의 설계방향을 충족시킬 수 있어야 한다.

첫째, 고객가치(품질, 서비스, 납기)를 증대시킬 수 있어야 한다.

둘째, 이익의 원천을 규명할 수 있어야 한다(고객과 제품수익성 분석).

셋째, 시스템 자체가 정보생성에 경제적이면서 낭비를 제거할 수 있도록 해주어야 한다.

넷째, 개선 여지가 있는 활동을 식별해 주어야 한다.

다섯째, 고객 욕구를 충족시켜 주는 방향으로 경영이 지속적으로 개선될 수 있도록 지원할 수 있어야 한다.

2) 원가회계의 의의

원가회계(Cost Accounting)란 재무회계와 관리회계에서 필요로 하는 원가정보를 제공하기 위하여 제조활동과 영업활동에 관한 원가자료를 확인, 분류, 집계하는 분야이다. 원가회계는 재무상태표상의 재고자산 가액을 결정하고 손익계산서상의 매출원가를 결정하는

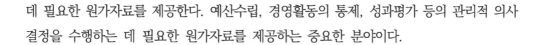

데 필요한 원가자료를 제공한다. 예산수립, 경영활동의 통제, 성과평가 등의 관리적 의사결정을 수행하는 데 필요한 원가자료를 제공하는 중요한 분야이다.

(1) 제품원가계산

제품원가계산이란 기업이 제조하는 제품의 원가를 결정하여 매출원가와 기말재고자산의 가액을 결정하는 것이다. 이는 주로 상기업이 아닌 제조기업의 당기 제품제조원가를 계산하는 과정을 의미하며, 제품원가계산정보는 외부공표용 재무제표에 계상될 매출원가와 기말재고자산평가의 근거자료가 된다.

(2) 계획과 의사결정

미래의 경영활동을 위한 자료를 수집하여 미래상황에 맞는 경영활동 수행을 위한 계획을 수립하고, 이 자료를 토대로 어떤 활동을 수행할 것인 가에 대한 의사결정을 하는 행위이다. 원가회계는 원재료 구매, 종업원의 채용 및 훈련, 제품의 제조 등의 계획을 수립하는 데 필수적인 역할을 하며 자금조달, 투자결정 등의 수행에도 중요한 역할을 한다. 제조와 영업활동 등에 대한 원가정보를 제공하며 가격의 결정, 원재료의 구매, 투자 등과 관련된 합리적 의사결정을 위한 기초가 된다.

(3) 통제와 성과평가

표준(예정)원가와 실제 발생원가간의 차이를 분석, 관리하고 경영자가 수행한 활동의 성과를 평가하는 것이다. 원가회계는 예산과 표준원가를 설정하고 실제 원가를 집계함으로써 통제과정의 기본적인 정보와 함께 부문 성과평가의 근거가 되는 성과보고서를 작성할 수 있는 정보를 제공한다. 공정한 원가회계는 경영자와 종업원의 활동을 긍정적인 방향으로 자극하여 기업의 성과를 높이는 데 기여할 수 있다.

(4) 원가회계의 영역

원가회계의 영역은 [그림 3-4]와 같이 나타낼 수 있다.

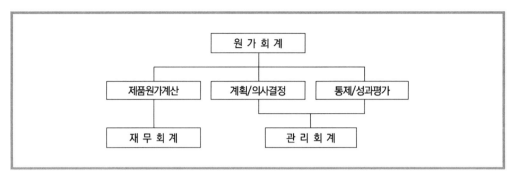

[그림 3-4] 원가회계의 영역

(5) 원가회계의 목적

① 경영성과와 재무상태의 파악

② 원가통제에 필요한 정보 제공

③ 조직구성원에 대한 동기부여

④ 계획 및 의사결정에 필요한 정보 제공

3) 원가·관리회계의 발전단계

발전단계	재무적 관점 (기존의 원가회계)	운영적 관점 (기존의 관리회계)	전략적 관점 (전략적 관리회계)
목 적	재고평가/기간손익결정 제조원가 계산	단기적 의사결정을 위한 자료 및 모형 제공	전략수립 및 실행을 보조
내 용	개별원가계산 종합원가계산 결합원가계산 원가배분	공헌이익분석 관련원가분석 C.V.P분석 원가차이분석	활동기준원가계산 원가기획 품질원가계산 제품수명주기 원가계산 전략적 성과평가 투자타당성분석
역 할	계산/기록 (Score Keeping)	주의환기-원가차이분석 문제해결-공헌이익분석	전략수행 (Strategy Implementation)
정 보 이 용 자	재무/세무 담당자 외부주주/채권자/세무서	생산라인관리자 프로세스 개선팀 품질/물류관리팀	전략/원가기획 담당자 자본예산수립/구매담당자 제품관리 담당자
측정단위	재무적	비재무적	재무적, 비재무적

4   원가의 흐름과 계산절차

1) 원가의 흐름

　원가계산은 기업의 경영활동에 있어서 원가의 흐름을 추적하여 기록하고 계산하는 것이다. 이러한 원가의 흐름과 재무제표 관계는 [그림 3-5]와 같다.

　기업외부에서 원가재를 구입하여 소비하면 직접 재료비, 직접 노무비, 직접 경비, 제조간접비가 발생하며 이들 원가요소는 제품원가로 집계된다. 이때까지의 원가는 미소멸 원가로서 자산이다. 자산이란 이익을 내기 위하여 대기 중인 원가라고 할 수 있다.

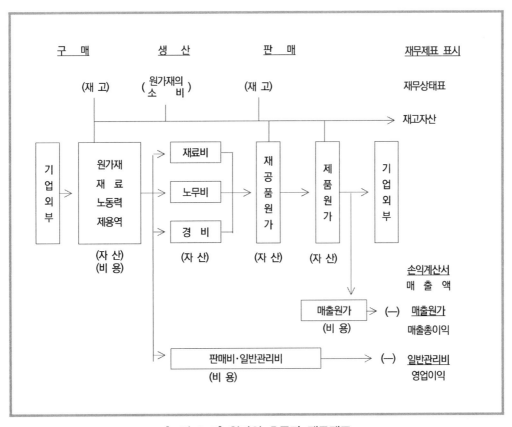

[그림 3-5] 원가의 흐름과 재무제표

판매비 및 일반관리비는 제품에 집계되지 않고 발생한 기의 비용이 된다. 판매된 제품에 대하여 손익계산을 하게 되며, 판매되지 않은 제품은 재고자산으로 남는다.

2) 원가계산의 3단계

원가의 흐름을 추적하는 경우 원가의 인식, 측정, 분류, 집계는 [그림 3-6]과 같이 3단계의 절차를 거친다.

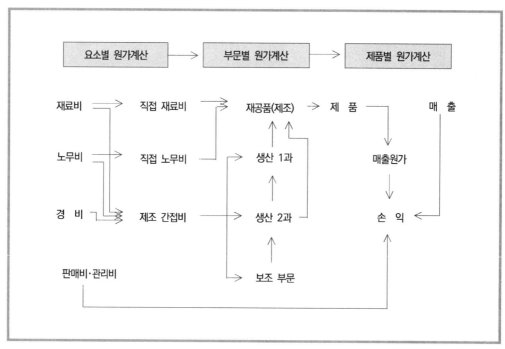

[그림 3-6] 원가계산의 3단계

(1) 요소별 원가계산

제조 및 판매를 소비한 요소별로 재화·용역의 인식·측정·분류한 절차이다. 형태별로 직접비, 간접비로 분류하고 필요에 따라서 기능별로 분류한다. 개개의 요소별 원가의 중요성을 파악하고, 동종 산업에서 타사와 원가 구성비교를 통하여 문제점을 찾을 수 있다.

(2) 부문별 원가계산

요소별 원가계산에서 파악된 원가요소를 원가발생 장소별로 분류 집계하는 단계이다. 제품별 계산을 정확하게 하기 위하여 원가를 발생 장소에 집계하고, 그 장소에서 가공하고, 다음 장소로 가는 제품에 합리적인 방법으로 부문별로 원가를 할당하기 위한 계산 단계이다.

(3) 제품별 원가계산

제품의 일정단위마다 원가 요소를 집계하고 제품의 제조단위 원가를 산정한다. 제품별 원가계산은 외부보고 목적의 기간손익 계산, 원가관리, 이익관리 등에서 중요한 원가 정보를 제공하는 계산단계이다.

5 원가 단위와 원가계산 기간

1) 원가 단위

원가 단위는 발생하는 원가에 관련된 작업량·제품량과 같은 양적인 단위로서 판매를 위한 최종완제품의 성질이나 거래 관행에 따라 제품 1개, 1상자, 1톤 등 업종의 형태에 따라 선택된다. 최종 완제품, 제조부문, 보조부문별로 원가 단위를 다르게 선택하는 경우도 있다. 예를 들면 도장부문은 도장 1㎡, 전력부문은 Kw/h 등을 원가 단위로 한다.

2) 원가계산 기간

원가계산 제도에 있어서 정기적인 원가 보고를 행하는 일정한 기간을 말한다. 현재 코스닥시장과 코스피 등록업체는 분기별로 실적을 보고하게 되어 있다. 최소의 원가정보를 경영자에게 제공해야 하므로, 1개월로 하는 것이 바람직하다. 원가계산 시스템을 채용하지 않은 기업에서도 재무회계 기간(6개월, 1년)마다 원가에 관한 정보를 얻는다.

6 원가계산과 책임 중심점

1) 조직과 책임

기업규모가 확대되면서 최고경영진의 권한과 책임이 각 관리자에게 위임되어 경영활동이 이루어진다.

조직구조는 크게 상·중·현장 관리자로 구성되고 각 관리자는 각각의 권한과 책임에 따라 의사결정을 하므로써 다양한 의사결정 중심점 또는 책임 중심점이 존재한다.

책임 중심점의 범위는 기업에 따라 부문별·제품별로 설정되며, 크게 3가지 형태로 분류할 수 있다.

(1) 원가 중심점

한사람의 관리자가 책임범위 내에서 경영활동을 수행할 때 발생하는 원가에 대해서 책임을 진다. 생산1부, 구매부, 생산기술 등 부문별로 설정한다.

(2) 이익 중심점

한사람의 관리자가 그 책임범위 내에서 경영활동에서 발생하는 원가뿐만 아니라 이익에 대해서도 책임을 진다. 유니모 테크놀로지(주)의 대구지방사무소장은 판매비, 일반관리비뿐만 아니라 판매액, 영업이익까지도 책임을 져야 한다.

(3) 투자 중심점

책임범위 내에서 발생하는 원가·수익·설비투자의 결정권을 가지고 투자액에 대한 경영활동의 책임을 진다. 투자 결정권을 위임받은 팀장은 투자중심점을 형성하며, 실적은 투자수익률·이익에 의해 측정한다.

현실적으로는 원가중심점 또는 이익중심점 위주의 관리와 책임이 주어지는 것이 대부분이다.

2) 책임에 따른 보고시스템

원가 실적보고서는 각 계층의 책임 중심점에서 관리가능 한 원가에 대한 예산, 실적 및 차이를 분석·보고한다. 보고서가 관리가능성 측면에서 내용이 요약 되었는지에 주의한다.

3) 관리 가능비와 관리 불가능비

책임 중심점별로 집계하는 자료는 통제 목적에 따라 관리가능 항목과 관리 불가능한 항목으로 나눌 수 있다. 관리 가능비란 책임 중심점에서 발생하는 원가에 대해서 책임자가 실질적으로 영향을 미치는 항목을 말하며 다음과 같은 점에 유의하여야 한다.

① 특정 책임 중심점의 관리자에 따라 관리가능성이 있는지 하는 문제를 고찰하여야 한다. 기계설비의 감가상각비는 현장관리자에게는 관리 불가능비이지만 투자나 매각의 결정권을 가진 경영진에게는 관리 가능비가 될 수 있기 때문이다.

② 관리가능 여부는 실적 측정기간에 따라 다르다. 관리가능성은 정도의 문제로 한 사람의 관리자가 완전히 영향을 미칠 수 있는 항목은 적다. 원자재의 구입은 구매 부문에서 하고 소비는 생산부문에서 일어난다. 공장의 현장관리자에게는 자재가격은 관리 불가능하다.

③ 공통비와 개별비를 인식해야 하며 관리 가능비는 개별비 중에서 많이 볼 수 있다. 일반적으로 공통비 배부액은 책임 중심점인 팀장에게는 관리 불가능에 가깝다.

제4장 원가계산의 종류 및 관리

1 실제원가계산

1) 정의

실제원가계산은 제품의 제조 및 판매를 위하여 실제로 발생한 원가를 계산하는 방법으로서, 가능한 한 기업의 경영활동을 사실 그대로 나타내는 데 있다. 원가가 실제로 얼마나 발생하는 가는 원가에 영향을 미치는 여러 가지 요소의 변화에 따라 다르다.

2) 역사적 원가와 실제 정상원가

(1) 역사적 원가

역사적 원가란 소비량 요소를 실제로 계산한 원가를 말한다. 재료비, 노무비, 경비의 항목별로 실제 발생액을 계산하여, 이들을 각 제품별로 계산한다.

원자재가 몇 공정을 거쳐 가공되어도 앞 공정의 역사적 원가를 계산하고 다음 공정의 원가를 계산한다. 즉, 앞 공정의 계산이 끝나지 않으면 후 공정의 원가계산을 할 수 없다.

원가계산은 시간이 정지하고 있다고 가정하여 원가계산 기간 동안의 발생액을 집계하는 것이다. 시간을 고려한 원가계산 방법은 없으며, 따라서 자사에 적합한 원가관리 방법을 선택하여야 한다.

(2) 실제 정상원가

원가계산 목적에 관련이 없는 재화 소비액을 비원가 항목으로 제거하거나 일정한 기간에 걸쳐 평균화하여 정상적인 기업활동에서 발생한 비용을 실제 정상원가로 계산한다. 실제원가라고 하면 실제 정상원가계산을 말하며, 원가로 인식할 때의 문제점은 제조 간접비를 제품에 실제 배부함으로써 발생하는 오차에 있다.

3) 제품원가와 기간원가

실제 원가계산은 외부보고 목적의 기간 손익계산으로는 유효한 방법이다. 기간손익계산에서 이익을 추구하기 위한 비용과 수익을 대응시킨 원가개념은 [그림 4-1]에 잘 나타나 있다.

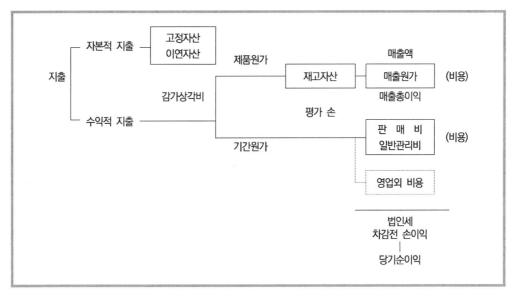

[그림 4-1] 지출과 원가

(1) 제품원가

제품원가란 일정단위의 제품에 집중된 원가를 말하며, 모든 원가를 전부 제품원가로 계산하는 것이 바람직하다.

그러나 판매비, 일반관리비는 합리적으로 집계하는 것이 어렵다.

(2) 기간원가

일정기간에 발생하는 비용을 당기의 수익에 직접 대응시켜 파악한 원가를 기간원가라고 한다. 판매비 및 일반관리비는 제품에 배부할 합리적인 기준이 없고, 매기 거의 비슷한 금액이 비용으로 발생한다. 전통적인 방법으로는 모든 원가를 제품원가라고 할 수 있지만, 실제로는 불가능한 일로 인식하여 기간원가라는 개념을 설정하여 발생한 기간의 수익에서 직접 회수하는 방법을 사용하게 된다.

2 종합원가계산

종합원가계산은 표준사양제품을 생산하는 공장에 적용되는 원가계산의 형태로서 [그림 4-2]와 같이 크게 다섯 가지로 분류할 수 있다.

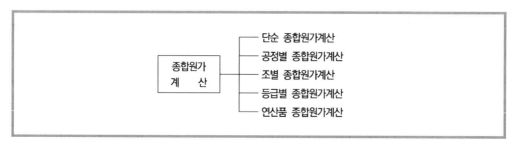

[그림 4-2] 종합원가계산의 형태

1) 단순 종합원가계산

단일제품을 단일공정에서 대량생산을 하는 경우 또는 한 종류의 제품이 여러 공정을 거쳐 생산되는 경우에 적용되는 종합원가계산방식이다. 석탄 등의 연탄원가계산에 사용된다.

2) 공정별 종합원가계산

한 종류의 표준제품은 대량 생산하는 공장에서 제품의 제조원가를 공정별로 계산하거나 원료비를 공정별로 계산하지 않고 가공비만을 공정별로 계산하는 방법이다. 제강공업, 방적업 등에서 사용되는 방법이다.

3) 조별 종합원가계산

서로 다른 종류의 표준품을 대량생산하는 공장에 적용되는 종합원가계산방식이다.
화학, 식품, 자동차, 전기, 기계 등의 각종 산업에서 널리 사용하고 있다.

4) 등급별 종합원가계산

동일 공정에 있어서 동종제품을 연속 생산하거나, 제품을 형태, 크기, 품위의 등급으로
구별되는 경우에 적용하는 종합원가 계산방법이다.

합판 제조공장에서 목재를 고급, 중급 등 사용목적에 따라 가공하거나, 주물공장에서 제
조되는 형태나 중량이 다른 각종 주조품 등, 같은 공정에서 연속적으로 생산되는 같은 종
류의 제품원가계산 방법이다.

등급별 종합원가계산을 하는 제품의 제조원가는 등가계수를 사용하여 일정기간의 비용
을 각 등급 제품에 배분하여 계산한다.

5) 연산품 원가계산

(1) 연산품

동일 공정, 동일 원료에서 상호 중요한 경제적 가치를 가지는 2종 이상의 제품이 필연적
으로 생산되는 경우, 이들 다른 종류의 제품을 연산품이라고 한다.

원유를 정제하면 휘발유, 나프타, 등유, 경유 등의 제품을 얻을 수 있다.

동일 공정, 동일 원료에서 각 제품으로 분리되기까지 발생하는 공통의 비용을 결합원가
라고 한다.

(2) 원가계산방법

연산품 원가계산은 [그림 4-3]에서 보듯이 결합원가와 분리점 후의 개별비를 구분하여
야 한다.

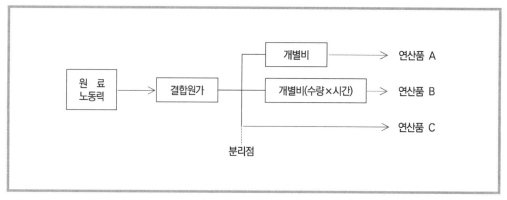

[그림 4-3] 연산품 원가계산의 흐름

연산품 원가계산은 분리점 후의 개별비를 연산품마다 개별적으로 파악하고, 연산품에 공통으로 결합하여 발생하는 결합원가는 각 제품에 배부 계산을 한다. 결합원가를 각 연산품에 배부하는 방법은 첫째, 연산품의 산출량을 물량척도로서 측정하여 기준으로 하는 방법, 둘째, 순도, 크기, 비중 등에 의한 등가계수를 연산품마다 설정하여 배분하는 방법, 셋째, 연산품별 정상시가에 의한 등가계수를 설정하고 이 등가계수마다 각 연산품의 산출량을 곱한 비율로서 배분하는 방법 등 3가지를 들 수 있다.

3 표준원가계산 관리

1) 표준원가의 계산의 의의

표준원가계산은 실제원가계산이 원가관리에 적절한 정보를 제공하지 못함에 따라 개발된 원가계산방식으로 원가관리, 원가절감, 경영계획설정에 기여하고 있다.

(1) 실제원가계산의 결함

가. 변동성

실제원가는 원가재(재료, 인력, 용역 등)의 실제가격에 소비량을 곱하여 계산한다. 재료의 시장가격은 변동성을 가지고 있으며 제품 1단위를 제조하는 데 10개가 필요한 것을 11

개로 만들었다고 하면 실제소비량은 11개로 계산한다. 가격이나 작업효율의 우연적 변화가 바로 실제단위 원가계산에 영향을 주고 있다. 따라서 동일한 제품을 만들더라도 제조할 때마다 다른 실제원가가 계산된다. 실제원가에는 가격, 능률, 불량, 조업도 등 원가에 미치는 모든 요소의 우발적 변동이 섞인 형태로 나타나므로 어느 것이 정확한 원가인지 알 수 없다.

나. 반복 계산의 결함

실제원가를 원가관리에 이용할 때, 기간으로 비교하는 방법을 취하는 경우가 많다. "과거보다 원가가 내려가면 괜찮다"고 하는 사고방식이다.

전월보다 당월의 원가가 변동하였는데 원인이 불황 때문에 생산량이 감소했는지 여부가 명확하지 않다. 재료가격이 내려갔을 수도 있으므로 책임이 반드시 제조부문에 있다고는 말할 수 없다.

실제원가에는 가격계산, 손익계산에도 결점이 있었다. 불황시에는 조업도가 낮고 제품의 실제원가는 높아져 판매가 결정 기초로 하면 점점 팔리지 않게 되어 기간손익은 감소한다. 반대로 호황시에는 조업도가 높고 실제원가는 낮아지므로 이것을 가격결정의 기초로 하면 제품 판매가 증가하게 되어 기간손익은 굉장히 증가한다. 이러한 결함을 시정하기 위하여 표준원가계산이 탄생한 것이다. '원가계산발전의 역사는 불황의 역사이다'라고 할 수 있다.

실제원가를 계산하는 방법은 처음의 원가요소별 계산단계부터 마지막 제품별 계산까지 반복계산을 한다. 제조 간접비가 월말에 발생액이 집계되지 않으면 원가계산이 완료되지 않고 제품별 계산이 되지 않는다.

(2) 표준원가계산의 필요성

가. 효율측정의 척도로서 표준원가

실제원가자료를 원가관리에 활용할 때는 기간비교를 하게 되어 원가관리에 적절한 정보를 제공할 수 없다고 하였다. 효율측정의 척도로 사용하기 위해서는 첫째, 원가재의 투입량과 제품의 산출량 사이의 표준적인 인과관계를 통계적, 과학적 방법으로 조사한다.

둘째, 산출 단위당 물량표준에 원가재의 예정가격 또는 정시가격을 곱하여 원가표준을 계산한 다음, 셋째, 원가표준에 대하여 실제생산량을 곱하여 계산한 원가를 표준원가라 하고 이를 효율측정의 척도로 한다.

특히 원가표준(또는 표준 원단위)과 표준원가를 구별해야 하는데 원가표준이란 제품단위당의 필요한 원가로서 제품을 제조하기 이전에 결정되므로 사전원가라고 하며, 표준원가는 실제 생산량이 확정되어야 계산되는 사후원가의 성질을 갖는다.

나. 산업공학자(Industrial Engineer)가 보는 표준원가

원가산정에는 근본적으로 다른 두 가지 방법이 있는데, 첫째, 작업(생산)이 완료된 후 원가를 결정하는 방법이고, 둘째, 작업(생산)에 착수하기 전에 원가를 산정하는 방법이다.

산업공학자가 연구한 표준원가계산은 원가관리형 표준원가계산이었다. 그러므로 원가표준은 동작연구, 시간연구 등의 과학적 방법에 의해 측정되고, 비능률을 제거한 물량표준에 기초를 두고 있었으므로 엄격도가 높은 표준원가(이상표준원가)를 계산하였다.

다. 회계사(Accountant)가 보는 표준원가

산업공학자가 실제원가의 원가관리상 문제점을 연구한 반면, 회계사는 가격계산, 손익계산의 결함을 고찰한다.

회계사가 연구한 표준원가는 정상적 경영활동 하에서의 정상원가이다. 이는 과거의 실적을 평균하여 비능률을 여러 기간 거쳐 얻은 원가이므로 엄격도가 낮은 표준원가였다.

2) 표준원가 설정 이유

(1) 관리와 가격의 설정

표준원가는 관리를 위한 벤치마킹, 가격설정 두 가지가 목표를 가지고 있다. 산업공학자와 회계상 목적의 차이는 원가계산의 산출물의 차이를 의미한다. 산업공학에서 말하는 관리를 위한 원가계산은 부문별 표준원가계산이고 회계사가 말하는 가격계산목적을 위한 원가계산은 제품별 표준원가계산이다.

가. 관리를 위한 벤치마킹

① 원가관리를 효과적으로 수행하기 위해 원가의 표준으로서 표준원가를 설정한다. 표준원가를 설정하는 가장 중요한 목표이다.
② 표준원가는 예산편성을 위한 기초 자료를 제공한다. 표준원가는 계획기간에 달성이 기대되는 원가효율로 예산원가를 도출할 수 있다.
③ 관리를 위한 원가계산은 부문별 표준원가계산이다.

나. 가격산정의 기초

① 표준원가는 재공품, 제품 등 재고자산 가격산출 및 매출원가계산의 기초가 된다.

② 표준원가는 회계계정 속에 편입시켜 기장(記帳)을 간략화하고 신속하게 한다.

③ 가격계산목적을 위한 원가계산은 제품별 표준원가계산이다.

(2) 구매 효율과 소비 효율 기준

표준원가는 재화의 소비량을 과학적·통계적 조사에 의거하여 효율 척도가 되도록 정하고(표준 소비량), 예정가격 또는 정상가격(표준가격)으로 가지고 계산한 원가를 말한다.

표준원가는 위와 같이 표준가격과 표준소비량으로 결정된다. 양자는 실제원가와 비교해 보면 가격은 구매효율을 측정하기 위한 기준이고, 표준소비량은 소비효율을 측정하기 위한 기준이다. [그림 4-4]와 같이 나타낼 수 있다.

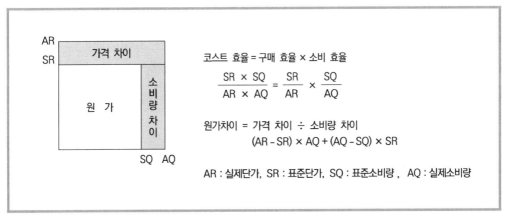

[그림 4-4] 표준원가분석

두 가지 효율이 같은 비중을 갖는 것은 아니다. 구매효율은 구매 부문의 관리지표이며, 내부관리노력과는 별도로 외적조건(경기, 시황 등)에 의해 영향을 받는다. 소비효율은 제조부문 등의 관리지표로 대부분 내부의 관리노력에 따른다. 원가관리는 양자의 효율을 측정 관리하며 내부관리노력에 중점을 두고 있다.

3) 표준원가 계산 기준

(1) 표준원가의 구비요건

표준원가를 산정하는 목적은 관리목적과 가격계산목적의 두 가지로 나눌 수 있다. 표준원가는 기업 업종에 맞는 정확도를 설정할 필요가 있다. 반드시 정밀하고 좋은 것은 아니다. 예를 들면 건설자재로서 사용하는 커다란 철관의 직경을 측정하는 데 캘리퍼스와 마이크로메타는 어울리지 않는다. 반대로 정밀부품을 측정하는 데 줄자는 도움이 안 된다. 관리의 도구로 활용하는 표준원가는 관리의 목적과 한계를 충분히 인식한 후에 설정된 정확한 표준원가가 되어야 한다.

가. 관리 목적의 정확성

표준원가는 상기의 두 가지 목적에 맞춰 정확성이 요구되지만 가격계산목적과 관리목적을 비교하면 후자가 허술하다. 따라서 관리목적에 맞는 표준원가의 정확성에 따라 가격계산 목적과도 일치한다.

나. 관리 한계의 정확성

예비분석 결과 니즈(수요)에 따라 관리한계의 정확성을 요구한다. 관리의 한계는 다음 4가지로 요약할 수 있다.

① 통제가능한 한계
② 경제성의 한계
③ 작업행동의 한계
④ 인간성의 한계

(2) 표준원가 관리와 코스트 테이블 산정 기준

원가관리에 이용되는 표준원가계산은 제품별 단위표준원가에 실제 생산량을 곱해서 표준원가를 부문별로 집계한다. 이것을 실제원가계산의 부문별 계산결과와 대비시켜 원가차이를 계산한다. 표준원가관리는 실제원가와 표준(또는 예정)원가와의 차이를 컨트롤하여 실제원가를 표준원가에 가깝게 하는 활동을 하는 것이다.

각 부문 관리자 스스로가 관리할 수 있는 원가에 대해서 실제원가와 표준원가의 차이를

줄이는 것이 원가관리이다.

표준원가는 최종적으로 부품별, 제품별로 집계할 필요가 있다. 이때 단위당 원가표준(표준원단위)을 설정해 놓고 생산대수, 생산중량, 생산공수, 생산시간 등을 곱하여 표준원가를 산정한다. 단위당 집계된 원가를 표준원단위라고 한다. 표준원단위를 무엇으로 할지는 작업의 성격에 따라 다르지만 일반적인 기준은 다음과 같다.

① **양품 생산액을 나타낼 수 있어야 한다.**

표준원가는 불량이나 비능률을 고려해서는 안 되며 과학적 기준에 의해 설정된 것이어야 한다.

② **가능한 한 통일된 척도이어야 한다.**

원가의 발생은 여러 변동요인을 고려하면 계산이 복잡하므로 가능한 한 통일된 척도로 설정하여야 한다.

③ **원가와 비례관계가 형성되어야 한다.**

계산의 간소화도 중요하지만 기본은 원가계산의 정확성이다. 파이프재 절단공정에서 가공비 원단위는 절단시간으로 구하여야 한다. 절단 톤수에 비례하는 형태로 가공비의 원단위를 정하면, 절단하는 면이 짧을수록 가공비가 많이 들기 때문에 실제와 맞지 않는다.

④ **이해하기 쉬워야 한다.**

원단위는 누구라도 쉽게 이해할 수 있고, 원가계산을 간단하게 수행할 수 있어야 한다.

표준원단위는 이 4가지의 조건을 충족하여야 한다. 표준원가 계산 구조는 [그림 4-5]처럼 나타낼 수 있으며, 표준원가에서 일반적으로 사용되는 원단위는 재료비가 생산중량 또는 생산개수 그 자체이고 가공비는 표준시간이다. 즉, 재료비는 ㎏당 또는 1개당으로 표현하고 가공비는 시간당으로 표현한다.

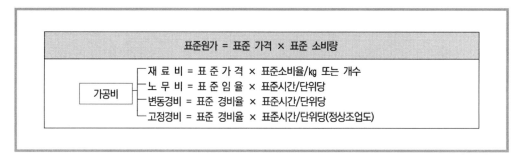

[그림 4-5] 표준원가 계산 구조

4) 표준원가의 종류

(1) 원가표준 설정의 기초수준

원가표준 설정시에는 가격, 효율, 조업도에 관련 기초수준을 고려할 필요가 있다.

가. 가격수준

① **이상적인 가격수준** : 원가재의 가격요소에서 유리한 가격수준이다. 표준재료비
는 구입되는 최적가격을 적용하며, 노무비를 계산하는 경우 해당업무를 할 수
있는 직원의 최저임율을 적용한다.

② **예정가격 수준** : 차기에 예상되는 가격수준을 말한다.

③ **정상가격 수준** : 향후 수년간에 걸쳐 예측되는 평균적 가격수준을 말한다.

나. 효율 수준

① **이상적인 효율 수준** : 현재의 설비로서 달성 가능한 최고의 효율 수준으로서,
개선의 최고 목표이다. 감손, 공손, 비효율 작업시간 등을 제외한 수준으로 실
제로는 달성할 수 없다.

② **정상효율 수준** : 향후 수년간 기대되는 효율 수준이다.

③ **달성가능효율 수준** : 과거의 평균효율에 따라 차기에 실현할 수 있는 수준이며
혁신운동으로 달성가능한 수준이다.

다. 조업 수준

① **이론적 생산능력** : 조업이 중단되는 일이 없는 이상적인 상태로 연간 최대 생산량에 의해 측정한다. 기준조업도로서 선택하는 경우는 없고 실제 생산능력을 측정하는 수준으로서 의미가 있다.

② **실제적 생산능력** : 이론적 생산능력에서 기계의 고장, 수선, 준비, 불량 등 불가피한 작업 중지로 인한 유실(비가동)시간을 제외하고 실현가능한 연간 최대조업수준이다. 이 능력은 수요가 무한하다고 가정하고 생산만을 생각할 때 달성가능한 최대 조업수준이다.

③ **평균 조업도** : 판매시 예상되는 계절과 경기변동 영향에 의한 생산량 증감을 1년 이상 5년 미만으로 평균한 조업수준이다.
원가계산 기준에서는 정상조업도라고 하며 생산능력을 뜻하는 것이 아니라 생산과 판매의 장기적인 균형을 고려하여 설정한다.

④ **기대 조업도** : 차기 1년간 예상되는 조업수준으로 종합예산의 기초가 되며 연간 기대 조업도 또는 예산 조업도로 볼 수 있다.

(2) 표준원가의 형태

표준원가를 관리목적에 맞게 가격, 효율, 조업도의 수준을 조합하여 다양한 형태의 원가표준을 설정하고, 설정한 표준원가와 비교 실제 계산하여 비교분석할 수 있다.

① **이상 표준원가** : 가장 높은 수준의 표준원가로서 이상가격 수준, 이상효율 수준, 실제생산능력 수준을 결합하여 설정한 것이다.

② **정상 표준원가** : 정상가격수준, 정상효율 수준, 평균 조업도를 결합한 표준원가 수준이며 평균 산정 기초가 되는 기간 중에는 개정하지 않는다. 경기변동이 심하지 않을 경우와 기간손익계산목적에 적당하며 원가관리에 사용되는 수준이다.

③ **현실적 표준원가** : 정상가격수준, 달성가능 효율 수준, 기대 실제조업수준을 고려하여 설정한 표준원가이다. 현실적 표준원가는 경기변동이 있는 경우 이익관리, 재고자산가액 결정시 사용된다. 표준원가 계산제도에서 '표준원가'는 통상 이 수준의 원가를 말한다.

　　이상원가와 목표원가, 실제원가 달성 가능성에 대한 예를 [그림 4-6]과 같이 나타낼 수 있다.

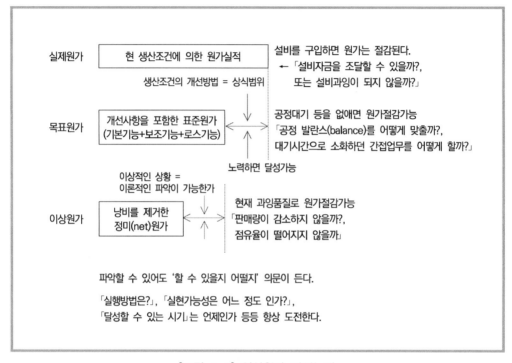

[그림 4-6] 이상원가 달성논리

4 변동원가계산

1) 정의

변동원가계산이란 원가를 변동비와 고정비로 분해하여 계산함으로써 정기적인 손익계산서의 단기이익계획에 도움이 되는 원가·조업도·이익의 관계를 나타내는 계산방법이다. 직접원가계산, 부분원가계산으로도 불리어진다.

2) 변동원가계산의 배경

(1) 제조간접비 배부상의 문제

제조 간접비 중에서 고정비는 제품의 생산여부와(일정부분 변동은 있지만) 관계없이 발생하여 제품의 실제 단위원가를 크게 변동시킨다.

(2) 전부원가계산의 어려움

상식적으로 원가계산이 정확하다면 매출액과 비례하여 영업이익이 증가하여야 하지만 그렇지 않다.

(3) 전부원가계산과 변동원가계산의 영업이익의 차이

제조 고정비를 언제 기간 비용으로 처리하느냐 하는 시기의 차이로 발생한 기간의 수익에 대응시키는 것이 변동원가계산이며, 〈표 4-1〉에서 나타나 있듯이 제품에 연결하여 제품원가에 매출액과 대응시키는 것이 전부원가계산 방식이다.

3) 가격결정과 변동원가계산

원가계산을 이용한 가격결정에는 전부원가계산에 의한 방법, 변동원가계산에 의한 방법, 손익분기분석에 의한 방법 등이 있다.

(1) 전부원가계산에 의한 가격결정

총원가보다 제조원가를 기준으로 가격결정을 하는 경우가 많다.

> 목표가격(Target Price) = 제품의 제조원가 × (1 + 목표 마크업율)
> = 제품 단위당 총원가 + 필요이익

가. 장점

① 제품에 대한 수요곡선이 불분명하다.

수요량이 명확한 것이 아니므로 전부원가 기준으로 가격을 정하고 고객의 반응을 보면서 다시 가격을 결정하는 시행착오적 가격결정이다.

② 배부고정비를 포함하는 전부원가와 필요이익을 회수하기 위한 장기적인 관점의 가격결정이다.

③ 전부원가에서 마크 업하는 이익이 공정하면 전부원가와 공정한 이익의 회수는 사회적 승인을 얻게 된다.

〈표 4-1〉 전부원가계산에 의한 손익계산

제　품	W	X	Y	합계
매출액	2,000	3,000	4,000	9,000
차감 : 매출원가				
직접재료비	700	600	900	2,200
직접노무비	200	450	600	1,250
변동제조간접비	150	200	300	650
고정제조간접비	200	600	800	1,600
매출원가 계	1,250	1,850	2,600	5,700
매출 총 이익	750	1,150	1,400	3,300
차감 : 판매비/일반관리비				
변동판매비	110	300	200	610
고정판매비/일반관리비	100	200	300	600
판매비/일반관리비	210	500	500	1,210
영업이익	540	650	900	2,090
영업이익률	27%	21.7%	22.5%	23.2%

나. 단점

① 공통 고정비를 각 제품에 배부하여 가격결정의 기준이 되므로 원가자료의 신뢰
성 부족으로 제품별 수익성이 불분명하다.

② 판매가격 또는 수주가격은 적어도 전부원가를 넘는 선에서 결정한다.

③ 전부원가를 넘으면 모든 원가가 회수되고 손실을 입지 않는다고 판단한다.

(2) 변동원가계산에 의한 가격결정

제품 수익성에 따른 원가 회수는 '변동제조원가 → 변동판매비 → 개별고정비 → 공통고
정비'의 순서이다.

목표가격 = 제조단위당 변동비 + 제품 단위당 목표 공헌이익

= 제조단위당 변동비 × (1 + 목표 마크업율)

$$= \text{제조단위당 변동비} + \frac{\text{고정비} + \text{투자자본} \times \text{이익률}}{\text{예상판매량}}$$

※ 목표 마크업율 = 목표공헌이익 ÷ 변동비

〈표 4-2〉 변동원가계산에 의한 제품별 손익계산서

제 품	W	X	Y	합계
매출액	2,000	3,000	4,000	9,000
차감 : 변동 매출원가				
직접재료비	700	600	900	2,200
직접노무비	200	450	600	1,250
변동제조간접비	150	200	300	650
변동 매출원가 계	1,050	1,250	1,800	4,100
변동 제조 이익	950	1,750	2,200	4,900
변동판매비	110	300	200	610
공헌이익	840	1,450	2,000	4,290
차감 : 고정비				2,200
고정제조간접비				1,600
고정판매비/관리비				600
영업이익				2,090
매출액 영업이익률	42%	48.3%	50%	23.2%

가. 장점

① 각 제품의 공헌이익에 따라 고정비를 회수한다.

② 각 제품의 수익성에 따라 고정비를 회수하고 이익을 얻는 탄력적인 가격결정이 가능하다.

③ 원가, 조업도, 매출 분석이 가능하다.

나. 단점

① 단위 원가를 결정하기 위하여 판매량을 예측하여야 하지만 판매량은 가격에 의해 좌우된다.

② 단기적으로는 탄력적인 가격 결정이 가능하나 장기적으로 경쟁을 격화시킬 위험성이 있다.

③ 부분원가(변동비)만 회수하면 된다고 생각하여 낮은 가격을 설정하여 전부원가를 회수하지 못할 위험이 있다.

| 5 | 활동기준원가계산 |

1) 활동기준원가계산과 새로운 관리개념

(1) 활동기준원가(ABC)의 개념

가. 활동기준원가계산(Activity-Based Costing)이란[1]

원가가 발생하는 원인을 규명하고 체계적인 활동분석을 통해서 부가가치 활동과 비부가가치 활동을 구분한다.

불필요한 활동을 제거하고 비부가가치 활동은 가급적 줄이며 필요한 활동을 올바른 방법으로 실행하는 동시에 정확한 원가 산정에 필요한 정보를 제공하는 방법이다.

이 계산방식은 자원을 소비하고 고객에게 가치를 전달해주는 활동을 파악하여, 활동을 중심으로 원가를 집계하고 제품에 배부하기 위한 원가회계 시스템이다. 〈표 4-3〉은 전통

---

1) H. Thomas Johnson, Robert S. Kaplan(1987), HARVARD BUSINESS SCHOOL PRESS.

적원가계산과 비교하여 나타낸 것이다.

〈표 4-3〉 전통적 원가계산과 활동원가기준의 비교

구　분	전통적 시스템	활동원가기준 시스템
* 원가계산 초점	* 제품 * 제품이 자원을 소비함	* 제조활동 * 활동이 원가를 소비함
* 제조간접비 　배분기준	* 개별제품의 속성에 기초 　– 직접작업시간 　– 기계시간 　– 제품소비량 등(주로 재무적 성격) * 원가동인일 가능성이 낮음. * 제조간접비 발생공정과는 관계없이 배부에만 　관심	* 수행되는 활동이 척도가 됨 * 활동의 측정치 　– 준비시간, 발주회수, 부품수, 처리시간 등 * 원가 동인일 가능성이 높음 * 제조간접비를 발생원가와 가장 적절히 관련 　지움
* 원가계산	* 평균치를 사용한 개략적 계산	* 인과관계를 반영한 정확한 계산

나. 원가는 「발생」하는 것이 아니고, 어떤 원인에 의해 「초래」된다는 인식

기업의 경영활동에서 각종 자원은 활동을 수행할 능력을 제공하게 되며, 이는 제품과 고객의 활동에 대한 수요를 창출한다. 이 활동이 원가를 유발하게 되므로 정확한 구조 파악이 중요하다.

(2) 활동원가기준과 원가동인

가. 원가동인:활동의 원인으로 활동이 행하여지는 이유를 설명해 주는 것이다.
① 특정 활동원가를 구조적으로 결정짓는 요소
② 원가를 발생시키거나 발생정도에 영향을 미치는 요소
③ 활동의 측정치

나. 조업도와 관련된 원가동인
① 생산량에 비례하여 소비되는 자원과 관련된 항목으로 직접작업시간, 기계가동 시간, 직접재료비 등을 말한다.
② 생산량이나 자원과는 무관하게 소비되는 원가항목으로 지원부문의 성과 설계·검사 및 생산계획 등을 말한다.

다. 전형적인 원가동인의 예

① 사내의 설계변경 통보 : 제품별 설계변경 통보수

② 생산 유니트 : 제품의 생산수량

③ 구매발주서에 의한 구입 : 원재료와 구입부품별 납입회수

④ 창고 내 이동 : 부품수별 창고간 이동회수

⑤ 스크랩 금액 : 제품별 스크랩 금액

⑥ 고충처리 수 : 제품별 고충처리 건수

2) 활동의 개념과 활동분석

(1) 활동의 정의

가. 기업의 목표를 달성하기 위하여 필요한 산출물을 생산하는 데 수행된 일체의 자원 소비행위 또는 과정이다.

나. 활동은 원가를 발생시키는 활동과 발생되는 원가를 제품에 정확하게 추적하기 위하여 원가를 발생시키는 활동으로 나누어 파악해야 한다.

다. 활동의 기능:투입요소를 산출물로 변환시키는 역할을 한다.

예를 들면,

① 품질검사, 공정엔지니어링, 생산계획, 자재불출

② 제조지시서 발행, 자재이동, 기계수선, 주문서 발행

③ 품질보고서 작성, 조립, 수선, 원가계산, 재무보고서 작성

④ 고객방문

등을 들 수 있다.

라. 제조업의 전형적인 활동

① 구매

- 발주서의 처리 : 주문량과 타이밍 결정, 주문서 완성
- 계약 및 교섭 : 교섭, 신규거래처 발굴, 계약 체결
- 구입 및 수입 : 반입기록 작성, 입하량 확인
- 구입품 검사 : 구입품 품질 검사
- 외상 거래액의 처리 : 필요서류 작성 및 지불 승인

② 생산

- 비품의 수선·유지 : 현재 생산용 비품의 수선·유지
- 제조 현장 관리 : 제조 및 제조 종사자의 감독
- 설비유지 : 공장 건설 및 설비 유지

③ 생산 관리

- 판매 예측 : 정기적인 단기 판매 예측의 책정
- 생산 스케줄 : 고객의 요구에 따라 수주대응 스케줄 작성
- 제조 관리 : 제조현장 레벨에서 제조 데이터 수집
- 효율화 : 제조 및 구매 프로세스의 스피드 업
- 재고 원재료관리 : 공장내 사용 가능한 원재료 파악
- 재공중 원재료 관리 : 재공중의 원재료 관리

④ 품질 관리

- 클레임 처리 : 품질, 출하 등의 고충에 대한 고객과의 대응
- 제품 서비스의 테스트 : 고객의 고충에 대한 반응 테스트
- 제조현장의 관리 : 제품의 품질을 유지하기 위한 제조현장의 관리
- 품질에 관한 고충의 분석 : 품질 문제의 근본적 원인 분석
- 품질 평가를 위한 테스트 : 품질 문제를 분석하기 위한 테스트 실시
- 최종 검사 : 제품 최종 검사

(2) 활동의 계층구조

활동기준원가계산에서 활동을 구성하고 있는 계층적 관계는 〈표 4-4〉처럼 나타낼 수 있으며, 계층구조에 대한 용어와 내용은 다음과 같다.

① **기능(Function)**:재료의 준비, 품질관리, 공정관리, 안전관리 등과 같이 공통목적 달성을 위해 상호 관련된 활동의 집합을 말한다.

② **경영과정(Business Process)**:산출물(제품, 서비스)에 의해 연결되는 관련활동들의 네트워크나 특정사건으로 경영과정에서 첫 번째 활동을 유발한다. 그 활동은 다음 활동을 불러일으키는 등 활동은 서로 연관되어 있다.

③ **과업(Task)**:활동을 구성하는 작업 혹은 일(Work)의 구성요소들의 조합이다.

④ **작업(Operation)**:계획과 통제목록에 사용되는 일의 최소단위를 말한다.

〈표 4-4〉 활동개념의 계층적 관계 예

기　　능	마케팅과 판매	자재조달 및 재고관리
경 영 과 정	제품의 판매	자재조달
활　　동	작업의 제안	완제품취급
과　　업	제안서의 작성	주문업체물색
작　　업	제안서의 타이핑	주문서 송부
정 보 요 소	고객, 부품의 수, … 납기일	로트 수, 재료수령횟수

(3) 활동기준 원가계산과 원가분류

가. 활동원가계산 시스템은 활동분석을 통해 선정한 활동이 원가 중심점이 되고, 집계된 활동의 원가는 그 활동의 수요에 의해 각 제품으로 할당한다. 이러한 제조활동은 원가를 발생시키는 원인에 따라 분류한다.

① **단위수준활동**:재료비, 직접노무비, 기계 작업시간과 같이 생산된(수량기준원가) 제품의 수량에 따라 수요와 비용이 발생하는 활동

② **배치활동**:생산수량과 관계없이 배치(Batch) 생산에 필요한 활동(기계가동준비, 작업지시, 구매지시서 작성)

③ **제품수준활동**:제품생산량이나 배치 수에 상관없이 제품이 추가될수록 증가하는 비용(자재청구, 순서일정표작성, 디자인개발비용, 부품관리, 제품검사비용)

④ **설비수준활동**:제조시설 유지·관리에 소요되는 비용을 기간비용으로 간주하여 임의로 제품에 배부한다.

3) 활동기준원가계산 특징

활동기준원가계산 시스템의 도입이 필요한 기업은 타당성분석과 적합성여부를 면밀히 파악한 후에 시스템의 도입을 결정하여야 한다.

(1) 활동기준원가계산 도입 필요성 인식기업의 특징

① 원가분석에 대한 불신으로 재무부서에서 원가계산을 하고 있지만 현장관리자는 믿지 않고, 영업부서 직원들이 별도의 원가테이블을 활용하고 있다.
② 매출액은 증가하고 있으나 이익은 증가하지 않고 있을 때 원가계산에 대한 불신이 나타나며 새로운 시스템의 도입을 고려한다.
③ 원가 절감 운동을 지속적으로 추진하고 있지만 실효성이 없다.
④ 각 부서에서 원가절감 보고는 계속하고 있지만 결산서로 연결되지 않고 있다.

(2) 활동기준원가계산 시스템 도입이 필요한 기업

활동기준원가계산 시스템 도입시에는,
① 측정(계산)비용이 많이 소요된다.
② 잘못된 의사결정에 의한 오류비용이 증가하고 있다.
③ 제조간접비 구조의 변화가 두드러지고 있다.
④ 다품종 소량생산체제로 인한 비용배분의 정확성 문제가 나타나고 있다.
⑤ 공장자동화로 직접노무비가 줄어들고 있고, 지원 기능부서 비용이 증가하는 등의 현상이 나타나는 기업은 도입의 효과를 볼 수 있다.

(3) 활동기준원가계산의 도입과 활용

① 간접비 비중이 큰 주요 사업부를 우선적으로 적용한다.
② 개별기업이 처해 있는 환경을 고려한다.
③ 노하우(Know-how), 각종 원가 관련정보 축적이 풍부한 분야부터 도입한다.
④ 전략적 의사결정 과정의 지원이 가능하다.
⑤ 정확한 원가정보의 제공이 가능하다.

⑥ 원가절감 및 경영개선기회를 찾기가 쉽다.

⑦ 경영성과 개선을 거둘 수 있다.

(4) 활동기준원가계산 도입시 유의할 점

활동기준원가계산은 원가계산과 관리회계에 있어서 모든 문제를 해결해 주는 만병통치약이 아니다. 도입시에는 다음과 같은 사항에 주의하여야 한다.

① 간접부문 코스트가 생산량의 변동에 대응하여 발생하는 기업은 전통적 원가계산 시스템으로도 충분하다.

② 활동이 코스트를 발생시킨다는 가정 하에 제조간접비를 직접적으로 추적하는 것으로 제품원가계산의 정확성을 높인다는 보증이 없다.

③ 활동기준원가계산을 설계하고 실제로 추진하는 데는 다수의 경영자원이 투입되어야 한다. 따라서, 효과와 코스트 관계를 충분히 고려하여야 한다.

④ 간접부문과 각 활동(Activity)이 반드시 일치하지는 않는다.

⑤ 노무비를 줄이는 목적으로 이용할 때는 직원해고 문제가 직결된다. 따라서 정확한 활동정보의 수집이 곤란하다.

4) 활동원가기준 시스템 도입 사례

기본적으로 실제원가계산이 이루어지고 있는 업체이면 더욱 좋으며, 기업의 규모에 따라 다르지만 ABC원가 도입은 6개월 정도이면 가능하다. 처음 도입하는 기업은 20개 내외의 활동으로 추진하는 것이 효과적이다. 단계별 우선순위를 정확하게 구분할 필요는 없으나, 도입하는 경우 개념적으로 단계를 나누어 설명한다.

(1) 1단계 : 프로젝트의 범위, 시기, 목적의 결정

어느 설비, 종업원, 제품라인 등을 프로젝트에 포함시킬 것인가, 프로젝트의 대상기간을 어떻게 설정하고, 언제 시작하여, 완료할 것인가? 경영상의 주요한 문제는 무엇인가, 회사는 프로젝트에 대해 어떤 종류의 정보제공을 요구하고 있는가를 정하여야 한다.

가. 모든 최종제품과 서비스에 관한 정적인 제품원가계산 모델

나. 활동의 부가가치 분석

다. 품질관리의 코스트

라. 사업의 확대 및 축소의 가능성에 대해 가정한 동적인 모델

마. 일정한 고객 또는 배송 채널에 관한 코스트 정보

(2) 2단계 : 현상 파악

가. 업무가 현재 어떻게 기능하고 있는가를 이해하는 것이 중요하며, 物과 정보의 흐름을 파악하기 위한 수단이 된다.

　(흐름도, 조직도, 손익계산서, 기존의 원가계산 시스템, 정보 시스템 등)

나. 경영자원 코스트의 활동별 집계를 위하여 준비한다.

① 3가지 집계방법

　- 직접 배부

　- 견적

　- 자의적 배부

　　의 3가지 방법으로 활동별로 집계하며,

　　직접배부 예로서는

　　• 기계운전 - 유틸리티의 계측

　　• 정보처리 비용 - 자원을 이용하는 조직단위별로 집계

　　• 보조 액티비티(준비교체, 검사, 재료운반) 코스트 - 작업하는 시간을 들 수 있다.

② 직접배부 기준이 없는 경우

　　• (통상)조사와 면접에 의해서 각 활동 별로 소비된 경영자원의 코스트를 평가한다. 즉, 부/과장과 같은 관리직에 질문을 하여 각 활동별로 종업원이 소비한 시간비율을 예측한다(평가).

　　• 면접은 30분에서 2시간 안에 정리한다(시간, 코스트 절약가능).

　　• 관리직에 활동별로 일람표를 주고 그 부문의 종업원이 각 활동에 소비하는 시간비율을 기입하여 받아 면접의 보완 또는 대체 수단으로서 조사도 된다.

③ 자의적 배부

　　• 공장관리 지원부문은 어떤 활동을 행하는 종업원의 사람 수와는 비례하지 않음에도 불구하고 그 코스트가 사람 수에 따라 활동으로 집계되는 수가 있다.

- 가능한 한 최소화하여야 한다.

(3) 3단계 : 프로젝트팀 편성과 작업계획 책정

가. 팀 구성원:재무, 업무, 정보시스템 부문의 스탭이 참여하여야 한다.

나. 작업의 내용, 작업완료시기, 작업수행의 책임자를 명확하게 한 상세 프로젝트 작업계획을 작성해야 한다.

(4) 4단계 : 벤치마킹 및 연수의 실시

활동기준원가 시스템이 원활한 추진을 위하여,

가. 프로젝트에 대한 지원을 위한 경영진에 대한 교육 및 연수

나. 프로젝트 시작시 각 부문 책임자에 대한 교육 및 연수

다. 프로젝트 팀에 도입에 관한 연수

라. 정보가 이용 가능해졌을 때 경영상의 변혁이 종업원에 의해서 실시되도록 하기 위한 도입 도중 및 그 후에 연수를 지속적으로 실시한다.

(5) 5단계 : 활동(Actvity)의 부가가치를 코드화

활동의 부가가치를 보다 잘 이해하고 코스트를 절감할 목적으로 코드를 부여하며, 모델 도입시 활용한다. 코드 구성은 다음과 같은 형태를 띤다.

8 …… 고부가가치 : 제품이나 고객 중에서 적어도 하나에 대해서 가치를 부가하고 있다.

6 …… 고부가가치와 중부가가치의 중간

4 …… 중부가가치로 하지 않으면 안 되는 활동

2 …… 필요 없는 활동 또는 개선해야 할 활동

0 …… 부가가치 없음 : 결코 일어나서는 안 되는 활동

(6) 6단계 : 제조업을 중심으로 한 활동중심 센터의 설정의 예

가. 주요 활동중심 센터

① **제　　조**:제조 프로세스에 직접적인 일을 하는 직접 노동 이외의 모든 활동
② **고객관리**:고객관리에 관련된 모든 활동
③ **구　　매**:업무활동에 필요한 물품을 구입하는 모든 활동
④ **생산관리**:모든 제조부문에 있어서 스케줄 작성·감독에 관련된 공장전체의 모든
　　　　　　활동
⑤ **품질관리**:제조 프로세스, 원재료의 구입, 제품 서비스에 관한 품질관리를 위한
　　　전 활동
⑥ **치·공구**:공구의 유지, 수선 또는 교환에 관한 모든 활동
⑦ **유　　지**:기계 및 설비의 유지, 수선 또는 교환에 관한 활동
⑧ **보관/출하**:제품이 제조부문에서 이동된 시점부터 제품의 취급 및 배송을 행하
　　　는 모든 활동

나. 변경관련 활동중심 센터

① **사내요구에 의한 변경**:사내에서 제품 또는 프로세스의 변경요구를 처리하는 모
　　　든 활동
② **고객의 요구에 의한 변경**:고객으로부터 제품 또는 프로세스의 변경요구를 처리
　　　하는 모든 활동
③ **신제품 또는 신프로세스**:신제품 또는 프로세스를 개발하기 위한 모든 활동

다. 지원관련 활동중심 센터

① **비지니스 정보 시스템**:새로운 정보 시스템 및 컴퓨터 시스템의 개발에 관련된
　　　모든 활동
② **총무/재무**:외부공표용 재무제표, 전사적 경리해당부문, 특수조사 및 이의 기록
　　　과 관련된 모든 활동
③ **인　　사**:사원 및 지역을 위한 서비스와 프로그램의 관리 및 노동력의 유지에
　　　관련된 모든 활동
④ **환경 및 안전**:안전한 노동환경을 확보하기 위한 모든 활동

(7) 7단계 : 노무관련 비용을 계층화

가. 유니트, 배치, 제품 유지, 설비유지 등의 계층화가 필요하다.

나. 비지니스 혁신을 일으키는 경우의 영향을 보다 깊게 이해가 가능하다.

(노무에 관련되지 않은 비용을 분류)

가. 논리적인 활동중심 센터로의 분류와 계층화가 필요

나. 유니트 관련비용은 거의가 생산부문에 관련되기 때문에 생산 활동중심 센터로 하고 유니트 유지비용으로 정의되어야 한다.

(8) 8단계 : 원가동인(Cost Driver) 정보의 인식과 자료를 수집

가. 각 활동의 최종제품 및 서비스와의 관련도

나. 통상 구성부품 및 요소, 최종제품 및 서비스에 대해서 측정·인식 가능한 제 2단계의 원가동인을 통하여 수행된다.

다. 이상적, 대체적인 제 2단계의 원가 동인을 측정하기 위해 실시된 활동을 잘 알고 있는 사람에 대한 인터뷰를 실시한다.

라. 구성부품 레벨에서 제 2단계의 원가동인을 파악한 회사는 활동기준원가 모델에 있어서 최종제품에 관련된 코스트를 명확하게 하기 위하여 활동기준원가계산 모델에 구성부품의 명세를 작성, 도입하는 것이 필요하다.

(9) 9단계 : 모델의 도입과 구현

활동기준원가계산 모델의 3구성요소로 활동 및 비지니스 프로세스 코스트의 측정, 원가동인의 측정, 제품 및 고객별 코스트와 수익성의 측정을 들 수 있다.

가. 활동기준원가계산 분석에서 얻을 수 있는 장점의 하나는 비용의 집계를 기능 구분과 부문별 집계로서 경영자원에 의해 실행된 활동별 집계로 재구축(아웃소싱, 삭제, 개량)할 수 있다는 점이다.

나. 판매·마케팅 비용에 관한 코스트 계층 설계

최상위 레벨은 주요시장 활동(가정용 기구 부문의 판매업자, 레저용 부문의 판매업자, 신축주택 관련제품 부문의 판매업자, OEM업자에 대한 직접 판매)

제1레벨 개별고객의 주문

제2레벨 판매업자인 고객

제3레벨 판매 담당자

다. 총 계정원장상의 비용은 각 라인 레벨에서 모델로 배분

① 비용을 활동에 관하여 분류하고 제1단계 동인을 활용하여 활동중심센터로 배분할 수 있다.

② 제2단계 동인에 따라서 제품별로 활동 코스트가 집계된다.

③ 이 프로세스를 실행하기 위해서는 활동기준원가계산 모델에 제품 식별번호를 도입한다.

④ 모델도입 방법으로 활동별 계층코드와 부가가치 코드를 입력한다.

(10) 10단계 : 운영과 정보의 활용

기업 정보 이용자(경영진 및 기업이해관계자)의 요구에 따른 다양한 보고서의 작성과 피드백이 가능하다.

6 수율 원가회계(Throughput Cost Accounting)

1) 수율(Throughput) 원가회계 방식

전부원가계산방식의 단점을 보완하기 위해 변동원가계산방식이 등장하게 되고, 변동원가계산은 제품에 소비된 변동비만을 제조원가로 산정하며, 간접비는 기간원가로 취급하여 공헌이익을 산출하여 관리적 의사결정에 활용하였다. 즉 제조원가에 포함된 간접비 배부에 한계를 드러내고 있다. 이를 보완하기 위한 수율 원가회계[2]는 모든 비용을 수율(T), 재고(I), 운영비용(O)의 세 가지로 분류하고 수입에서 변동비를 뺀 값으로 변동원가계산과 유사한 방법이다.

---

2) Corbett, Thomas(1998), Throughput Accounting, North River Press.

① 이 두 방식에는 직접노무비를 취급하는 데 중요한 차이가 있는 데([그림 4-7] 참조) Throughput 원가회계는 직접노무비를 변동비에 포함하지 않고 운영비용으로 취급한다.

② Throughput 원가회계의 장점은 비용과 이익을 추정하기 쉬우므로 현금흐름을 파악하기 쉽고, 재고금액에 대한 왜곡현상을 방지할 수 있으며 보고서 작성이 간편하고 쉽게 이해할 수 있다.

③ Throughput 원가회계의 단점으로는 판매가 결정시 고정비를 회수하지 못한 상태에서 결정될 수 있다.

④ 따라서, CEO원가회계라는 비판을 받을 수 있다.

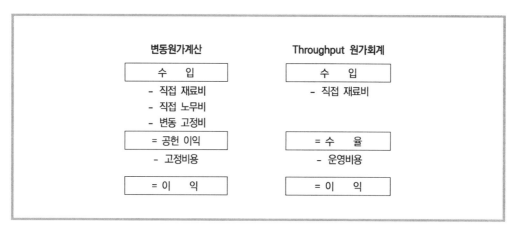

[그림 4-7] 변동원가계산과 Throughput 회계 비교

2) 수율(Throughput) 원가회계의 이해

Throughput 원가회계는 기존의 원가회계 방식과는 다음 점에서 차이가 난다.

첫째, Throughput의 정의는 시스템이 판매를 통해서 벌어들이는 금액을 말하는 것으로 매출인식 시점이 중요하며, 유통과정에 있는 제품은 재고로 인정하며 매출은 최종소비자와 맺어진 취소불가능 거래 시점으로 한다.

둘째, 재고는 시스템이 판매목적의 구입품에 투자한 모든 금액을 의미하며 기계, 건물에 투자된 자금도 포함된다.

셋째, 운영비용은 재고를 수율로 바꾸는 데 지출한 모든 비용으로 직접 노무비, 간접 노무비, 판매 및 일반관리비 등 제품제조에 직접관련이 없는 모든 사람의 비용이 포함된다. 이 세 가지 관계를 자재구입의 경우를 생각해 보면, 구입에 지출된 비용은 재고이며, 생산에 투입하고 재료비로서 수율 계산에 사용된다.

3) 세 가지 요소의 역할

Throughput 항목인 T, I, OE에 대한 접근 방법 및 역할을 설명하면 다음과 같다.

① **수율(Throughput)**:시스템(회사)이 판매를 통해 돈을 만들어내는 속도, 매출액에서 순수변동비를 뺀 금액, 편의상 직접자재비만 순수변동비로 고려, 이론적으로 늘리는 데 한계가 없다.

② **재고(Inventory)**:제품판매를 위해 시스템에 투자된 돈, 이론적으로 영 이하가 될 수 없다.

③ **운영비용(Operation Expense)**:재고를 수율로 변환하기 위해 지출된 돈, 편의상 고정비로 간주, 이론적으로 영 이하가 될 수 없다.

이를 효율적으로 접근하기 위한 방법은,

① 우선순위는 T 최대화, I 최소화, OE 최소화 순이며, 이 세 가지가 동시에 이루어져야 하며,

② I와 OE를 줄일 때, T가 손상되지 않아야 하고,

③ I 또는 OE의 증가가 불가피할 때, 반드시 T의 증가에 기여하며,

④ 다른 지표들은 위의 세 가지를 위한 보조적 지표이어야 한다.

일반적으로 원가절감은 경비절감을 최우선 과제로 삼고 있으나, T 최대화가 최우선 과제로 삼고 추진한다.

5) 추진 사례

국내 기업에서 수율 관리를 하고 있는 기업의 양식을 소개하면 〈표 4-4〉, 〈표 4-5〉와 같다.

〈표 4-4〉 Profit & Loss Guide

Million won

			FY16 Actual	FY17 Actual	FY18 Budget			In/De-Croease Fy16/Fy17
					External-Formula	Internal-Target	Co-ordinate	
1	매 출	Sales	–	–	–	–	–	–
1.1		Customer					–	–
1.2		Inter-company					–	–
1.3		Prototype/tooling					–	–
1.4		Pass-through					–	–
1.5		exch. loss on sales					–	–
2	변 동 비	Variable Cost	–	–	–	–	–	–
2.1		Material used	–	–	–	–	–	–
2.11		– Customer					–	–
2.12		– Inter-company					–	–
2.13		– Prototype/tooling					–	–
2.14		– Pass-through					–	–
2.2		Subcontractor cost					–	–
2.3		Inward charge					–	–
2.4		Scrap, disposal					–	–
2.5		Exch. loss on purch.					–	–
2.6		License fee 1%					–	–
3	쓰루풋	Through·put	–	–	–	–	–	–
4	제조비용	Manufacturing Cost	–	–	–	–	–	–
4.1		Direct labor, benefit					–	–
4.2		Indirect labor, benefit					–	–
4.3		Manufact. overhead					–	–
4.4		Provision					–	–
4.41		– Sock provision					–	–
4.42		– Warranty provision					–	–
4.43		– Other provision					–	–
4.5		Compensation to customer					–	–
4.6		Depreciation					–	–
5	매출총이익	Gross Profit	–	–	–	–	–	–
6	판 관 비	SGA Expense	–	–	–	–	–	–
6.1		R&D labor					–	–
6.2		R&D overhead					–	–
6.3		SGA labor					–	–
6.4		SGA overhead					–	–
6.5		Depreciation					–	–
6.6		Amortization Good will					–	–
6.7		Inter-Company expense					–	–
6.8		Inter-Company income					–	–
6.9		Other SGA overhead					–	–
7	영업외비용	Non Oerating Expense	–	–	–	–	–	–
7.1		Interest expense					–	–
7.2		Exch. loss non opera.					–	–
7.3		Royalty 2%-					–	–
7.4		Other non operating					–	–
8	영업외수입	Non Operating Expense						–
9	고정비계	Total Fixed Cost	–	–	–	–	–	–
10	세전이익	Profit before Tax	0	0	0	0	0	0
11.0	법 인 세	Income Tax	0	0	0	0	0	0
12.0	당순이익	Profit after Tax	0	0	0	0	0	0

〈표 4-5〉 Inventory & Variable Costs

※ This Month   ※ YTD FY/17   won

		원자재	재공품	제조원가재료비	제 품	제품변동재료비	상품변동재료비	변동재료비
당월	기초재고							
	당기매입							
	타계정입고							
	타계정대체							
	출　　고							
	기말재고							
	재고증감							
당기	기초재고							
	당기매입							
	타계정입고							
	타계정대체							
	출　　고							
	기말재고							
	재고증감							

참고문헌

박석하(2003), 스루풋회계의 관리방안에 관한 연구, 경영교육 논총, 한국경영교육학회.

박정식·박종원·조재호(2001), 현대재무관리, 다산출판.

심재석(1995), 현대관리회계, 법문사.

이광우(1996), 원가관리회계, 도서출판 홍.

임순택(1998), 손익분기점 분석 어떻게 하나, 중소기업진흥공단.

육근효 옮김(1994), 원가기획, 풀빛.

정남기(1998), TOC 제약경영, 대청.

최창규 역(1995), TP 매니지먼트의 추진 방법, KMAC.

한국은행(2016), 기업경영분석, 한국은행.

한국표준협회(1988), 기술자를 위한 원가계산, KSA.

홍성수(1993), 경영분석을 위한 결산서 100% 활용법(1993), 더난.

ABC マネジメント革命, 中央經濟社, 1992.

Corbett, Thomas(1998), Throughput Accounting, North River Press.

H. Thomas Johnson, Robert S. Kaplan(1987), "RELEVANCE Lost-The Rise and Fall of Management Accounting", HARVARD BUSINESS SCHOOL PRESS.

02

원가계산과 활용

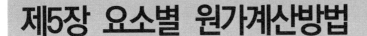

제5장 요소별 원가계산방법

5장에서는 원가를 구성하고 있는 제요소들에 대하여 구체적으로 기술하고 있다. 원가요소를 제품 단위별 원가계산과 표준단위로 원가계산하는 방법을 설명하고, 여기에 구성요소별 의미와 접근시 사고방법, 결정시 필요사항을 설명한다.

단순히 원가계산방법 측면의 접근이 아니라 부가가치를 창조하는 방법과 이를 구현하기 위한 사고방식을 제공하고자 하였다.

1 재료비

재료비에는 직접재료비·간접재료비·외주부분품비·외주가공비 등이 있다. 재료비 계산을 위해서는 직접재료비에 해당하는 원재료의 투입량과 손실(loss)을 고려하여 재료비를 산출할 수 있어야 하고, 구입품에 대한 단가를 확인할 수 있어야 한다. 수입 재료비에 대해서는 수입하면서 발생되는 제반 부대비용을 감안하여 산출하여야 한다.

1) 재료비의 정의

재화나 용역을 생산하는 데 사용된 물품의 가치로서 제품의 제조를 위하여 희생된 자재의 원가를 재료비라고 한다. 원가대상의 추적가능성에 따라 직접재료비, 간접재료비로 구분하며, 원료와는 개념이 다르다.

① **재료**:제조할 때 단순히 물리적인 변화만으로 제품이 되는 것

② **원료**:화학적인 변화로 제품이 되는 것

2) 재료비의 중요성

재료비가 제조원가에 차지하는 비율은 〈표 5-1〉에서 볼 수 있듯이 50%를 상회하고 있다.

〈표 5-1〉 제조원가 구성비

구 분	대기업	중소기업	종 합
재 료 비	55.79%	50.12%	53.68%
노 무 비	7.49%	14.12%	9.96%
경 비	36.72%	35.76%	36.36%
계	100.00%	100.00%	100.00%

자료 : 한국은행, 2015년 기업경영분석, 2016[1]).

재료비 중에서도 직접재료비와 외주주문 가공비가 차지하는 비율이 통상 제조원가의 약 60~70%를 차지하고 있어서 원가관리하는데 중요한 포인트가 되고 있다.

3) 재료비 정책

재료를 적정가격으로 구입하기 위해서는 첫째, 무엇을 구입할 것인가?, 둘째, 어떻게 구입할 것인가?에 대하여 [그림 5-1]처럼 이익계획을 달성할 수 있도록 하는 정책의 수립과 실행이 필요하다.

(1) 기본정책

① 구매부품 원소재의 표준화 및 일원화

② 코스트 테이블을 이용하여 부품을 적정원가에 구매

③ 판매자와 구매자의 쌍방 이익을 존중

④ 지속적으로 가치공학(VE), 산업공학(IE) 기법을 이용하여 원가절감

---

1) http://www.bok.or.kr/broadcast.action?menuNaviId=599

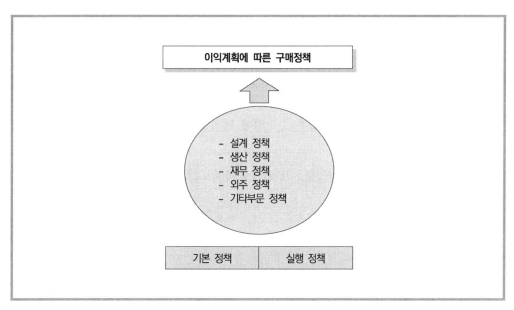

이익계획에 따른 구매정책

- 설계 정책
- 생산 정책
- 재무 정책
- 외주 정책
- 기타부문 정책

| 기본 정책 | 실행 정책 |

[그림 5-1] 구매정책

(2) 실행정책

① 자사에서 직접 생산할 수 있는지, 외주에서 구입하여야 하는지 판단한다.

② 재료의 종류, 구매량 등에 따른 대량구매가 유리한지, 분산구매가 유리한지 판단한다.

③ 장기구매계약을 할 것인지, 단기구매계약을 할 것인지 판단한다.

④ 자금예산에 맞추어 대금지급조건을 판단한다.

(3) 재료구매 의사결정시 고려사항

기본정책과 실행정책을 바탕으로 재료 구매시에 다음과 같은 역할 분담이 이루어져야 한다.

① **구입품목·재질·규격·치수**:상품기획 및 설계부서에서 결정한다.

② **가격**:시장의 변동상황을 파악하기 위하여 정기적인 시장조사가 필요하다. 시장가격이 형성된 재료는 그 변동현황을 예측하고, 평균가격을 참고하여 구매부서에서 결정한다. 시장가격이 없는 재료는 견적서 및 자사의 코스트 테이블을 이용한다.

③ **수량**:경제적인 로트 사이즈를 이용하여 생산부서에서 결정한다.

④ **납기**:생산계획에 맞추어 수립한다. 납기가 짧아지면 공급자 측은 특근 및 철야 등으로 생산하므로 원가가 비싸게 발생되어 구매단가가 상승되기 때문이다.

⑤ **지급 조건**:재무적인 면에서는 가능한 유리한 지급조건으로 구매하는 것이 좋지만 공급자 측의 자금상태를 고려하여 적정조건으로 한다.

(4) 재료 구입할 때 의사결정요소가 제조원가에 미치는 영향

[그림 5-2]는 재료 구입이 제조원가에 미치는 영향을 나타낸 것으로 3가지 측면에서 살펴볼 수 있다.

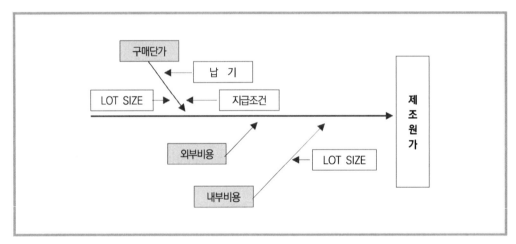

[그림 5-2] 제조원가에 미치는 영향에 대한 특성요인도

① **구매단가**:구입처 선정, 단가조사, 협상(Negotiation) 등에 의하여 원가에 영향이 매우 크게 발생된다.

② **외부비용**:구매수수료, 운반비, 관세, 하역비, 보험료 등이 해당된다.

③ **내부비용**:구매사무적 활동으로 검사, 손질, 정리, 보관, 인출 등 재료관리에 해당된다.

(5) 투입된 소재의 재료비에 미치는 영향

투입된 소재가 재료비에 미치는 구조를 살펴보면 [그림 5-3]처럼,

① 부적합품인 경우

② 불량품을 수정해서 사용가능한 경우

③ 스크랩의 재활용이 불가능한 경우

④ 스크랩의 매각 가능 여부

등에 따라서 재료비에 미치는 영향이 다르게 나타난다.

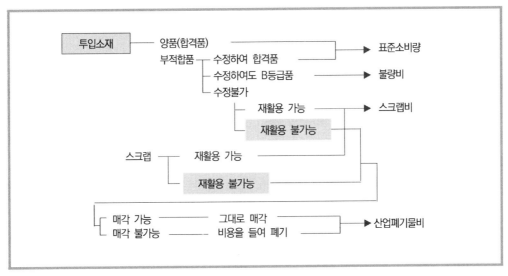

[그림 5-3] 투입소재가 재료비에 미치는 영향

4) 재료비의 분류

(1) 주요 재료비(직접재료)

제품의 생산에 직접 소비되며 주요한 구성요소가 되는 재료를 말한다.

(2) 보조 재료비(부재료 혹은 간접재료)

제품생산에 직·간접으로 소비되지만 중요성의 정도가 낮아 가격 구성상의 중요 요소가 되지 않는 경우이다. 원가산출의 난이도와 가격의 중요도에 따라 제조경비로도 취급한다.

(3) 부분품비(외주구입 부품비)

물품자체가 완제품으로서의 성격을 지니는 동시에 추가적인 가공을 하지 않고, 그대로 조립 또는 사용되어 직접 생산에 사용할 수 있는 재료를 말한다.

5) 재료비의 계산

(1) 직접 재료비

직접재료비 = 재료소요량 × 재료단가 - (스크랩중량 × 회수율 × 스크랩단가)
+ 산업폐기물비   (식 5-1)

(식 5-1)을 항목별로 설명하면 다음과 같다.

가. 재료소요량 = 정미소요량 + 여유량
① **정미 소요량**:도면 사양상의 정미소요량(정미중량)
② **여유량**:가공상 발생되는 제반 손실 중량 및 소요량
→ 가공상 필요한 손실
→ 측정상 손실
→ 기타 관리상 인정되는 손실

나. 단가
① **재료 구입가격**:과거의 구입단가, 현재의 시장단가 및 미래의 시장동향을 고려하여 기준단가를 적용한다.
㉠ 정부 고시 품목은 고시가격 적용
㉡ 일반재료는 공장도 가격 이용
㉢ 기타 소량구입 등의 특수한 경우로서 도매(대리점) 이하 유통과정에서 구입이 불가피한 경우는 타업체 구입가격과 비교하여 적정가격을 적용
② **스크랩 가격**:업체에서 판매하는 가격이나 시장조사 가격 등을 참고하여 적정가격을 적용
③ **산업폐기물비**:산업활동에 수반하여 발생하는 폐기물을 처리하는 데 소요되는 비용으로 아웃소싱할 경우에는 전액을 자체 처리하는 경우에는 원가를 계산하

여 반영한다.

다. 재료단가 결정 방법

재료단가는 회계원칙상 구입원가(취득원가)로 계산하여야 되나 표준원가계산시에는 예정가격이나, 시장평균가격으로 계산하는 것이 바람직하다. [그림 5-4]는 재고자산의 재료단가 계산방법의 종류를 나타낸 것이다.

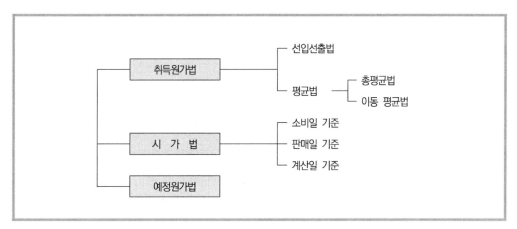

[그림 5-4] 원재료자산 평가방법

취득원가 계산법은 재료의 구입가격을 산출할 때 일정기간이 지난 과거 재료를 가지고 계산하기 때문에 제품별 개별원가 계산시 과거의 자료분석이므로 원가관리 및 신속한 의사결정을 위한 수단으로는 한계가 있다.

예정원가계산은 제품을 만들기 전 설계단계에서 사전원가를 산출하기 때문에 각 제품 및 공법에 맞는 코스트 테이블을 구축한다.

자재의 수급상황 변화, 가격변동 등을 고려한 실질적인 표준원가관리를 하기 위해서는 과거의 단가변동 사항, 미래의 단가변동 추이 예측을 통하여 예정단가를 설정하는 것이 사전원가 계산시 바람직하다.

(2) 외주 부분품비 또는 외주가공비

실제 구입가격을 적용하되, 적정가격 수준이 아니라고 판단될 경우 해당 제품에 대한 원가 계산과 타 업체 가격과의 비교, 자체 생산시의 표준원가를 계산하여 적용한다.

(3) 간접 재료비

가. 표면처리, 열처리, 주단조 등

① **외주 구입시**:직접 재료비로 계산

② **자체 생산시**:별도로 계산하여 제조원가로 계산하거나 재료비로 계산

나. 기타 간접재료:접착제, 절삭유, 용접봉 등 제조공정에서 소비되는 소모성 자재로서 특수한 경우를 제외하고는 제조경비로 계산

(4) 수입 재료비

가. 수입 재료단가:일정량의 수입 원가를 수입 물량으로 나누어 계산한다.

나. 수입 재료 원가계산

① 수입 원가 = 수입물품대(FOB or CIF) × 환율 × 수입 부대비용

② 연간 소요 물량을 예상하여 구매 주기를 감안한 로트당 최적 물량 산출

③ 환율 : 재료 구입 당시의 환율과 현재 환율 변동추이 및 향후 예상치를 감안하여 결정

다. 수입부품 원가구성([그림 5-5] 참조)

① 물품대

② 운송비 및 부대비용 : 해상운송료, 입항료, 하역료, 보관료, 통관수수료 등

③ 은행관련 부대비용 : 수입부담금, 신용장개설 수수료, 전보료 등

④ 관세 등

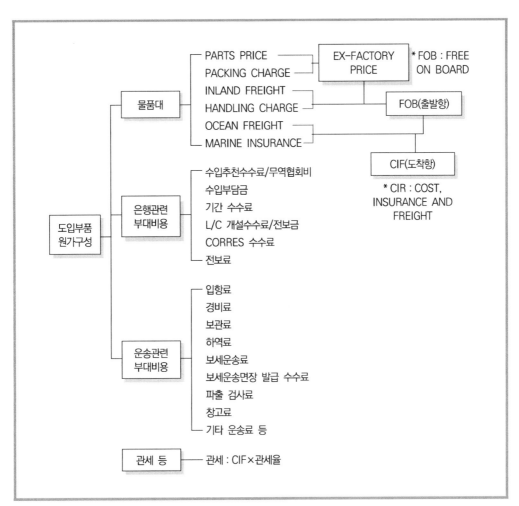

[그림 5-5] 수입부품 원가구성 예

6) 재료비 산출 기초

재료비 = 소요량 × 단가 - (스크랩중량 × 회수율 × 스크랩단가)

(1) 중량 계산법

- 중량(kg) = 체적 × 밀도 ÷ 1,000,000 (식 5-2)

구분	도 형	산출공식
직육면체	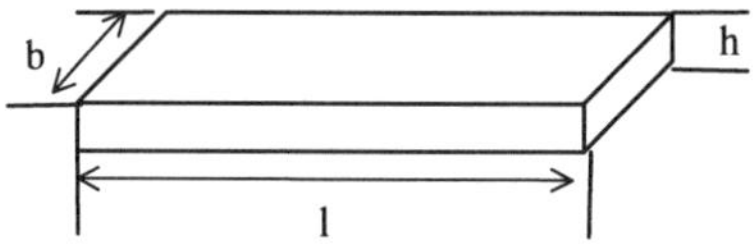	$V=lbh$
정육면체	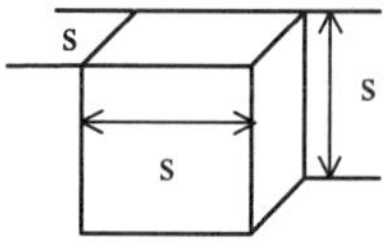	$V=S^3$
4 각기둥	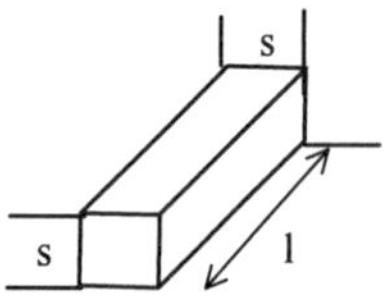	$V=SSl$
6 각기둥	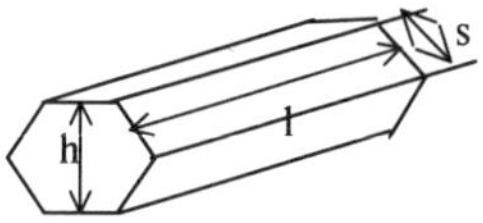	$V=2.6S^2l$ $V=0.866h^2l$
원 기 둥	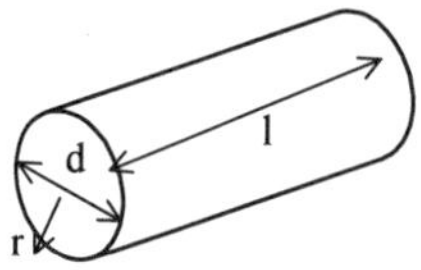	$V=0.7854d^2l$ $V=\pi R^2L$
구	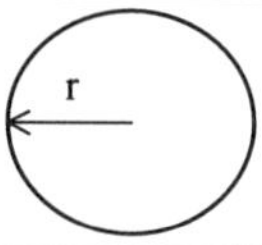	$V=4/3\pi r^3$
관	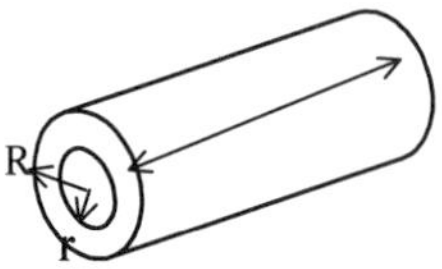	$V=\pi(R-r)^2l$

[그림 5-6] 체적 계산

<표 5-2> 밀도

재 료		밀 도	비 고
재 료 명	기 호		
강	SC	7.85	S-C, SK, SS등
스텐레스강, 내열강	SUS, SUH	8.00	SUS24-33, SUH31-33
스텐레스강, 내열강	SUS, SUH	7.75	SUS37, 50-53, SUH1-3
스텐레스강	SUS	7.91	18 : 8 스텐레스강(Cr : Ni)
크 롬 강	SCr	7.84	
닉 켈 강	Sni	7.87	
닉 켈, 크롬강	SNCr	7.8	
주 철	FC	7.25	FC15-25
흑심가 단주철	FCMB	7.35	FCMB 32
황 동 (1종)	BSP1	8.6	7 : 3 황동
황 동 (2종)	BSP2	8.5	65 : 35 황동
황 동 (3종)	BSP3	8.4	6 : 4 황동
동	Cu	8.89	
망 간	Mn	7.43	
아 연 (25C)	Zn	7.133	
알미늄 (99.5%)	Al	2.71	99.996%는 2.6989
납	Pb	11.34	
금	Au	19.32	
은	Ag	10.49	
몰리브덴	Mo	10.2	
탕그스텐	W	19.3	
백 금	Pt	21.45	
마그네슘	Mg	1.74	
인	P	1.83	
산 소	O_2	1.429X10	
메 라 민	MELAMIN	1.40-1.42	
포리에스텔	PET	1.70-1.80	
포리아미드	PA	1.14	
포리스치론	PS	1.05-1.06	
포리에치렌	PE	0.94-0.96	
염화 비닐	PVC	1.35-1.45	
아 크 릴	ACRYL	1.17-1.18	

7) 재료비 산출 실습

「문제 1」 다음 조건의 제품 재료비를 산출하십시오.

전제조건			
- 재 질	: SPCC	- 재료 두께	: 1.2t
- 원재료 단가	: 1,000원/Kg	- 원재료 소요량	: 1.55Kg
- 완제품 중량	: 1.25Kg	- SCRAP 단가	: 200원/Kg
- SCRAP 회수율	: 90%		

「풀이」

「문제 2」 다음 PRESS 부품의 재료비를 산출하십시오.

- 밀도 : 7.85
- 양측가공여유 : 2.5mm
- 원재료단가 : 1,000원/kg
- SCRAP 단가 : 100원/kg
- 회수율 : 90%
  단) 1시트 전부를 사용한다.

시트 사이즈 : SPC-1.2t(914×1,829)mm

「풀이」
  1. 철판 1SHEET당 생산수량 :
       가로 :   세로 :
  2. 철판 1SHEET 중량 :
  3. 제품 1개 투입중량 :
  4. 제품 1개 가격   :
  5. 제품 정미중량   :
  6. SCRAP   :
  7. 재료비   :

2 노무비

노무비는 제품 생산시 투입된 인건비가 제품 단위당 소요단위를 파악하여 산출하며, 제품 생산에 투입된 공수(Man-Hour)에 단위 시간당 임율을 곱하여 계산한다.

노무비를 정확히 산출하기 위해서는 공정별로 작업시간을 산출하는 방법과 직종별로 시간당 임율을 산출할 수 있어야 한다.

1) 노무비의 정의

노무비란 제품을 제조하기 위하여 소비된 노동력의 대가를 일컫는다.

2) 노무비의 구성

① **급료**:정신적 노동을 주로 하는 감독자, 관리자, 기술자, 사무원에 대해 지급하는 급여

② **임금**:현장에서 제조작업에 직접 종사하는 일급제(혹은 성과급제) 기능직 사원에 대해 지급하는 급여

③ **잡급**:임시로 채용한 일용공 등 사외의 근로자에게 지급되는 임금

④ **상여금**:임금 이외의 종업원의 사기진작을 위해 추가로 지급되는 급여로서 기업별로 지급기준의 차이가 있으며, 계산방법도 차이가 있다.

⑤ **퇴직 급여 충당금**:종업원의 퇴직시 지급하는 퇴직금을 미리 적립해 두는 돈으로서 급여액의 일정비율을 설정하여 적립하고 있다.

⑥ **복리후생비(원가계산시에는 제조경비로 취급)**:국가별 상이

• 법정관리비 : 의료보험, 산재보험, 퇴직보험, 연금(개인별)

• 기타후생비 : 종업원 의료, 후생, 보건 등에 사용되는 비용

3) 임금에 미치는 영향

임금은 기본적인 부분을 이루는 기본급이 가장 큰 비중을 차지하는 데 그 비율은 제조업의 경우 80%를 상회하고 있다.

[그림 5-7]과 같이 임금은 성별, 근속년수, 기업규모, 지역, 학력, 직종 등에 따라서 매우 다르다.

기본급은 연공서열적 색채를 띠고 있고 동일직무에 종사하더라도 성별, 연령, 근무연수 등에 따라 다르다. 따라서 개별원가 계산시 제품마다 원가가 다르게 발생하는 불합리한 점이 발생하게 된다.

표준원가 계산할 때는 예정 노무비율을 업종 및 직무에 따라서 표준화하여 관리를 하여야 한다.

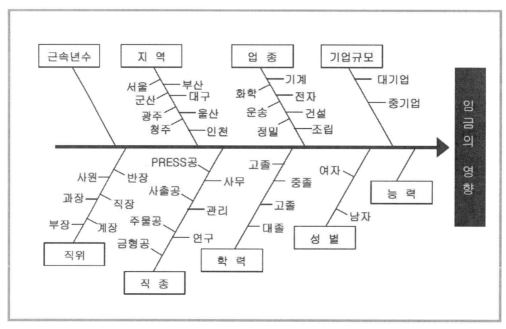

[그림 5-7] 임금에 영향을 미치는 요소의 특성요인도

4) 노무비 산출 방법

노무비란 제품을 제조하기 위하여 소비된 노동력의 가치로서 직접 노무비와 간접 노무비로 구성된다. 중소기업중앙회에서는 매년 조합별 중소제조업 직종별 임금조사 보고서를 발표하여 참고가 되도록 하고 있다.

노무비 = 직·간접 표준임율 × 직접직 작업시간　　　　　　　　　　　(식 5-3)

(식 5-3) 구성요소 별로 내용은 다음과 같다.

① 직·간접 임율 = 직접임율 × (1 + 간접비율)

② 직접 임율 = 연간급여 및 수당 총액 ÷ 직접직 작업 총시간

③ 간접비율 : 간접노무비를 계산하는 방법으로 2가지 경우를 든다.

비율법 = 간접직 급여 및 수당 총액 ÷ 직접직 급여 및 수당 총액

시간법 = 간접직 급여 및 수당 총액 ÷ 직접직 작업시간

④ 직·간접 노무비의 구분

구 분		대 상	내 역
제조원가 (노무비)	직 접 노무비	현 장 직접직	현장에서 제조작업에 직접 종사하는 일급제 기능직 사원 (예 : 선반공, 밀링공, 프레스공, 압출공, 금형공 등)
	간 접 노무비	현 장 간접직	일급제이나 제조작업에 직접 종사하지 않은 기능직 사원 (예 : 공무, 동력, 수선, QM, 기타)
		제 조 관리직	제조를 위한 관리자, 감독자 및 스태프 (예 : 생관, 생기, 개발, 구매, 자재, QM, 기술부 등에 근무하는 월급제 사원)
판·관비 /일관비	판매/일반관리직		영업, 총무, 경리, 기획부서 등의 관리직 및 임원

(1) 임율(노무비율)

지급되는 임금으로, 협의의 노무비에는 기본급, 상여금, 잔업수당, 주휴수당, 연월차수당, 퇴직금, 법정복리비 등이 포함된다. 단위시간당 발생되는 노무비를 임율(노무비율)이라고 정의한다.

노무비는 일정기간동안 발생하는 금액으로 생각할 수도 있으며, 세분하면 단위시간으로 나누어 생각할 수 있다. 〈표 5-3〉의 양식을 이용하여 직접임율, 간접임율을 산출하여 활용할 수 있다.

〈표 5-3〉 임율 산출 양식 예

회사명 (단위:원)

구 분		직 접 직				간접직	직간접	일반관리직	계	비고
직 종		프레스	사출	조립	소계	구매, 생기등	소계	경리, 총무		
인 원 수		50	13	7	70	22	92	4	96	
급여내역	기본급	18,436,245	4,991,398	3,226,300	26,653,943	26,089,105	52,743,048	5,065,122	57,808,170	
	연장근로수당	9,320,751	1,664,404	1,303,030	12,288,185		12,288,185		12,288,185	
	심야근로수당	9,606,496	0	670,350	10,276,846		10,276,846		10,276,846	
	휴일근로수당	2,867,261	156,148	276,750	3,300,159		3,300,159		3,300,159	
	주차수당	3,504,953	922,194	430,500	4,857,647		4,857,647		4,857,647	
	월차수당	478,302	132,500	86,100	696,902		696,902		696,902	
	기타수당	3,655,279	1,119,974	440,100	5,215,353		5,215,353		5,215,353	
	소계	47,869,287	8,986,618	6,433,130	63,289,035	26,089,105	89,378,140	5,065,122	94,443,262	
	상여금	12,999,542	4,701,600	0	17,701,142	7,991,072	25,692,214	2,161,500	27,853,714	실지급금액 적용
	연차수당	2,008,458	684,702	456,468	2,693,160	158,002	2,851,162	90,555	2,941,717	실지급금액 적용
	퇴직급여충당금	5,218,815	1,92,952	571,837	6,983,604	2,841,769	9,825,373	607,326	10,432,698	
	의료보험료	1,048,730	262,520	81,130	1,392,380	514,610	1,906,990	99,960	2,006,950	급여대장 적용
	국민연금료	2,607,300	641,700	0	3,249,000	1,197,900	4,446,900	234,450	4,681,350	급여대장 적용
	고용보험료	345,825	79,051	37,893	462,769	188,310	651,079	40,244	691,323	총급여+0.55%
	산재보험료	1,612,802	368,665	176,718	2,158,186	878,209	3,036,395	187,666	3,224,081	총급여+2.565%
	계	73,710,759	16,917,809	7,757,176	97,929,276	39,858,977	137,788,253	8,486,843	146,275,096	
근로시간	기본시간	9,848.0	2,728.0	1,224	13,000					급여대장 기준
	(-)제외시간	1,163.5	418.0	22	1,640					
	(+)연장시간	3,315.0	607.0	565	4,487					
	(+)휴일시간	752.0	56.5	110	919					
	계	12,751.5	2,974	1,877	17,602					
직접임율(₩/HR)		5,781								
간접임율(₩/HR)		2,353								
계(₩/HR)		8,133								

▶ 간접비율 : 41%
주) 간접비율 : 간접직 금액소계/직접직 금액소계

가. 표준임율 $= \dfrac{\text{일정기간의 표준 지급임금 총액(직 + 간접직)}}{\text{일정기간의 표준 직접직 총 작업시간}}$　(식 5-4)

(식 5-4)의 항목별 설명은 다음과 같다.

① 총 작업시간 : 유·무급휴가, 교육훈련시간 및 사고시간을 제외한 실 근로시간

② 임금 및 급여총액 : 회사가 종업원에게 지급하는 총금액(급료나 임금, 상여금 및 각종 수당, 사회복지비용, 퇴직급여충당금)

③ 법정복리후생비

나. 적용

노무비는 제품별 정확한 원가산출을 위하여 직종별 표준임율로서 계산하고, 업체별로 해당 등급에 따라 구분 적용할 수 있다.

(2) 작업표준시간

가. 작업표준시간의 정의

표준시간이란 필요한 능력을 가지고 충분히 숙련된 작업자가 평균적인 속도와 주어진 작업환경에서 한 단위를 가공할 때 필요한 작업시간이다.

나. 작업시간의 구성

① **준비교체시간**:제품 가공준비에 소요되는 시간으로 도면수령, 해독, 공구수령 및 반납, 기계장비 및 금형취부, 시험작업 등 1로트 가공에 소요되는 시간

② **정미작업시간**:가공물을 가공하는 데 소요되는 시간으로 공작기계 및 공구가 완전한 상태로 유지되고 재료, 공구, 운반구 등에 따른 대기, 작업자의 피로 등을 감안하지 않은 순수 가공시간

③ **여유시간**:작업시간에 직접 필요한 정미시간 이외에 작업을 할 수 없는 대기시간, 피로로 인한 생리적 휴식시간 등으로 작업여유, 생리여유, 피로여유, 직장여유 등으로 구분한다.

- **작업여유**:공구 연삭, 공작기계의 급유, 절삭칩 처리, 기계청소, 재료에 있는 작은 결함·손질 등의 불규칙적으로 발생하는 지연(예 : 정미시간의 3% 한도 인정)

- **직장여유**:조회, 청소, 회의 등 직장 특유 사정에 의한 지연과 정전, 기계고장, 재료 운반에 의한 가공대기 등에 지연(예 : 정미시간의 5% 한도 인정)

- **생리여유**:용변, 물을 마시거나 땀을 닦는 시간, 난로에 몸을 덥히는 시간 (예 : 정미시간의 3% 한도 인정)

- **피로여유**:작업으로 인한 피로회복을 위하여 소요되는 작업지연(예 : 정미시간의 10~30% 한도 인정)

작업표준시간 = 정미작업시간 + 여유시간　　　　　　　　　　　　　(식 5-5)

다. 표준 여유율

여유율(〈표 5-4〉 참조)은 작업형태별, 기계별로 다르게 적용되며 국제노동기구 등 많은 단체에서 발표한 자료를 참고로 활용하면 된다.

(식 5-5)의 여유시간은 (식 5-6)과 같이 나타낼 수 있다.

$$\text{여유시간} = \text{정미시간} \times \text{여유율} \qquad (\text{식 5-6})$$

〈표 5-4〉 여유율

작업구분	여유율	작업 난이도			비 고
		상	중	하	
수 작 업		35%	30%	25%	
기계	일반기계 작업	25%	20%	15%	* 작업난이도 : 노동강약에 따라 구분
	자동화기계 작업	20%	15%	10%	
D/C	Hot Chamber	30%	25%	20%	
	Cold Chamber	25%	20%	15%	
기 타 작 업		25%	20%	15%	

(3) 작업시간 계산

원가계산에는 정미작업시간과 준비교체 작업에 투입인원을 계산한 공수(M/H ; Man Hour)의 개념을 적용하게 된다. 준비교체 작업의 속도에 따라 관련 원가에 차이가 발생하므로 기업에서는 1분이라도 단축할 수 있는 활동의 전개가 필요하다.

원가계산공수(M/H)
 = 준비교체작업 공수(M/H) + 정미작업시간 × (1+여유율)　　(식 5-7)

(식 5-7)의 준비교체작업 공수는 (식 5-8)과 같이 나타낼 수 있다.

$$① \ \text{준비교체작업 공수(M/H)} : \frac{\text{공정당 준비시간(SEC)} \times \text{인원수}}{\text{로트 사이즈(EA)} \times 3{,}600(\text{SEC/HR})} \qquad (\text{식 5-8})$$

(식 5-7)의 정미작업시간은 (식 5-9)와 같다.

② 정미작업시간 : 정미 가공시간 + 조작 및 검측 시간   (식 5-9)

5) 작업시간 산출 실습

「문제 1」 다음 조건의 작업시간을 산출하십시오.

전제조건
- 공구수령 및 반납시간 : 0.5HR
- 금형 교환 시간   : 1.0HR
- 정미 작업 시간/개당 : 7.3초
- 여유율(일반기계 작업) : 20%(작업난이도 中)
- LOT SIZE   : 2,000개

「풀이」
- 준비시간 :   초
- 정미시간 :   초
- 여유시간 :   초

     계   :   초(M/H)

「문제 2」 다음 조건의 공정별 MAN-HOUR와 MACHINE-HOUR를 산출하십시오.

공정명	시간당 생산량	작업인원	기　계 소요대수	M/H	MC/H
A	100	1	2		
B	100	1/2	1		
C	100	2	1/2		
D	100	1	1/2		
E	100	1	2		
F	100	4	4		
계	-	-	-		

3 제조경비

제품 생산시 투입된 제조경비가 제품 단위당 얼마나 소요되는지를 파악하여 제조경비를 산출한다. 즉, 제품 생산에 투입된 Machine-Hour(또는 Man-Hour)에 단위 시간당 경비율을 곱하여 제조경비를 산출한다. 제조경비를 정확히 산출하기 위해서는 공정별 작업시간 산출방법과 기계별로 시간당 제조경비율을 산출할 수 있어야 한다.

1) 제조경비의 개념

경비란 제품의 제조를 위하여 소비된 원가요소 중 재료비, 노무비를 제외한 일체의 원가요소를 말한다. 경비에는 재료비, 노무비와 같이 특정의 대상이 없으며 따라서 그 내용은 일정하지 않다. 재료비, 노무비의 범위에 따라 경비의 구성내용이 달라질 수 있으며, 성질상 노무비인 것 혹은 재료비에 가까운 것도 포함하게 된다.

2) 제조경비의 구성

이하에 작성된 각종 수치는 사례를 든 것으로 실제 경비 계산을 할 때는 각종 법령이나 공인된 비율이나 가액을 사용하여 계산한다.

① **복리 후생비**:생산과 관련된 전 종업원의 복리 후생을 위하여 지출된 제 경비를 말하며 종업원의 의료, 위생, 보건, 오락, 수양, 급식비 등 작업자의 복리 후생에 직접 관련되는 비용
② **전력비**:제조 부문에서 소비되는 전력비를 말한다(전력 수용 규모에 따라 회사별 KWh당 단가 상이).
  - 전력에는 동력용 전력과 조명용 전력이 있고, 구별하여 계산할 경우에 동력전력비와 수도광열비로 구분할 수 있다. 전력비는 준변동비의 성질을 가지고 있으며, 기본요금과 종량요금으로 되어 있다.
  - 이론적으로는 기본요금은 고정비로서 종량요금은 변동비로 취급하여야 하지만 기본요금이 차지하는 비율이 미미하므로 변동비로 취급하는 경우가 많다.
  - 기계설비별 전력비를 구하기 위해서는 기계설비별 사용전력용량을 파악하여야

한다. 사용량을 파악하기 위해서는 기계설비마다 메이커가 정격전력용량을 표시하고 있어 쉽게 파악할 수 있다.

- 기계설비의 제원을 카탈로그와 사양서에서 파악할 수 있으나, 실질적으로 전력용량은 기계에 표시된 사용량보다 훨씬 적게 사용하게 된다.

- 각 기계설비(〈표 5-6〉)마다 부하율을 파악하여 기준을 마련하여야 한다. 〈5-8〉을 활용하여 〈표 5-7〉의 전력비를 계산할 수 있다.

예를 들어, 프레스 기계는 약 30%, 인젝션 기계는 약 40% 부하율이 걸린다.

$$전력비 = 기계장치의\ 정격\ 전력용량 \times 부하율(\%) \times 전력\ 단가 \qquad (식\ 5\text{-}10)$$

③ **감가상각비**:제품생산과 관련 사용되는 건물, 구축물, 기계장치, 공구 등의 유형고정자산에 대해 법인세법에서 정한 내용년수 및 감가상각 방법에 준하여 계산한다.

[상각방법]

- 정액법에 의한 감가상각비 $= \dfrac{취득원가 - 잔존가액}{내용년수}$ 또는 $\dfrac{취득원가}{내용년수}$ (식 5-11)

- 정율법에 의한 감가상각비 $=$ (취득원가 $-$ 잔존가액) $\times$ 상각율 (식 5-12)

  상각율 $= 1 - \sqrt[n]{\dfrac{잔존가액}{취득가액}}$ $\qquad$ n : 내용년수

[내용년수의 예]

건 물 : 40년 $\quad$ 기 계 장 치 : 7년 $\qquad$ 비 품 : 7년
구축물 : 15년 $\quad$ 차량운반구 : 5년

- 기계 감가상각비 $= \dfrac{기계\ 취득가액 \times (1 - 잔존가치)}{내용년수 \times 연간\ 작업일수 \times 일일\ 작업시간}$

- 기계 취득 가액 : 기계 구입 가격 + 구입 부대 비용 + 설치비

- 잔존가치 : 5% 또는 0원 인정

- 내용년수 : 7년

- 연간 작업 일수 : 270일/년

- 일일 작업 시간 : 1교대 10시간, 2교대 20시간

- 건물 감가상각비 $= \dfrac{\text{기계 설치 면적(㎡)} \times \text{건물 점유율} \times \text{단위 면적당 건축가액}}{\text{내용년수} \times \text{연간 작업일수} \times \text{일일 작업시간}}$

- 기계 설치 면적 : 직접 생산에 관련된 기계 설치 면적(㎡)
- 기계설치면적당 건물 점유율 : 기계 설치 면적 이외에 재공품 적재, 운반용구의 통로, 작업자의 이동 공간 여유
- 단위 면적당 건축 가액 : 300,000 원/㎡
- 내용년수 : 40년
- 연간 작업 일수 : 270일/년
- 일일 작업 시간 : 1교대 10시간, 2교대 20시간

〈표 5-9〉를 활용하여 〈표 5-7〉의 건물상각비를 기계투영면적에 비교하여 산출할 수 있다.

④ **수선비**:제품생산과 관련하여 제공되고 있는 건물, 기계장치, 공구, 구축물, 차량 등의 수선, 유지에 소용되는 비용

단, 수선의 정도가 현상유지에 그친 경우에 한하며, 생산능력을 대폭 증가시키는 수선 및 새로운 설비로 기계를 대체한 경우는 고정자산으로 처리한다.

⑤ **소모품비**:작업현장에서 발생되는 문구류, 제도용품, 청소용품 등의 소모품을 말하며, 보조재료로서 재료에 계상되는 것은 제외한다.

⑥ **소모 공구비**:제품의 생산에 소모되는 공구비

⑦ **지급 임차료**:공장용의 토지, 건물 및 구축물 등을 임차한 경우에 지급되는 임차료 또는 사용료

⑧ **세금과 공과**:공장 등 제조부문에서 발생한 인지세, 재산세, 자동차세 등 세금 및 공공 단체에 납부하는 공과금을 말한다.

⑨ **차량유지비**:화물차, 지게차, 버스 등 차량 유지와 관련하여 발생되는 비용

⑩ **외주가공비**:공급업자에게 재료를 공급하여 가공만을 의뢰한 경우에 발생하는 가공비로서, 외주부품 원가계산시는 재료비로 계산하며 경비에서는 제외한다.

⑪ **운반비**:자재의 운송 및 보관과 관련하여 발생되는 비용만 계산한다. 기계장비 구입 관련 운송비, 하역비 등 부대비용은 기계취득가액으로 계산되기 때문에 제외한다.

⑫ **수도광열비**:제조 부문에서 발생한 수도료, 연료비, 유류대 등

⑬ **기타**:상기 항목외 교육훈련비, 보험료, 통신비, 지급수수료, 도서인쇄비, 접대비 등

3) 기계경비율 구성

기계설비로 인하여 소비된 비용을 말하며 시간의 흐름에 따라 어떻게 발생되는가를 파악하기 위하여 필요하다. [그림 5-8]은 기계를 운영하는 데 필요한 비용항목을 고정비와 변동비로 나누고 각 구성항목을 나타낸 것이다.

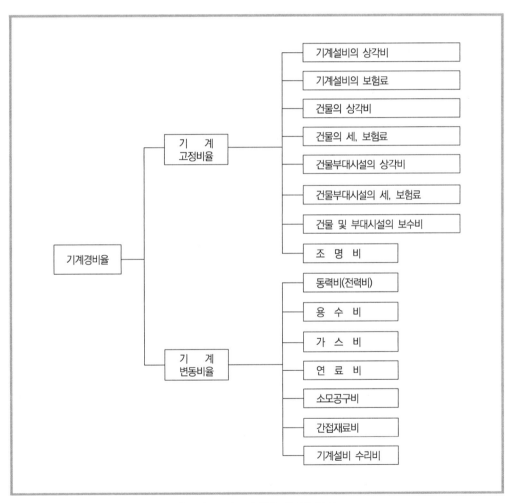

[그림 5-8] 기계경비율의 구성

4) 제조경비의 제품별 배부 방법

(1) 가격법(원가법)

일정가액을 배부기준으로 하여 제조경비에 배부율을 산정하고 이에 따라 해당 제품별로 제조경비를 배부하는 방법이다.

  ① **직접 재료비법**:경비와 비례관계가 거의 없으므로, 통상 사용하지 않는다.

   제품별 제조경비 = 제조경비총액 × (해당 제품의 직접재료비 ÷ 직접재료비총액)

  ② **직접 노무비법**:수 작업·조립작업 경영에 해당한다.

   제품별 제조경비 = 제조경비 총액 × (해당 제품의 직접노무비 ÷ 직접노무비 총액)

  ③ **직접 원가법**:중·소규모 경영 또는 정부원가계산에 사용하는 경우가 있다.

   제품별 제조경비 = 제조경비 총액 × (해당 제품의 직접원가 ÷ 직접원가 총액)

(2) 시간법

일정시간을 배부기준으로 하여 제조간접비 배부율을 산정한 후, 해당 제품별로 제조경비를 배부하는 방법이다.

  ① **직접 노동시간법**:노동 작업이 주된 역할일 때 적합하며 광범위하게 사용된다.

   제품별 제조경비 = 제조경비 총액 × (해당 제품의 직접 작업시간 ÷ 직접 작업 총시간)

  ② **기계 작업시간법**:기계 작업이 주된 역할을 할 때 적합하다.

   제품별 제조경비 = 제조경비 총액 × (해당 제품의 기계 작업시간 ÷ 기계 작업 총시간)

(3) 수량법

제품의 개수, 수량, 중량, 용적, 면적 등의 수량을 배부 기준으로 하여 동종제품의 대량 생산시에는 적합하나 다품종 소량생산에는 부적합하다.

(4) 복합법

복수의 배부기준으로 제조경비를 배부하는 방법이다.

  ① **직접경비**:기계 작업시간 기준으로 직접배부

  ② **간접경비**:발생 기간 동안의 발생비용을 작업 시간으로 나눈 시간당 간접경비율에

의거 산출

※ 외주부품 원가계산시에는 해당 업체나 제품 제조 특성을 고려하여 시간법, 수
량법, 복합법을 선별 사용한다.

5) 제조경비의 계산

제품별 제조경비의 계산은 업체별 제조경비율×제품별 M/H, 기계별 제조경비율×제품
별 Mc/H 중 기업실정에 맞게 정한다.

(1) 업체별 경비율

① **적용**:일반기계로 유사품종을 생산하는 경우

② **산식**:제조경비율 = $\dfrac{\text{제조경비 총액}}{\text{직접직 작업 총시간}}$　　　　　(식 5-13)

(2) 기계별 경비율

가. 적용

① 전혀 상이한 품종을 함께 생산하는 업체의 제품 원가계산하는 경우

② 업체나 기계 노후정도의 차이가 심한 경우

③ 특별한 기계설비로 생산되는 제품 원가를 계산하는 경우

나. 산출공식

제조경비율 = 직접경비율 × (1 + 간접경비율)　　　　　(식 5-14)

(식 5-14)는 다음과 같이 계산된다.

① 직접경비율 = $\dfrac{\text{해당기계 직접경비 총액}}{\text{해당기계 총 작업시간}}$　　　　　(식 5-15)

② 간접경비율 = $\dfrac{\text{업체 간접경비 총액}}{\text{업체 직접경비 총액}}$, 〈표 5-5 참조〉　　　　　(식 5-16)

6) 시간법 제조경비항목 산출방법

(1) 준비 자료

① 손익계산서

② 제조원가명세서

③ 유형고정자산목록(직·간접 구분)

④ 생산부품 및 부품별(공법별) 매출액 현황

⑤ 기계장비 현황(설비 보유 현황) 및 배치도(기계수량, 기계가, 전력용량, 설치면적)

⑥ 토지 및 건축물 대장

⑦ 건물건축비 현황

⑧ 월별 전력비 현황

⑨ 수선비 상세내역

⑩ 작업일보

(2) 직접제조경비 산출을 위한 세부항목

가. 기계감가상각비 항목

① **기계가액의 구성내역 확인**:기계구입가격, 구입부대비용, 설치비내역을 관련 서류를 확인하고 어느 항목까지 기계가액으로 정할지 결정해야 한다. 구입부대비용, 설치비가 간접경비로 처리시 중복이나 누락이 없어야 한다.

② **잔존가치율**:일반적으로 5%와 0%로 하는 경우가 있다.

③ **내용연수 확정**:사용용도에 따라 범용장비와 전용장비를 구분하여 내용연수를 정한다. 아울러 고가의 도입장비는 내용연수를 기본연수보다 길게 정할 수도 있다.

④ **연간 작업일수**:연간작업달력(워크 카렌더)와 작업일보를 확인하여 정한다.

⑤ **일일 작업시간**:설비투자가 많은 경우와 그러하지 않은 경우에 따라 크게 두 가지로 구분된다. 설비투자비가 많은 경우는 2교대(20HR), 설비투자가 적고 작업자 위주의 경우는 1교대(10HR)를 작업하는 경우가 많다. 최적의 경제성 효과를 유발하는 일일작업시간을 검토하여 결정해야 한다.

나. 건물감가상각비 항목

① **기계설치면적**:업체 설비 배치 및 기계규격자료를 확인 설정한다.

② **건물점유율**:기계설치면적 이외에 재공품의 적재, 운반용구의 통로, 작업자의 이동공간여유 등 면적비율을 말한다. 산출방법은 공장 배치도를 참조하여 산출한다.

③ **단위면적당 건축가액**:건축물대장과 건축비 내역을 확인하여 ₩/㎡을 구한다.

④ **내용년수**:일반적으로 40년으로 한다. 기업에 따라서 다르게 적용한다.

⑤ **연간작업일수, 일일작업시간**:기계감가상각비 적용기준과 동일하게 적용한다.

다. 전력비 항목

① **부하율**:월별전력비 현황자료, 전력정격용량을 근거로 장비 특성별 부하율을 구한다.

② **전력단가**:한국전력과 계약서, 월별전력비 현황을 근거로 전력단가를 정한다. 전력요금 변동시 연동 적용한다.

라. 수선비 항목

① **수선비율 산출식**

5-17)
$$수선비율 = \frac{총수선비액}{기계감가상각비총액+건물감가상각비총액} \times 100\% \quad (식$$

② **산출 수선비율 적용의 문제**

같은 기계인 경우 구형기계와 신기계 수선비가 실제로는 다르게 발생되는 데 일정한 수선비율 적용 시 같게 발생되는 문제점이 있음.

- 기계구입 초기, 중기, 후기로 연수가 지날수록 수선비가 많이 발생한다.

마. 제조경비 세부항목 산출

① 유형고정자산 목록에서 가공에 직접 사용되는 직접기계와 직접작업에 사용되지 않는 간접기계로 분류한다.

② 제조원가명세서를 근거로 직접경비와 간접경비로 분류한다.

- 이 경우 감가상각비 등 같은 항목은 직접과 간접에 각각 두 곳에 명기된다.

③ 제조원가명세서의 장부상 금액이 선정된 기준과 일치하지 않을 경우 조정내역을 기록하고 조정 후 금액을 기록한다.

④ 직접과 간접경비항목을 배부기준에 의거 라인(부문별) 비용을 부과, 배부한다.

⑤ 간접경비총액을 직접제조경비총액으로 나누어 라인(부문별) 간접경비 비율을 구한다.

⑥ 간접경비율 산출은 설비가 주체인 경우와 작업자가 주체인 경우를 다르게 산출하는 것이 배부의 신뢰도를 높일 수 있다.

〈표 5-5〉를 사용하면 적정 간접경비율을 산출할 수 있다.

㉮ 설비가 주체인 경우 간접경비율 산출식

$$간접경비율 = \frac{간접경비총액}{직접경비총액} \qquad (식\ 5\text{-}18)$$

㉯ 작업자가 주체인 경우 간접경비율 산출식

$$• \ 기계간접경비율 = \frac{기계간접경비\ 총액}{직접경비\ 총액} \qquad (식\ 5\text{-}19)$$

$$• \ 기계와\ 관련\ 없는\ 간접경비율 = \frac{비\ 기계\ 경비총액}{총작업시간} \qquad (식\ 5\text{-}20)$$

7) 노무비, 경비, 기계상각비 등 산출 실습

「문제 1」 D/CAST 기계설비에 대해 시간당 기계 감가상각비를 산출하십시오.

전제조건

- D/CAST 기계용량 : 30TON   - 기계 취득가액   : 10,060천원
- 연간 작업 일수   : 270일   - 일일 작업 시간 : 20HR
- 기계 내용 년수   : 5년   - 잔존 가치   : 0%

「풀이」

「문제 2」 CARPET를 성형하는 기계설비에 대해 시간당 기계감가상각비를 산출하십시오.

전제조건

- 기계 취득가액   : 337,452천원   - 연간 작업 일수 : 270일
- 일일 작업 시간 : 10HR   - 기계 내용 년수 : 8년
- 잔존 가치   : 0%

「풀이」

「문제 3」 "K" 업체의 PRESS 가공에 대한 임율이 10,000원일 때 1명의 작업자가 200ton
PRESS로 BEND'G 공정을 작업하는 데 소요되는 작업시간은 9초이다.

(단, 200ton PRESS의 기계경비율은 6,100원이다.)

① 노무비를 산출하십시오.

② 제조경비를 산출하십시오.

「풀이」

조사업체명 :

〈표 5-5〉 간접경비 비용 산출

20××.

구 분			정부상 금액	조정내역 및 조정후 금액		배부기준	라인(부문)별 비용 배부	비 고
				조정내역	조정후 금액			
직경비	감가상각	기 계				직 접		― 정부상금액 : 결산자료 금액과 동일금액
		건 물				건물면적		― 조정금액 : 정부상 금액을 작성기준에 의거 조정한 금액
	전 력 비					직 접		― 라인별 배부 : 자체배부 기준에 의거 배부하되 불가한 경우에는 당사 배부기준에 의거 배부
	수 선 비					기계상각		― 기계 감가 상각비 : 정액법
	소모공구비					기계상각		· 직접 : 제조공정상 직접 투입되는 머신
	소 모 품 비					기계상각		· 간접 : 제조 건접 설비 및 공통 설비
	소 계(A)							― 인적경비 : 복리후생적 비용, 식대, 그룹 활동비, 보험료, 회식비, 각종 정려금,
간경비	감가상각	기 계				기계상각		숙박비, 경조금 난방비 등
		건 물				건물면적		· 기타 : 의료보험료, 신재보험, 종업원할사업소세, 국민연금
	구 축 물					매출/직접작업		
	차량운반구					직접/직접작업		
	공기구/비품					직접작업시간		
	복리후생비					직접작업시간		
	수도광열비					직접작업시간		
	기 타					(기계+건물)상각		
	세금과공과					직 접		
	지급임차료(기계제외)					직 접		
	연 료 비					직접작업시간		
	보 험 료					직접작업시간		
	운 반 비					매출/직접작업		
	여비교통비					직접작업시간		
	차량유지비					직접작업시간		
	교육훈련비					직접작업시간		
	잡 비							
	기 타					직접작업시간		
	소 계(B)							
총 계								
간접경비비율(B/A)								

〈표 5-6〉 기계장치(설비) 보유 현황

순	공정명 (LINE 명)	기계명 (관리번호)	규격 ( )	제조회사	구입 년도	구입가격 (천원)	전력정격용량 용량(KW)	전력정격용량 부하율(%)	작업 인원	월 평균 가동시간	기계투영면적 (가로×세로)	비 고

〈표 5-7〉 기계/라인별 기계경비

순	기계명/LINE명	규 격	취득가격 (천원)	설치면적 (M2)	전력용량 (KW)	직 접 경 비					간접경비 (₩/HR)	총경비율 (₩/HR)	비 고
						감가상각비		전력비	수선비 및 소모품비	소 계 (₩/HR)			
						기 계	건 물						

〈표 5-8〉 전력비 현황

업체명	20××. 3월	20××. 6월	20××. 9월	20××. 12월	평균	비 고
전력요금 (₩)						* 종계약 용량 : KW
전력사용량 (KW)						
KW당 전력비 (₩/KW)						

* 작성요령 : 1. 전력요금은 부가세 제외 금액기재   2. KW당 전력비 : 전력요금/전력사용량
* 해당월 전력비 영수증 첨부

〈표 5-9〉 단위면적당 건물감가상각비 현황

건물취득가액 (천원)	건물면적(m²)			m²당 취득가액 (천원)	m²당 감가상각비 (원)	기계투영총면적 (m²)
	사무실	공 장	계			

* 작성요령 : 1. m²당 취득가액 : 건물 취득가액/건물 면적계   2. m²당 감가상각비 : m²당 취득가액/40년
3. 기계 투영 총면적은 보유기계 사양서 기본면적의 총계를 기재

4 판매 및 일반관리비

1) 판매 및 일반관리 비용이란

(1) 판매 및 일반관리비

성격상 일반관리비는 고정비적인 성격인 것이 많다.

판매비는 광고, 선전비와 같이 경영자의 방침을 반영한 정책적인 판매유지비와 하역비, 운반비 등과 같은 생산수량에 따라 변하는 판매수행비로 구분할 수 있다.

판매유지비는 고정비, 판매수행비는 변동비 성격을 가지고 있다.

특히, 일반관리비는 기업전체에 관한 관리에 관련되어 발생하는 비용이고, 판매비는 판매에 관련되어 발생하는 비용이다.

일반관리비와 판매관리비를 구분하는 것은 업무 특성상 매우 곤란하므로 통상적, 일괄적으로 파악하여 동일한 계정으로 비용을 처리한다.

(2) 판매 및 일반관리비의 구성요소

판매 및 일반관리비는,

　① 임원 급료 수당

　② 일반관리비 사무원 급료 수당

　③ 일반관리비 사무원 퇴직금 준비금

　④ 일반관리비 사무원 법정 복리 후생비

　⑤ 복지시설 부담금(진료소, 식당, 사택, 운동시설 등)

　⑥ 일반관리비 부문의 감가상각비(건물, 비품, 그 밖의 고정자산)

　⑦ 접대비(내빈 접대비, 회식비, 축의금, 조의금, 선물 등)

　⑧ 운반비(제품을 운송하는 데 발생된 비용)

　⑨ 대손상각(영업 활동과 연관된 매출 채권 회수 불능 추산액)

　⑩ 일반 관리 부문에서 발생된 각종 비용(수선비, 보험료, 통신료, 교통여비, 견본비, 포장비, 지급임차료 등)

등으로 일반관리부문(영업, 인사, 총무, 노무, 홍보, 기획 등)에 관련되어 발생한 비용이다.

2) 판매 및 일반관리비의 계산

(1) 판매 및 일반관리비 계산

판매 및 일반관리비는 공통적으로 발생되는 비용으로서 그 성질상 제품 단위당 개별적인 계산을 수행하는 데 현실적인 제약이 수반된다. 이는 일반관리비가 여러 항목으로 복합되어 있어 다양한 배부기준의 설정 및 파악이 필요하기 때문이다. (식 5-21)은 부가가치 보상법으로 산정하는 공식이다.

$$판매·일반관리비율(\%) = \frac{판매 \ 및 \ 일반관리비 \ 총액}{노무비총액+제조경비 \ 총액} \times 100 = \% \quad (식 \ 5\text{-}21)$$

(2) 판매 및 일반관리비 계산방법

① 제조원가 × 표준율(%) = 제조원가 보상법
② (노무비 + 제조경비) × 표준율(%) = 부가가치 보상법
③ 현실적인 제약을 극복하기 위한 합리적인 접근 방법으로서, '부가가치의 증가 → 매출액의 증가 → 일반관리비의 증가'라는 일반적인 경향에 따라 부가가치 (노무비 + 경비)를 일반관리비의 척도로 하는(가공비에 대한 부가율) 경우가 많다. 〈표 5-10〉을 활용하여 기업의 판매·일반관리비율은 산출할 수 있다.

〈표 5-10〉 판매 및 일반관리비율 산출

(단위:백만원)

순	계정과목	장부상 실적적용	조정내역	적용금액	비 고
1	임 원 급 여				
2	급 여 외 제 수 당				
3	상 여 금				
4	퇴직급여충당금				
5	복 리 후 생 비				
6	소 모 품 비				
7	도 서 인 쇄 비				
8	운 반 및 보 관 료				
9	통 신 비				
10	수 도 광 열 비				
11	지 급 임 차 료				
12	수 선 비				
13	보 험 료				
14	차 량 유 지 비				
15	감 가 상 각 비				
16	광 고 선 전 비				
17	세 금 과 공 과				
18	여 비 교 통 비				
19	지 급 수 수 료				
20	접 대 비				
21	교 육 훈 련 비				
22	시 험 연 구 비				
23	기 타 (잡 비)				
24					
	합 계				

$$* \ 일반관리비(율) = \frac{조정후\ 판매\cdot관리비\ 총액}{노무비\ 총액 + 제조경비총액} = \frac{(백만원)}{(백만원)} \times 100 = \quad \%$$

** 적용율 :   %

5　재료관리비

1) 정의

재료관리와 관련하여 발생하는 비용으로 구입사무비, 검수비, 보관비, 자재이송관련비, 선급금에 따른 금리, 재료비 회수기간에 대한 금리, 자재의 취급시 손망실 비용 등을 말한다.

2) 적용 범위

재료관리비 정의에서 언급한 사항 중 재료비, 노무비, 제조경비, 일반관리비에 포함되지 않은 재료 및 부품의 적정재고 유지를 위한 비용만 재료관리비 적용 범위로 한다.

3) 재료단가의 취급범위

(1) 재료별로 외부부비 산출이 용이할 경우

구입단가와 외부부비를 직접비(추적가능 비용)로 계산한다.

재료단가 = <u>구입단가 + 외부부비</u> + <u>내부부비</u>
　　　　　　　　(직접비)　　　　　(간접비)

(2) 재료별로 외부부비 산출이 용이하지 않을 경우

구입단가만을 직접비로 계산한다.

재료단가 = <u>구입단가</u> + <u>외부부비 + 내부부비</u>
　　　　　　　(직접비)　　　　(간접비)

4) 재료관리비 계산

① 재료관리비 = (구입단가 + 내부부비) × 재료관리비율
② 외부부비 포함시

$$재료관리비율 = \frac{일정기간중의 \ 재료간접비}{일정기간중의 \ 재료직접비}$$

5) 재료관리비 항목

(1) 구입 사무비

① 구매 관련 부문의 노무비
② 구매 관련 부문의 건물관련비용(상각비, 보수비, 유지비)
③ 구매 관련 부문의 비품상각비
④ 구매 관련 부문의 사무용품비
⑤ 구매 관련 부문의 공통비

(2) 검수비

① 검수관련 인원의 노무비
② 검수 관련 사무비
③ 수입검사 관련 노무비
④ 수입검사 관련 사무비
⑤ 수입검사 관련 설비비(측정장비 상각비 등)

(3) 보관비

① 자재창고 건물 관련 비용(감가상각비 등)
② 입·출고 담당인원의 노무비
③ 보관자재의 손실비용
④ 보관자재의 선별비용
⑤ 보관 도구 관련 비용(보관박스, 파렛트 등)

(4) 자재이송 관련비

① 운송장비 상각비, 유지비(지게차 등)

② 운송인원 노무비

③ 이송설비 상각비, 유지비(호이스트 등)

(5) 기타 자재 취급시 발생하는 비용

① 선급금에 따른 이자비용

② 재료비 회수기간에 대한 이자비용

6) 적용방법

① 생산 및 적정 재고 유지를 위한 이자비용

② 재고 감모손 및 평가손에 따른 손실비용

③ 재고관리에 따른 부가이윤

④ 노무비, 경비, 일반관리비 항목 중 재료관리성 비용

위 사항 중 별도로 재료관리비율 설정범위를 어디까지 정하는가에 따라 재료관리비율이 달라질 수 있다. 재료관리 관련 비용의 누락이나 중복이 발생하지 않도록 하고, 재료관리 제비용을 계산한 경우 제조원가, 판매·일반관리비 항목에서는 해당경비 액만큼 제외하여 계산한다.

6 운반비

1) 배경 및 목적

① 운반비는 원가항목상 판매·일반관리비에 속하나, 납품부품과 고객소재지에 따라 공장운반비의 편차가 심하게 발생하므로 일반관리비율로는 합리적인 단가 산출이 어렵다. 이와 같은 문제점을 개선하기 위하여 운반비를 별도로 계산하여 단가에 반영할 필요가 있다(〈표 5-11〉 참조).

② 제품의 대형화 및 모듈화로 매출액 중 납품운반비가 차지하는 비중이 점차 상승하고 있으며, 제품단가에서 차지하는 비율이 커지고 있다.

③ 동일지역에서 운반비가 운반형태(자차, 지입차, 용차) 및 운반업체에 따라 차이가 많아 운반비 결정상 문제점이 발생하므로 지역별 운반비를 통일하여 적용하는 것이 필요하다.

(2) 계산기준

① 부품개당 운반비 = 1회 운반비 ÷ 적재수량

② 용적기준 적재수량 = 화물차 적재함에 적재가능한 파렛트 수량
　　　　　　　　　　　× 파렛트당 적재수량

③ 중량기준 적재수량 = 적용 톤수 ÷ 대당 중량

④ 운송거리별 1회 운반비

⑤ 유료도로 통행료는 별도로 추가함(통행료 변동시 연동 적용)

(3) 적용부품 및 방법

① 적용부품 : 예를 들어 해당 부품의 개당 운반비가 일반관리비 대비 25% 초과 부품에만 적용하는 등의 기준을 수립하여 적용한다.

$$운반비\ 비율 = \frac{해당부품\ 개당\ 운반비}{해당부품\ 일반관리비} \times 100 = \% \qquad (식\ 5\text{-}22)$$

- 운반비 비율 ≥ 25% 부품에 한해서 적용 운반비를 추가 반영한다.

② 적용 운반비

[사례] A 부품 : 개당 운반비 → 200원, 일반관리비 → 600원인 경우

- 운반비 비율 = (200 ÷ 600) × 100 = 33% ≥ 25%이므로 운반비 적용부품임.
- 적용 운반비 = (200원) - (600원 × 0.1) = 140원

〈표 5-11〉 운송거리별 1회 운반비 예시

차량선정 GUIDE	부품크기 부피대비 무 게 부품형상	SMALL MEDIUM/HEAVY 단순형	MEDIUM MEDIUM 중간형	MEDIUM/BULKY HEAVY/MEDIUM 중간형	BULKY LOW/MEDIUM 복잡형
도로구분	거리구분	3TON	5TON	8TON	11TON
	10Km까지	27,000	33,000	39,000	46,000
	20 〃	34,000	41,000	48,000	57,000
	30 〃	39,000	47,000	55,000	65,000
국 도	40 〃	43,000	52,000	62,000	73,000
	50 〃	48,000	58,000	68,000	80,000
	60 〃	52,000	64,000	75,000	88,000
	70 〃	63,000	75,000	86,000	106,000
	80 〃	69,000	81,000	94,000	116,000
	90 〃	75,000	88,000	102,000	126,000
	100 〃	81,000	95,000	110,000	135,000
	120 〃	92,000	109,000	125,000	155,000
	140 〃	104,000	123,000	142,000	174,000
	160 〃	125,000	148,000	171,000	210,000
	180 〃	136,000	161,000	186,000	228,000
고속도로 + 통 행 료	200 〃	146,000	172,000	199,000	245,000
	230 〃	162,000	191,000	221,000	271,000
	260 〃	178,000	210,000	243,000	299,000
	290 〃	195,000	230,000	266,000	327,000
	320 〃	211,000	250,000	289,000	354,000
	350 〃	229,000	271,000	313,000	384,000
	380 〃	247,000	292,000	338,000	415,000
	410 〃	277,000	328,000	380,000	465,000
	460 〃	307,000	363,000	420,000	515,000
	510 〃	337,000	399,000	462,000	566,000
	장(長) : mm	4,350	5,300	6,700	8,000
적재함	폭(幅) : mm	1,920	2,280	2,340	2,340
	화물높이 : mm	1,245	1,400	1,755	1,780

주) 1. 1회 운반비는 왕복 운임료임.
    2. 거리구분은 인천과 업체간의 편도거리 기준
    3. 화물높이 : 적재함으로부터 높이임.
    4. 순회운송 반영됨.

7 로열티

1) 정의

(1) 기술 도입료

특허권, 저작권 또는 산업 재산권의 사용료로서 우수한 생산기술과 제휴하거나 혹은 그 기술 지도를 받아서 체득하기 위하여 사용료를 댓가로 지불하는 것을 말한다..

(2) 특허 사용료

특허나 실용신안권을 받은 기술을 사용한 댓가로 지불하는 돈을 말한다.

2) 계산기준

① 기술 도입료 및 특허 사용료는 계약상 계약금액과 기간을 확인하여 상각한다.
② 로열티
  ○ 개당 일정 금액으로 하는 경우
    ROYALTY/EA = [(INITIAL PAYMENT)+(RUNN'G PAYMENT)]

    ÷ 적용수량　　　　　　　　　　　　　　　　(식 5-23)
  ○ 개당 일정율 금액으로 하는 경우
    ROYALTY/EA = 계약가격 × 약정요율(계약서 기준)　(식 5-24)
③ 계약기간 만료시 로열티를 제외한 가격으로 부품가를 환원한다.
④ 재계약시는 추가로 계산한다.
⑤ 적용환율은 계약 당시의 기준환율을 적용한다.

8 이윤

1) 이윤이란

이윤의 적정규모는 사는 사람 입장에서는 가능한 한 적게 해서 싸게 구입하고 싶다고 생각하지만, 파는 사람 입장에서는 가능한 한 이윤을 많이 얻고 싶다. 이와 같이 이윤은 사는 쪽, 파는 쪽의 입장 차이에 의해 전혀 다른 견해를 보인다.

기업활동의 목적은 이윤추구로 가치창조를 통하여 사회에 공헌하는 것으로 이윤이 낮은 기업은 일반적으로 부가가치가 낮거나, 제품생산과정에 손실이 많든지 하는 원인이 잠재하고 있을 것이다.

표준원가 계산기준에서는 쌍방의 입장을 고려하여 합리적이고, 적정한 이윤기준을 설정하여 관리하여야 한다.

경영자의 판매정책 및 이윤정책을 고려하고, 경쟁제품을 벤치마킹하여 표준이윤을 관리하여야 한다. 기업이윤은 기업투자 자본에 대한 대가이다. 기업이 경쟁사회에서 계속 유지, 성장하기 위해서는 기업규모에 따라 적정 이윤이 보장되어야 한다. 기업의 목표이윤은 산업규모와 매출액 규모의 상관관계(회전율과 매출액 이익률)에 따라 결정된다.

여기서 언급하는 이윤은 정상적인 영업활동에서 획득하는 적정이익 개념으로서 금융비용 공제전의 이윤인 영업이윤을 말한다.

2) 이윤의 기능

① 기업의 성장을 측정하는 기능

매출을 늘리고, 자기자본 비율 등을 늘리는 기업의 업적평가 기준의 척도이다. 기업이윤은 금융시장, 주식시장에서 주가를 변동시키고 금리를 변동시키는 등 기업의 성과 평가에 중요한 지표이다.

② 기업을 미래의 위험에서 지키고, 사업의 존속 번영을 보증하고, 생산능력을 유지하는 기능을 한다.

3) 이윤계산 기준

표준이윤율을 산정하기 위한 이론적이고, 과학적인 방법이 확립되어 있지 않으므로 구입처의 실태 및 자료를 참고로 하고, 동종업종의 평균을 분석하여 표준이윤율을 산정한다. 특히, 자사의 자재, 구매정책과 경영방침을 고려하여 산정한다.

일반적으로 현실정에 맞는 합리적 이윤 보상을 위하여 부가가치를 기준한 부가율을 적용하여 계산한다.

$$이윤 = (노무비 + 제조경비 + 일반관리비) \times 이윤율 \qquad (식\ 5\text{-}25)$$

4) 이윤율 산출방법

(1) 시중금리 기준법

시중금리란 시중 금융기관이 대출할 때 금리를 말하며, 경영방침을 고려하여 계산한다.

$$이윤율 = 시중금리 + \alpha \qquad (식\ 5\text{-}26)$$

(2) 손익계산서 분석법

거래업체 자료와 한국은행, 산업은행, 중소기업협동조합중앙회 발표자료를 참조한다.

$$이윤율 = \frac{영업이익총액}{노무비총액 + 제조경비총액 + 판매 \cdot 일반관리비총액} \times 100 = \% \quad (식\ 5\text{-}27)$$

제6장 물류비 계산

1 ## 물류비의 본질

1) 물류비

(1) 물류의 정의

1989년 미국 로지스틱스 관리협의회(Council of Logistics Management)의 정의를 정리하면 다음과 같다.

① 물류는 원재료, 반제품 및 완성품을 원산지에서 소비지까지 능률적인 이동을 계획하고, 실시하고, 통제하는 목적으로 두 가지 또는 세 가지 이상의 활동을 통합하는 것이다.

② 로지스틱스는 고객의 요구를 만족시키기 위하여 원재료, 반제품, 완성품 및 이에 관련한 정보를 원산지에서 소비지까지의 능률적, 효율적인 이동 및 보관을 계획하고, 실시하고, 통제하는 과정을 말한다.

물류나 로지스틱스는 다음의 관점에서는 공통된 인식을 하고 있다.

① 완성품 이외의 원재료나 반제품도 대상이 된다.

② 원산지에서 소비자까지, 판매물류 이외의 조달물류까지 포괄한다.

③ 실행과 관리의 두 과정을 포함하며, 관리(Management)는 계획(Planning)과 통제(Control)로 구성되어 있다.

그러나, 로지스틱스는 다음 관점에서는 물류와 서로 다르다.

① 고객의 요구를 만족시키기 위해 수행하는 고객지향이 중시되고 있다.

② 원재료, 반제품, 완성품 이외에 이와 관련된 정보를 대상으로 정보관리가 새로이 선택되었다.

③ 이동(Flow)만이 아닌 보관(Store)도 포함하여 능률화만이 아닌 효율화도 촉진한다.

로지스틱스에 요구되는 것은 효율화이다. 로지스틱스가 목표하는 물류의 효율화는 투입(Input)과 산출(Output)의 비를 높이는 것으로 다음 두 가지가 있다.

① 유효화 -- 투입을 일정하게 하고 산출을 높인다.

② 능률화 -- 산출을 일정하게 하고 투입을 줄인다.

지금까지는 능률화만이 강조되어 사람·물건·돈의 일방적인 절감이 강조되었다. 유효화를 중시하고 일정의 사람·물건·돈을 효과적으로 사용하여 산출을 높이면서 산출당의 투입을 줄이는 방향으로 추진하므로써, 공급사슬(SC)의 「물류효율화의 향상에 의한 원가절감」을 추진하여야 한다.

SCM(Supply Chain Management)[1]이란 제조, 물류, 유통업체 등 공급사슬에 참여하는 기업들이 유통망에 IT를 도입, 재고를 최적화하고 리드타임을 대폭적으로 감축해 가치를 극대화하는 전략이다. 이는 공급업체의 공급업체부터 고객의 고객까지를 일관 관리하는 것이라 할 수 있다.

물류코스트의 효율분석은, 물류코스트 효율의 측정과 향상을 도모하면서 관련지표의 개발을 추진해야 할 필요가 있다. 유통의 다변화, 일손부족에 의한 인건비의 앙등, 다품종·소량·다빈도 물류에 의한 물류비 증가요인이 많지만 운송비는 감소하거나 정체되어 있어서 물류효율화를 추구하지 않으면 안 되는 상태에 있다. 목표는 공급망 전체의 효율화에 있으며 이를 통해 "제3의 이윤"을 실현하는 것이 바람직하다.

---

1) http://www.ascm.org

(2) 로지스틱스의 이익에 대한 기여

가. 비용

원가(cost)란 특정목적을 달성하기 위하여 희생된 경제가치를 뜻하며, 원가 또는 비용이라고 한다. 미국 회계학회의 1995년 "경영관리목적을 위한 원가개념" 시안에 따르면 '기업목적의 관점에서 원가란 유·무형의 경제적 각종자원을 획득 또는 창조하는 데 있어서 일정한 목적을 위하여 소비되거나 소비되어야 할 가치 총액을 나타내는 일반적 용어'로 정의하고 있다.

원가와 비용은 원가회계와 재무회계 관점에서 보면 대부분의 범위가 일치하지만 계산대상과 평가원칙 등이 서로 달라 원가에 속하지만 비용에 속하지 않거나 반대로 비용에는 속하지만 원가에 속하지 않는 경우가 발생한다.

비용은 경영목적에 따라 계획목적을 위한 비용과 통제 목적을 위한 비용으로 파악할 수 있다.

원가나 비용과 관련된 개념으로는 손실 또는 지출이라는 용어가 있는 데 전자가 수익을 창출하는 데 아무런 기여를 하지 못하는 원가를 말하며, 후자는 현금 등 통화흐름과 관련하여 파악되는 수익의 반대개념을 말한다.

나. 이익에 대한 로지스틱스의 영향

로지스틱스를 회사 전략수립에 반영하는 경영이 총자본 이익률(ROI : Reutrn On Investment)을 증가시키는 것이다. ROI와 관련된 로지스틱스 요소가 수익과 비용에 영향을 미치는 상태를 [그림 6-1]과 같이 나타낼 수 있다. 각 요소를 순서대로 설명하면 다음과 같다.

① 순 매출액

기업은 다른 기업과 경쟁하면서 고객서비스를 시장에 제공하고 있지만 그 방법이 효율적인지 여부가 시장 점유율에 큰 영향을 미친다.

② 판매 상품의 원가

구매기능과 생산계획의 통합을 정교하게 하는 것은 로지스틱스의 협조로 가능하게 된다. 물류는 구매와 생산에서 큰 절감을 유도할 수 있다.

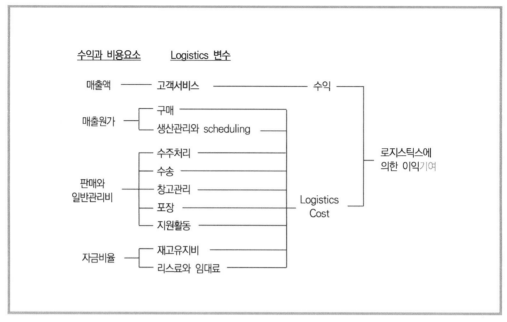

[그림 6-1] 이익에 대한 로지스틱스의 영향

③ 판매비와 일반관리비

로지스틱스분야에서 관련된 비용은 「주문을 충족」하는데 따른 비용이다. 수주처리, 수송, 창고관리, 재고관리, 포장 및 지원활동(예 : A/S 등)의 제비용이 포함된다.

④ 자금비용

이 비용 전부가 로지스틱스 비용으로 취급할 수 없는 경우가 많다. 그렇지만 재고유지 비용은 로지스틱스 의사결정에 좌우되므로 로지스틱스 비용에 포함되어야 한다. 자금비용이 수익과 비용에 미치는 영향이 초래하는 복합적 효과는 「로지스틱스에 귀속되는 이익에 대한 기여」로 나타난다.

고객 서비스가 매출액에 미치는 영향은 로지스틱스를 이익중심점으로 생각하도록 한다. 다음으로 비용중심점으로 생각하도록 사고방식을 축소하는 경우에는 관리자가 「어떻게 하면 비용을 저감할 수 있을까?」에 대한 생각을 할 때 중요하다. 원가절감은 이익의 증가를 가져오는 경우에만 바람직하다.

(3) 로지스틱스와 재무상태표

ROI에 영향을 주는 물류관련 요인에 투자가 있다. 투자란 사용자본과 자산베이스로 이익을 창출하기 위한 관리인 만큼 중요하다. 특히 유동자산의 관리가 나쁘기 때문에 자본이익률을 저하시키는 예가 많다. 관리를 잘함에 따라서 가치 있는 개선을 산출할 수 있는 분야로 재고관리를 들 수 있다. 재고관리의 정책과 방법을 개선함에 따라 제품재고를 줄일 수 있다. 로지스틱스에서 재고를 감소시키는 것은 재고유지비를 감소시키기 때문에 이익이 증가하고, 감소시킨 재고금액만큼 총 사용자본이 줄어든다.

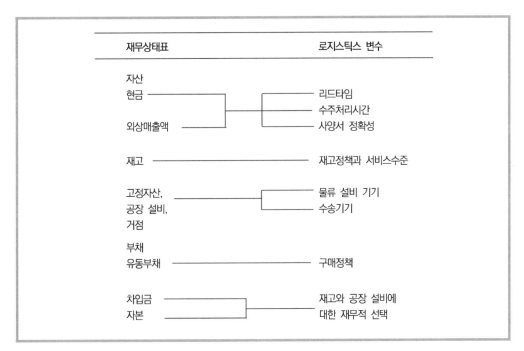

[그림 6-2] 재무상태표에 나타나는 로지스틱스 변수

[그림 6-2]는 기업의 재무상태표에 나타난 자산과 부채의 주 항목과 로지스틱스 변수를 요약한 것이다.

가. 현금과 외상매출액

유동자산 중 재고는 자금의 유동성에 중대한 영향을 미친다. 예를 들면 리드타임이란 고객이 주문을 한 시점부터 상품이 배송될 때까지의 시점을 가리키지만 이것이 짧으면 짧을수록 보다 빠르게 사양서를 발송할 수 있다.

상품을 발송하지 않으년 사양서를 발송하지 않고, 따라서 주문처리의 신속성이 현금흐름에 영향을 미친다. 현금과 외상매출에 영향을 미치는 로지스틱스 변수 중에 빠뜨릴 수 없는 것이 사양서의 정확성이다. 만일 고객이 사양서가 부정확하다는 것을 안 경우에는 대금의 지불을 하지 않기 때문에 문제점이 수정될 때까지 지불 리드타임이 연장된다.

나. 재고

회사 유동자산의 30% 이상이 재고에 잠겨 있는 경우가 많다. 로지스틱스는 원재료, 반조립품 과 구매부품, 재공품부터 제품까지 기업내 모든 재고에 관심을 가지고 있다. 재고수준과 회사의 정책은 총재고량에 영향을 미치고 있다. 동일하게 어느 정도까지 재고가 감시, 관리되고 있는가에 따라서도 영향을 받는다. 필요로 하는 재고량을 최소화 하도록 운영하는 방법이 어느 정도까지 시스템화 되어 있느냐에 따라서 좌우된다.

다. 고정자산, 공장 및 설비

기업의 로지스틱스 시스템은 고정자산의 이용도가 높은 것이 보통이다. 로지스틱스 네트워크를 형성하는 공장, 데포(Depot), 창고는 임차하기도 하고 리스하기도 한다. 임차나 리스 하지 않더라도 자사에서 보유하고 있는 것으로 생각하고, 이 변환 가격을 기초로 현재가격을 평가하면 사용자본의 많은 부분을 차지한다.

하역기기, 차량, 기타 저장용과 수송용 기기도 고정자산의 총합계를 상당히 증가시킨다. 재무상태표 상에는 장부가격으로 평가되기 때문에 로지스틱스에서 사용되는 고정자산의 진짜 크기를 알 수 없는 기업이 많다.

예를 들면 창고와 부수하는 저장용, 하역용 장치, 기기를 더하면 큰 투자액이 된다. 따라서, "우리 회사의 자산 구성 방법이 가장 효율적인가?"하는 측면에서 혁신의 실마리를 찾아볼 수 있다.

라. 유동부채

기업의 유동부채는 특정기간 내에 현금으로 지불하여야 하는 부채를 의미한다. 로지스틱스 관점에서 보면 원재료의 매입에 대한 외상매출금 등이 중요한 요소이다. 구매활동과 그에 따른 제 활동을 통합하므로써 이익을 산출할 수 있는 분야이다. 시스템이 필요로 하는 수량으로 적절한 물건을 공급하기 위해서는 자재소요량계획(MRP : Material Requirements Planning)과 물류소요량 계획(DRP : Distribution Requirements Planning)이 동시에 사용되어야 한다. 원재료의 관리는 구매자재부문에서 하며, 유동부채

금액을 축소하는 접근 방법이 필요하다.

2) 물류원가

미국관리회계사협회(IMA)는 "물류원가(Logistics cost)란 원산지로부터 소비지까지의 조달, 사내이동 및 판매, 재고의 전 과정을 계획, 실행, 통제하는 데 소요되는 비용"이라고 정의하였다.[2]

이 정의는 첫째, 물류원가의 범위는 '원산지에서부터 소비자까지' 단순한 제품의 생산과 판매과정을 전후한 물품의 흐름이 아니고 물품흐름의 전과정을 포함하고 있다. 즉, 공급사슬에서 공동물류나 물류제휴를 전부 포함한다.

둘째, 물류원가 영역은 '조달, 사내 및 판매, 재고의 전과정'으로 과거의 물류영역에 재고영역을 추가하였다. 기업물류원가에서 재고관련비용이 차지하는 비중이 큰 것을 의미하며, 효율적인 재고관리 및 적시생산방식에 따른 재고비용의 절감이 기업의 원가경쟁우위획득에 기본이 된다는 점을 의미한다. 물류원가 절감여부는 한 영역에서 나타나는 것이 아니라 전 영역을 대상으로 한 총 비용의 절감여부에 따라 나타난다.

셋째, 물류원가의 발생원천 및 관리대상은 '물류활동에 관한 계획, 실행, 통제하는 데 소요되는 비용'으로 과거의 물류비는 물류기능이나 영역을 주로 대상으로 해서 물류비를 산정하였으나, 현재는 물류관리의 프로세스까지 대상을 확대하고 있다.

넷째, 물류원가 관리의 목적을 구체적으로 다음과 같은 점을 지적하고 있다.

① 고객니즈의 대응은 고객만족 또는 고객서비스의 향상을 위한 경영목표를 달성하기 위한 것이며,

② 비용효과가 가장 높은 방식의 채용은 물류가 단순히 원가절감만을 지향하는 것이 아니라, 비용에 대한 효과가 높게 나타날 수 있는 방식으로 원가관리시스템을 구축하는 것을 나타내고 있다.

③ 원재료 및 제품의 효율적인 흐름제공은 물류활동 실시에서 물품의 흐름을 효율적으로 운영 및 통제할 수 있도록 관리하는 것이며,

④ 구입, 운송 및 보관기능의 통합은 부분적인 물류기능의 최적화나 합리화보다는 전체적인 물류기능의 통합화 내지는 시스템화에 대한 중요성을 강조하고 있다.

---

2) IMA(Institute of Management Accounting; 1992), "*Cost Management of Logistics*", Statement(SMA) Number 4-P, IMA

2 각국의 기업물류비 실태

1) 미국의 물류비 실태

미국의 경우 우리나라와 일본처럼 정부가 제정한 산정기준은 없지만 미국물류관리협회(NCPDM에서 CLM으로 개칭)에서 주로 유관기관과 공동으로 물류비 관련 조사와 연구결과를 공표하고 있으며(Ernst & Whinney, 1983, 1985, 1987), 기업물류비 조사는 H. W. 데이비스사(Davis Co.)에서 1994년부터 매년 실시하여 공표되고 있다(Davis, Herbert. W. 1992, Davis, Herbert W. & William H. Drum, 1997).[3] 주요 조사내용은 다음과 같다.

(1) 운송비(Transportation Costs)

① **1차 운송비**:공장이나 공급자로부터 창고까지의 완제품 운송, 공장에서 DC 또는 다른 공장까지, 또는 DC상호간 재고보충을 위한 운송 등에 소요되는 비용(재판매를 위한 공장이나 DC까지 구입 완제품의 입하 운임)

② **2차 운송비**:완제품을 고객에게 운송하는데 수반되는 비용, 운송업체에 지불된 비용, 모든 운송장비와 운영에 소요되는 제반 비용

③ **기타 운송비용**:기타 운송활동에 소요되는 비용

(2) 창고보관비용(Warehousing Costs)

완제품의 보관과 취급을 위한 공장, DC, 영업창고 운영에 수반되는 비용.

자가 및 영업창고 운영에 수반되는 임차료, 감가상각비, 세금, 전기& 가스 & 수도료, 유지보수 및 인건비

(3) 주문관리/고객서비스 비용(Order Entry/Customer Service Costs)

견적 및 조회, 주문접수 및 처리, 고객서비스를 위한 공간, 운영, 컴퓨터, 인력에 소요되는 제비용

---

3) http://www.establishinc.com/

(4) 배송관리비용(Administration of Distribution)

재고계획 및 분석, 운송관리 등에 필요한 인력 및 지원업무에 소요되는 비용, 컴퓨터 하드웨어 및 소프트웨어 활용에 수반되는 비용

(5) 재고유지비용(Inventory Carrying Costs)

① 1974년 최초의 조사가 실시된 이후 연간 재고유지비를 18%로 매년 동일하게 적용하고 있음.
② 보험, 재고, 진부화 등을 고려하여 책정하게 된다. 개별기업의 여건에 따라 다른 수치를 적용할 수 있다.

(6) 기타비용(Other Costs)

상기 카테고리에 포함되지 않으나 물류활동에 소요되는 비용.

미국의 2020년 기업물류비는 매출액대비 8.39%[4]를 나타내고 있으며, 기능별 운송비는 3.68%, 재고유지비는 1.94%, 창고보관비용 2.05%, 저장품 0.33%, 운영 0.38%를 나타내고 있다.

2) 일본의 기업물류비 실태

일본의 기업물류비 실태조사는 일본로지스틱스시스템협회(JILS)[5]에서 매년 실시하고 있다. 운수성, 통산성매뉴얼 원가계산방법은 다음과 같은 점이 특징이다.

첫째, 물류비 계산의 범위는 일본 국내를 대상으로 하고 있으며 [그림 6-3]에서 처럼 2020년 기준 5.38%를 나타내고 있다.

둘째, 구입가격에 포함된 수송비를 간주물류비로 견적하여 기록하고 있으며,

셋째, 자본코스트, 진부화 등의 재고비용은 '재고액 × 10%'로 일률적으로 계산하며, 자사창고·외부창고 보관 분을 포함하고 있다.

넷째, 리버스 물류비를 반품·반송물류, 회수, 리사이클, 폐기물류로 구분하고, 기능별로

---

4) http://www.establishinc.com/
5) http://www.logistics.or.jp

는 수송, 보관, 하역, 포장, 물류관리로 분류하여 산출하고 있다.

다섯째, 수송비는 조달수송, 사내수송, 판매수송으로 구분하고, 보관은 자재보관, 제품보관으로 구분하고 있으며, 포장, 하역, 물류관리는 영역별 구분은 하지 않는다.

여섯째, 형태별로는 지불물류비와 자가물류비로 구분하고, 지불물류비에는 자회사물류비와 물류업자지불물류비로 구분하고, 자가물류비는 물류인건비, 물류시설비, 감가상각비, 재고비용 등으로 계산한다.

일곱째, 물류비 설문조사에서 연속해서 응답한 기업과 각 연도별 응답한 기업의 매출액대비 물류비를 조사하여 회신기업이 변경됨으로 인한 영향을 최소화하고 있다.

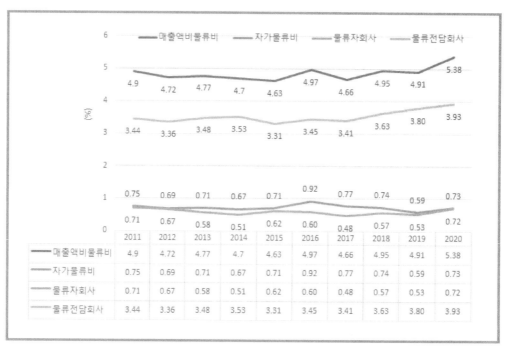

[그림 6-3] 일본의 연도별 매출액대비 물류비 추이

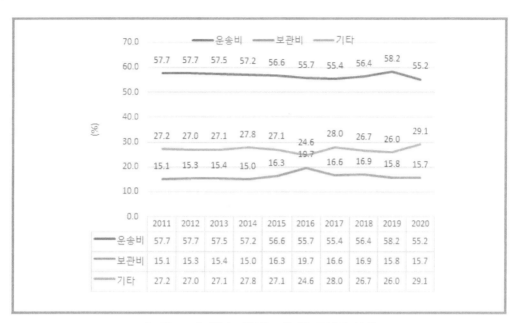

[그림 6-4] 일본 기업의 기능별 구성비 추이

3) 우리나라의 기업물류비 실태조사

(1) 기업물류비 현황

우리나라 기업물류비는 2003년까지는 대한상공회의소에서 2005, 2009년 한국무역협회에서 조사하였으며, 대한상공회의소 "다목적 조사용 표본설계 및 표본업체 명부"를 사용하여 격년제로 실태조사를 실시하였으며, 2015년에는 한국교통연구원에서 실시하였다.[6]

2005년도까지의 우리나라 물류비는 국내물류비, 수출입 물류비를 포함하여 계산하고 있으며, 이를 일본 등의 물류 선진국의 경우 국내물류비를 산출한 결과와 단순 비교하여 발표함으로써 비교기준의 오류가 존재하고 있었다.

우리나라의 기업물류비는 1999년 12.5%를 정점으로 비중이 [그림 6-5]에 나타나 있는 것처럼 2018년까지 감소하였지만, 2020년에는 7.06%로 증가한 것으로 나타났다.

---

6) 한국교통연구원, 2015년도 기업물류비 조사보고서

[그림 6-5] 우리나라 기업물류비 추이

(2) 기능별 물류비

물류비중에서 기능별 물류비가 차지하는 비중을 보면, 〈표 6-1〉에서 보듯이 운송비의 비중이 가장 높으며, 보관비 등의 순으로 나타났다.

〈표 6-1〉 기능별 물류비 구성비율 추이

	2011	2014	2016	2018	2020
운송비(%)	58.4	62.6	59.6	59.5	59.4
보관비(%)	28.8	23.7	22.8	20.9	18.7
하역비(%)	3.5	3.9	3.1	4.7	7.0
포장비(%)	7.0	6.3	7.0	6.7	7.2
물류정보비(%)	2.3	3.6	0.4	0.7	1.9
물류관리비(%)			7.1	7.6	5.8

주 : 1. 2014년 까지는 물류정보비와 관리비를 포함하여 조사

2011년 이후 조사결과를 보면 운송비는 58.4%에서 63% 사이로 2014년 이후 감소추세를 나타내고 있으며, 구성비중이 커서 물류비 절감의 주요대상 기능이 되고 있다. 보관비

는 지속적으로 감소하고 있는 것으로 나타났다. 물류정보비와 물류관리비를 구분하여 조사한 2016년 이후 물류정보비가 증가추세를 나타내고 있다. 〈표 6-2〉는 기업 규모별, 매출액 규모별 물류비 추이를 나타낸 자료이다.

〈표 6-2〉 기업규모별, 매출액별 물류비 추이

(단위:%)

연도		2016	2018	2020
계		6.56	6.45	7.06
기업규모	대기업	2.89	5.37	6.63
	중소기업	7.64	6.63	7.16
매출액 규모별	500억 미만	7.60	6.75	7.39
	500억 이상 ~ 1,000억 미만	6.89	5.45	6.41
	1,000억 이상 ~ 3,000억 미만	4.44	5.53	6.67
	3,000억 이상	2.93	5.21	5.80

3 물류비 계산

물류비 계산은 국토교통부에서 제정한 물류정책기본법에 근거를 둔 '기업물류비산정에 관한 지침' 기본해설서를 정리하였다.[7]

(1) 물류비

물류활동을 수행하기 위하여 발생하거나 소비한 경제가치라고 정의되고 있는데, 이 정의는 물류활동에 사용된 재화나 서비스를 원가 또는 비용으로 파악하는 것을 의미하고 있다. 물류활동을 수행하기 위하여 발생하거나 소비한 경제가치는 전부 대상이 된다는 점에서 기업회계기준과는 상이점이 있다.

---

7) 국토해양부(2008),기업물류비 산정지침 기본해설서

(2) 물류비 계산기준

〈표 6-3〉은 일반기준과 간이기준으로 구분하여 설명하고 있다. 일반기준(一般基準)은 물류비를 상세하게 원천적으로 계산하는 방식으로서, 물류원가계산의 관점에서 보면 관리회계방식에 의한 물류비 계산기준을 말한다. 간이기준(簡易基準)은 회계장부와 재무제표(주로 손익계산서와 대차대조표)로부터 간단하게 추산하는 방식으로서, 물류원가계산의 관점에서 보면 재무회계방식에 의한 물류비 계산기준을 말한다.

〈표 6-3〉 일반기준과 간이기준의 특질 비교

기준 항목	일반기준 (관리회계방식)	간이기준 (재무회계방식)
계산의 기본적인 관점	물류목표를 효과적으로 달성하기 위한 활동에 관여하는 인력, 자금, 시설 등의 계획 및 통제에 유용한 회계정보의 작성 목적. 기능별, 관리항목별의 업적평가나 계획수립 가능	기업활동의 손익상태(손익계산서)과 재무상태(대차대조표)를 중심으로 회계제도의 범주에서 물류활동에 소비된 비용항목을 대상으로 1회계기간의 물류비 총액 추정
계산방식	물류활동의 관리 및 의사결정에 필요한 회계정보를 입수하기 위해 영역별, 기능별, 관리항목별로 구분하여 발생 비용을 집계	재무회계의 발생형태별 비용항목 중에 물류활동에 소비된 비용을 항목별로 배부기준을 근거로 해당 회계기간의 물류비로 추산
계산방식의 장점	영역별, 기능별, 관리항목별 물류비계산을 필요한 시기, 장소에 따라 실시 가능 물류활동의 개선안과 개선항목을 보다 명확하게 파악가능	개략적인 물류비 총액계산에 있어서 별도의 물류비 분류, 계산절차 등이 필요하지 않고, 전담 조직이나 전문 지식이 부족해도 계산 가능
계산방법의 단점	상세한 물류비의 분류 및 계산을 위한 복잡한 사무절차 작업량이 많기 때문에 정보시스템 구축이 전제	상세한 물류비의 파악이 곤란하기 때문에 구체적인 업무평가나 개선목표의 수립이 곤란하며 물류비 절감효과 측정에 한계

일반기준과 간이기준에 의한 물류비 계산절차를 회계의 결산절차와 대비하여 그림으로 나타내면 [그림 6-6]과 같다.

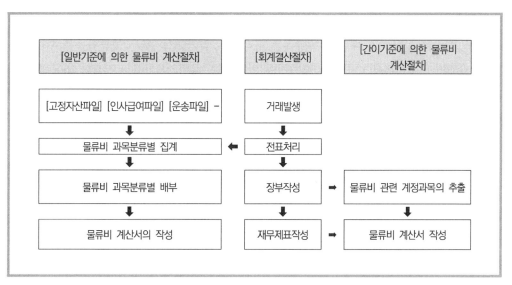

[그림 6-6] 일반기준과 간이기준에 의한 물류비 계산절차의 비교

(2) 물류비의 과목 분류

물류비의 과목분류(科目分類)는 〈표 6-4〉와 같이 영역별, 기능별, 지급형태별(자가·위탁별), 세목별, 관리항목별로 구분하고 있다.

〈표 6-4〉 물류비의 분류체계

과목분류	영역별	기능별	지급형태별	세목별		조업도 별
비목	조달물류비 사내물류비 판매물류비 리버스물류바 (반품, 회수, 폐기)	운송비 보관비 포장비 하역비 (유통가공비 포함) 물류정보·관리비	자가물류비 위탁물류비 (2PL, 3PL)	재료비 노무비 경 비 이 자 ·시설부담이자 ·재고부담이자	(계정과목 체계준용)	고정물류비 변동물류비

가. 과목

과목(科目)은 물류비에 대한 비용항목을 나타내는 것이 아니라 분류체계를 나타내는 용어로서, 영역별, 기능별, 지급형태별, 세목별, 관리항목별 물류비를 말한다.

나. 비목

비목(費目)은 물류비에 대한 비용항목을 나타내는 약어로서, 모든 물류활동을 수행하는 데 발생하는 비용항목을 나타내는 포괄적인 의미이다. 다만, 여기서는 전술한 과목별 분류 체계에 속하는 영역별, 기능별, 자가·위탁별의 구분에 의한 물류비 항목, 예를 들어 조달물류비, ……, 운송비, ……, 사가물류비, …… 등이 여기에 속한다.

다. 영역별 분류

① 조달물류비

물자가 조달처로부터 운송되어 매입자의 매입물자의 보관창고에 입고, 관리되어 생산공정(또는 공장)에 투입되기 직전까지의 물류활동에 따른 물류비를 말한다.

여기서 「생산 공정(또는 공장)에 투입되기 직전까지의 물류활동」이란, 원재료나 부품, 제품, 상품 등의 매입물자가 자사에 정상적으로 도착하여 사내에서 생산, 가공, 판매 등의 목적을 위해서 물리적인 이동을 가하기 이전의 물자유통과정을 말한다.

② 사내물류비

조달보관창고에서 원재료 등을 이동하여 생산 공정(또는 공장)에 투입되는 시점부터 생산과정중 공정과 공정간의 원재료나 반제품의 운송활동, 보관활동 및 생산된 완제품을 창고에 보관하기 직전까지의 물류활동에 따른 물류비를 말한다.

사내물류비에는 포장, 운송, 하역, 분류, 보관, 재고 등 사내에서 발생한 물류비를 포함하는데, 이 과정의 비용분류는 사내의 조직단위별(공장별, 지점별 등), 물류경로별(수·배송의 경로, 직송경로 등), 보관 장소나 위치, 보관방식별(창고보관, 배송센터보관 등) 등과 같이 물류흐름을 보다 구체적으로 도표를 이용하여 나타내면 사내물류비의 범위가 명확해지게 된다.

생산물류는 생산원가에 계산하며, 물류비 계산에서는 제외한다.

③ 판매물류비

생산된 완제품 또는 매입한 상품을 창고에 보관하는 활동부터 그 이후의 모든 물류활동에 따른 물류비.

판매물류비 중 주문이행에 따른 협의의 판매물류비는 출고지시에 따라 보관된 제품이나 상품의 피킹, 출고, 상차, 운송, 하차 등의 판매물류에 관련된 비용이 포함된다. 예를 들어, 제조업자에 있어서 공장 등의 제품창고에서 고객에게로 직송하는 경우나, 유통업자의 조달처나 매입처의 상품보관창고에서 고객에게 직송하는 경우는 고객으로의 출고 이후의 비용을 판매물류비로 인식한다.

④ 리버스 물류비

㉠ 반품물류비

판매된 제품이나 상품의 반품물류활동에 발생하는 비용을 말한다. 여기서 「반품」이란 제품이나 상품자체의 문제점(예를 들어, 상품자체의 파손이나 이상 등)의 발생이나 물류과정에서 발생하는 파손, 이상, 하자 등이 발생하는 것을 말한다.

반품물류비에는 반품과정에서 발생하는 운송, 검수, 분류, 보관, 하역 등 관련비용을 포함한다. 이때 반품 자체에 따른 비용(예를 들어, 상품 대금의 환불액)은 물류비에 해당하지 않는다.

㉡ 회수물류비

제품이나 상품의 판매물류에 부수적으로 발생하는 파렛트, 컨테이너 등과 같은 빈 물류용기의 회수비용을 말한다. 회수물류비는 청량음료나 주류 등과 같은 업종의 경우 중시되는 비용이다.

㉢ 폐기물류비

파손 또는 진부화된 제품, 포장용기 등의 폐기물류활동에 발생하는 물류비를 말한다. 「폐기처리」는 진부화나 소모 등에 의해 제품이나 상품, 또는 포장용기 등의 물류기기가 제기능을 수행할 수 없는 상황이거나 또는 제기능을 수행한 후 소멸되어야 할 상황 등을 의미한다.

폐기처리시 수반되는 검수, 보관, 운송, 하역 등의 비용은 폐기물류비에 포함되나, 폐기 자체의 비용이나 공해방지의 처리비용 등은 이 비용에 포함시켜서는 안된다. 이러한 비용은 물류비가 아닌 일반경비 또는 제조원가에 삽입하는 것이 타당하다.

라. 기능별 분류

① 운송비

물자를 물류거점간 및 소비자에게 이동시키는 활동에서 소비된 비용을 말하며, 이 비용은 장소에 의한 제품의 효용을 창조하기 위한 목적에서 발생한다.

운송비는 해당 기업의 물류특성이나 운송경로 등 필요에 따라서 수송비와 배송비로 세분할 수 있다.

- 수송비 : 물류거점간 이동활동에 소요되는 비용으로서, 이 비용은 사내의 공장이나 창고, 물류 센터나 지점 등의 물류거점간 운송에 발생하기 때문에 주로 사내물류비에 해당한다.

- 배송비 : 수요자에게 배송시키는 활동에 소요되는 비용으로서, 창고나 물류센터로부터 수요자인 고객에게 운송시 발생하기 때문에 주로 판매물류비에 해당한다. 또한 고객으로부터의 판매된 상품의 반품이나 회수 등에 발생하는 비용도 여기에 포함된다.

② 보관비

물자를 창고 등의 보관시설에 보관하는 활동에서 소비된 비용을 말하며, 이 비용은 시간에 의한 제품의 효용을 창조하는 목적에서 발생한다. 일반적으로 보관비 또는 창고비라고 칭하는 이 비용에는 물자를 단순히 보관하는데 소요되는 비용뿐만 아니라 재고물품에 대해 발생하는 이자도 포함한다.

③ 포장비

물류포장활동에서 소비된 비용을 말한다. 물류포장활동이란 최종 소비자에게 인도되지 않고 이동과 보관을 용이하게 하기 위하여 실시하는 포장으로 판매포장과 상대적인 개념을 나타낸다. 따라서, 포장비는 물품, 제품, 폐기물 등을 운송, 하역, 보관하기 위한 물류포장에 소비되는 물류포장비라고 말할 수 있으며, 제품이 생산되는 과정인 생산물류에서 소비된 비용은 생산원가 또는 제조원가에 귀속되기 때문에 포장비에서 제외한다.

④ 하역비

하역비와 유통가공비를 포함한다. 물자의 운송과 보관활동에 수반되어 동일 시설 내에서 물자를 상하좌우로 이동시키는 활동에서 소비된 비용을 말한다. 하역비는 입하, 격납, 피킹, 분류, 출고 등과 같은 물류의 세부기능에서 발생하

는 하역작업은 독자적으로 실시되는 경우는 거의 없으며, 주로 운송이나 보관의 기능을 수행하면서 비용이 동시에 발생된다.

유통가공비는 물자의 유통과정에서 물류효율을 향상시키기 위하여 이를 가공하는데 소비된 비용을 말하며, 물류활동상의 효율증대를 위해서 발생하는 비용이라고 할 수 있다.

⑤ **물류정보·관리비**

물류정보를 처리하는 비용과 물류관리에 소비된 비용을 말하며, 필요에 따라 다음과 같이 구분할 수 있다.

㉠ **물류정보비**

물류정보를 수집, 가공, 전달하기 위해 필요한 입력, 처리, 기억, 출력, 제어, 통신 등의 제 활동을 컴퓨터 등의 전자적 수단을 사용하여 발생하는 다음과 같은 비용을 말한다.

- 주문처리비 : 원재료를 포함한 제품이나 상품 등의 발주, 수주, 출하지시 및 이에 관한 사무처리와 통계, 분석 등의 업무를 처리하는데 소요되는 비용. 단, 수주에 있어서 영업이나 판매상의 계약과정이나 절차 등에 관해서 발생하는 비용은 제외된다(상류비에 해당됨).

- 고객서비스 : 출하문의에 대한 회신, 출하촉진 등의 업무에 소요되는 비용. 이외에도 조달, 보관, 운송 등의 업무처리와 관련하여 정보의 교환이나 처리를 위해서 소비되는 비용을 포함한다.

㉡ **물류관리비**

물류관리부문에서 발생하는 기타 모든 비용으로서 물류관리비는 물류활동에 대한 전반적인 계획, 조정, 통제를 위해 소비되는 비용으로 물자유통 뿐만 아니라 정보유통과 관련해서도 발생하고 있다.

라. 지급형태별 분류

지급 형태별 분류는, 개별 기업의 입장에서는 물류활동을 누가 수행하고 물류대금을 누가 지불한 것인가에 대한 상세한 정보를 알 수 있도록 하고, 정부 등 유관기관의 입장에서는 물류비를 종합적으로 집계할 때 중복(물류공급회사와 물류수요회사간) 집계를 방지하기 위해서 필요하다.

① **자가물류비**

자사의 설비나 인력을 사용하여 물류활동을 수행함으로써 소비된 비용을 말한다. 이 자가물류비를 대부분의 기업에서 산정하고 있지 않으므로 기업의 물류비 실태를 정확하게 파악하지 못하는 경우가 많다. 즉, 물류빙산의 전모를 파악하기 위해서는 '얼마만큼 자가물류비의 분류나 계산을 구체적으로 하는 가'가 중요하다.

② **위탁물류비**

물류활동의 일부 또는 전부를 외부의 물류업자나 물류자회사인 타사에 위탁하여 수행함으로써 지불하는 비용 또는 요금을 말한다.

이 위탁물류비는 주로 포장, 운송 및 보관 등의 활동을 위탁하는 경우에 발생하게 되는데, 예를 들어 지불포장비, 지불운임, 지불창고료, 입출고료, 수수료 등이 포함된다.

마. 세목별 분류

세목별 분류에 해당하는 물류비목을 나타내는 용어를 말한다. 재료비, 노무비, 경비, 이자의 기본적인 4개의 비목군이 있으며, 상세하게 연료비, ……, 급료와 수당, ……, 복리후생비, ……, 시설부담이자 … 등과 같은 기업의 회계부문의 계정과목별 비목들이 여기에 속한다. 다만, 이러한 물류비 분류상의 용어 구분은 기업이나 부문 등의 회계실무나 물류비 관리 관행에 따라 상이하게 사용할 수도 있으며, 이와 같이 상세하게 분류하지 않을 수도 있다.

① **재료비**

물류와 관련된 재료의 소비에 의해서 발생하는데, 주로 포장이나 운송기능에서 발생된다. 물류관련 재료의 종류는 매우 한정되어 있으며 그 구성비율도 낮다고 할 수 있는데, 재료비의 항목에는 포장재료비, 연료비 이외에도 물류활동의 수행을 위한 소모용 공구비, 비품비 등을 포함한다. 예를 들어, 파렛트와 같은 운송기기 등을 물류자산에 속하므로 재료비의 범위에서는 제외되며, 운송기기에 소모되는 연료비 등이 포함된다.

② **노무비**

물류활동을 수행하기 위해 발생하는 노동력에 대한 비용으로서, 운송, 보관, 포장, 하역 및 관리 등의 전반적인 기능과 조달, 사내, 판매 등의 전 영역에서

발생된다. 노무비의 항목에는 임금, 급료, 잡급 이외에도 물류 관련 종사자에 대한 제수당, 퇴직금 및 복리후생비 등을 포함하는데, 기업에서는 공장별이나 사업장별, 지역별이나 고객별, 제품별 등의 관리단위에 따라서 노무비에 관련된 비용을 세분화시켜야 한다.

③ **경비**

재료비 이외에 물류활동과 관련하여 발생하는 제비용으로서, 주로 물류관리의 기능에서 발생되며, 회계 및 관리부문 등에서 사용하는 계정과목이 전부 해당된다. 필요에 따라서는 다음과 같이 구분할 수 있다.

- 공공 서비스비 : 공익사업체에서 제공하는 용역(service)에 대해서 발생하는 비용으로서, 전력료, 가스·수도료, 통신비 등이 포함된다.

- 관리유지비 : 물류관련 고정자산의 운용, 가동, 보전 등을 위해서 발생하는 비용으로서, 수선비, 운반비, 세금과 공과, 지급임차료, 보험료 등이 포함된다.

- 감가상각비 : 물류관련 고정자산의 시간경과에 따른 가치감소분의 비용으로서, 건물감가상각비, 구축물감가상각비, 기계장치감가상각비, 차량감가상각비, 운반기기감가상각비 등이 포함된다. 이 감가상각비는 현금지출을 수반하지 않는 점에 유의해야 하며, 자산의 실제 사용분 만큼에 대한 가치감소를 화폐가치로 나타낸 것이다.

- 일반경비 : 물류관리 목적을 위해서 지출하는 일반적인 물류비로서, 여비, 교통비, 접대비, 교육훈련비, 소모품비 등과 같은 비용항목 이외에도 물류과정에서 발생하는 변질이나 도난, 사고 등에 따른 손실 등이 포함된다. 예를 들어, 운송이나 보관과정에서 발생하는 불량이나 파손에 따른 비용은 물류경비에 속하게 된다.

④ **이자**

이자(利子 : interest)는 물류시설이나 재고자산에 대한 이자 발생분을 의미하고 있는데, '금리(金利)' 또는 '투자보수비(投資報酬費)'라고도 한다. 이 지침에서 이자는 시설부담이자와 재고부담이자로 구분한다.

물류시설과 재고자산에 대해 이자를 부담시키는 이유는 원가요소중의 하나인 자본비용(資本費用 : capital cost)를 원가계산에 반영함으로써 산출된 원가정보의 유용성을 높이기 위해서이다. 이 방법은 최근 증권시장이나 회계학 분야에서 신개념으로 각광을 받고 있는 경제적 부가가치(Economic Value Added ; EVA) 개념과도 동일한 인식을 공유하고 있다.

㉠ **시설부담이자**

시설부담이자는 물류시설에 투자되어 있는 자금에 대한 이자부담분 만큼의 기회손실을 말한다. 시설부담이자를 포함시키는 이유는 해당 물류설비를 사가 운영하는 것과 외부업체에 위탁하는 것의 경제성을 검토하여 의사결정을 하기 위한 목적으로 사용되기 때문이다.

㉡ **재고부담이자**

재고부담이자는 재고자산이 존재함으로써 발생하는 재고자산의 가치에 대한 이자부담분 만큼의 기회손실을 말한다.

재고부담이자는 재고자산의 보유를 최소화시키는 것이 물류효율화의 중요한 관리포인트가 된다는 점에서 물류재고를 어떻게 유지하고 있느냐를 금액적으로 표시하는 중요 지표에 해당하기 때문에 유용하다.

바. 관리항목별 분류

중점적으로 물류비 관리를 실시하기 위한 관리대상(물류비 계산의 실시단위의 경우는 물류원가계산대상 : cost objectives for logistics unit)인 제품별, 지역별, 고객별 등과 같은 특정의 관리단위별로 물류비를 분류하는 것을 말하며, 관리목적(管理目的)별이라고도 칭한다.

물류비를 관리항목별로 분류하는 주된 이유는 관리목적에 적합한 물류비 정보를 산출해 내기 위함이며, 이를 통하여 물류활동의 업적평가는 물론 각 관리단위별 채산분석을 통한 원가절감의 실현을 가능하게 해주기 때문이다. 물류활동의 중점관리목표를 정책적 또는 전략적 차원에서 실시하게 되면 물류정책이나 물류전략의 실효성 등을 검토해 볼 기회를 제공해 주기도 한다.

관리항목별 구분은 회사의 관리목적에 따라 그 내용은 상이하며, 대표적인 사례는 다음과 같다.

① **부문별**: 물류비가 발생되는 부문이나 관리부문등 조직계층단위
② **지역별**: 물류비가 발생되는 지역별 부문이나 조직단위
③ **운송수단별**: 철도운송, 해상운송, 육로운송, 항공운송 등의 운송수단

④ **제품별**: 물류활동의 대상이 되는 원재료, 제품, 부품 등의 제품종류

⑤ **물류거점별**: 물류활동이 발생하는 장소로서 물류센터, 창고, 집배소 등

⑥ **업체별**: 물류활동을 위탁할 경우 물류활동 수행업체

실무적으로 적용하기 위해서는 물류비목별로 관리대상항목(관리항목별 구분항목)을 결정하는 매트릭스표를 작성하여야 한다. 물류비 비목과 관리항목간의 매트릭스 사례는 〈표 6-5〉와 같다.

〈표 6-5〉 관리항목별 물류비 분류의 매트릭스 사례 : 판매물류비의 경우

영역별	기능별	자가·위탁별	세목별		관리 항 목				
					부문별	업체별	제품별	물류거점별	운송수단별
판매 물류비	운송비	자가	재료비 노무비 경비	연료비 급료와 임금 제수당 퇴직급여 복리후생비 ·	V V V V V		V V V V V	V V V V V	
		위탁	경비	운반비 지급수수료	V V	V V	V V	V V	V V
	보관 및 재고유지비	자가	노무비 재고부담이자	급료와 임금 · ·	V V		V V	V V	
		위탁	경비	지급임차료 지급수수료	V V	V V	V V	V V	
-- 이하 생략 --									

물류비를 관리항목별로 더 상세하게 계산하기 위해서는 최초로 비목별 물류비를 집계할 때 구분하여 집계하고자 항목별로 구분되어야 한다.

(3) 물류비 인식기준

가. 물류비 인식기준

물류비의 인식기준으로는 원칙적으로 기업회계기준 또는 원가계산준칙에서 일반적으로 채택하고 있는 발생기준을 준거한다.

기업회계기준 또는 원가계산준칙에서 일반적으로 채택하고 있는 발생기준(發生基準 : accrual basis)이란, 「기업회계기준」의 제65조 1. 손익계산서 작성기준에 의하면, '모든

수익과 비용은 그것이 발생한 기간에 정당하게 배분되도록 처리되어야 한다'라고 하여 비용계산은 발생주의에 의해 처리할 것을 규정하고 있으며, 이것을 '발생주의의 기준' 또는 '발생기준'이라고 한다.

나. 이자계산

시설부담이자와 재고부담이자에 대해서는 기회원가의 개념을 적용한다. 여기서 기회원가(機會原價 : opportunity cost)란 자금을 비롯하여 물자, 서비스 또는 물류설비·기기 등을 현재의 용도가 아닌 차선(次善)의 용도에 사용했다면 얻을 수 있었던 최대 금액을 의미하며, '기회비용'이라고도 한다. 기회원가는 자원을 대체적인 용도로 사용할 때 실현할 수 있는 최대의 수익이라고도 할 수 있으며, 차선의 대체안을 포기함으로써 상실한 효익이라고도 할 수 있다.

① 시설부담이자

시설부담이자는 투자액의 미상각잔액에 이자율을 곱하여 계산한다.

이때 시설투자액의 미상각잔액은 자산명세서로부터 물류관련 자산을 추출한 후, 이에 대한 계산시점에서의 감가상각액을 차감하여 미상각잔액을 산정한다.

$$\text{시설투자액의 미상각잔액} = \text{취득원가} - \text{감가상각액의 누적액} \qquad \text{(식 6-1)}$$

② 재고부담이자

재고부담이자는 재고의 평균잔액에 이자율을 곱하여 계산한다.

이때 재고의 평균잔액은 재고명세서로부터 월별 기초·기말재고액을 기초로 다음 식에 의해 평균잔액을 산정한다.

$$\text{재고의 평균잔액} = \frac{\text{월초재고} + \text{월말재고}}{2} \qquad \text{(식 6-2)}$$

이자율(利子率)은 사내이자 또는 사내금리의 형태로 적용하게 되는데, 이때 적용되는 이자율로서 가장 이론적으로 타당한 것은 가중평균이자율(加重平均利子率)이며, 실무적으로 이자율은 시중차입금리나 별도의 자사 사내금리를 설정하여 사용하면 된다.

(4) 물류비 계산 간이기준

가. 자가물류비

자가물류비는 자사의 설비와 인력을 사용하여 물류활동을 수행함으로써 소비된 비용을 말하는데, 자가물류비의 분류는 일반기준과 동일하게 재료비, 노무비, 경비, 이자로 구분한다.

이자는 필요에 따라 시설부담이자와 재고부담이자로 분류할 수 있도록 함으로써, 제조원가명세서와 손익계산서로부터 입수되는 자료를 활용하여 필요에 따라 분류 및 계산할 수 있도록 탄력적인 규정만 삽입하고 있다.

나. 위탁물류비

위탁물류비는 물류활동의 일부 또는 전부를 타사에 위탁하여 수행함으로써 소비된 비용으로서, 이 비용은 일반기준과 동일한 분류를 하고 있다.

다. 간이기준에 의한 물류비 계산방법

물류비 계산방법은 제조원가계산서 및 손익계산서의 계정과목별로 물류비에 해당하는 금액을 추계하여 계산한다. 제조원가명세서에서는 '제조원가' 중에서 물류관련 비용을, 손익계산서로부터는 '판매비와 일반관리비' 중에서 물류관련 비용을 각각 선택한 후, 적절한 배부기준에 의해 계산하면 된다.

이때 사용하는 적절한 배부기준은 〈표 6-6〉와 같은 주요 계정과목의 계산방법을 참고하면 되며, 필요에 따라서는 일반기준에 의한 배부기준과 배부방법을 고려하여 필요한 물류관련 자료를 입수하여 계산하면 된다.

그리고 물류비 계산서의 작성시에는 계정과목별 물류비는 자가물류비의 경우 재료비, 노무비, 경비 및 이자의 항목으로 구분하여 계산하며, 위탁물류비는 별도로 계산한다.

<표 6-6> 물류비 계산방법(간이기준)

계 정 과 목		계 산 방 법
제조원가	노 무 비	공장에서의 물류인원 비례로 배분
	가스수도료	차량용 유류대로 주유소에 지급한 금액을 계상
	운 임	전액 계상
	감가상각비	감가상각비 계산명세서에서 공장의 물류기기나 설비에 대한 것만 추출하여 합산
	수 선 비	물류기기나 설비에 대한 수선비만 추출하여 합산
	소 모 품 비	물류설비에 소모되는 타이어, 부품비 등을 추출하여 합산
	세금과 공과	물류설비에 대한 자동차세, 면허세 등을 추출하여 합산
	지급임차료	물류기기와 설비에 대한 임차료를 기입
	보 험 료	공장 물류시설에 대한 보험료를 기입
	복리후생비	노무비 배분기준을 적용하여 배분
판매비와 관리비	임 원 급 여	물류담당 임원의 급여를 기입
	급 여	물류담당 인원비례로 배분(물류부서가 구분되는 경우는 물류부서 비용만 집계)
	퇴 직 급 여	//
	세금과 공과	트럭에 대한 자동차세, 면허세 등을 추출하여 합산
	지급임차료	물류기기나 설비에 대한 임차료를 기입
	감가상각비	감가상각비 계산명세서에서 물류기기나 설비에 대한 것만 추출하여 합산
	수 선 비	물류기기나 설비에 대한 수선비만 추출하여 합산
	보 험 료	물류기기나 설비에 대한 보험료를 기입
	보 관 료	전액을 계상
	운 반 비	전액을 계상
	지급수수료	물류활동과 관련된 수수료를 추출하여 기입
이자	시설부담이자	투자액의 미상각잔액에 이자율에 곱하여 계산
	재고부담이자	재고의 평균잔액에 이자율을 곱하여 계산

라. 이자계산

자가물류비에 이자를 포함할 경우 시설부담이자와 재고부담이자를 계산해야 한다. 이자 계산은 제조원가명세서 및 손익계산서와는 별도로 자산명세서와 재고명세서를 기초로 하여 계산한다. 계산방법은 일반기준에 의한 이자계산법과 동일하다.

① 시설부담이자

시설부담이자는 투자액의 미상각잔액에 이자율을 곱하여 계산한다. 시설투자액의 미상각잔액은 자산명세서로부터 물류관련 자산을 추출한 후, 이에 대한 계산시점에서의 감가상각액을 차감하여 미상각잔액을 산정한다(식 6-1).

② 재고부담이자

재고부담이자는 재고의 평균잔액에 이자율을 곱하여 계산한다. 재고의 평균잔액은 재고명세서로부터 월별 기초·기말재고액을 기초로 다음 식에 의해 평균잔액을 산정한다(식 6-2).

4 물류비 계산 방법

　기업물류비 산정지침에 있는 비목별 계산을 중심으로 물류비를 계산하는 방법을 설명한다. 물류비 인식기준에 의해 물류비를 인식하되 구체적인 계산방법은 상기 과목의 분류체계에 의해 영역별, 기능별, 자가·위탁별, 세목별, 관리항목별로 전개해 나간다.

1) 단계별 자료 입수 및 계산방법

　물류비 계산방법은 "영역별 → 기능별 → 자가·위탁별 → 세목별"로 계산하는 형태를 띠고 있으나 자료를 식별하여 입수하는 과정은 역(반대)의 과정을 밟게 된다. 〈표 6-7〉은 물류비 계산시스템을 구축하는 경우의 과정을 나타낸 것이다.

〈표 6-7〉 물류비의 비목별 계산과정

[제1단계] 물류비 계산 욕구의 명확화	[제2단계] 물류비 자료의 식별과 입수	[제3단계] 물류비 배부기준의 선정	[제4단계] 물류비 배부와 집계	[제5단계] 물류비 계산의 보고
■ 물류비 계산목표 확인 ■ 물류비 계산대상 결정 ■ 물류비 계산범위 설정	■ 물류비 계산대상별 자료 식별 ■ 물류비관련 회계 자료(세목별) 수집 ■ 물류기회원가 관련자료 입수	■ 물류비 배부기준 결정 　- 영역별 배부기준 　- 기능별 배부기준 ■ 물류비 배부방법	■ 영역별 집계 ■ 기능별 집계 ■ 자가·위탁별 집계 ■ 관리항목별 집계	■ 물류비 보고서 작성 ■ 문제점과 대책 제시 ■ 물류비 정보의 활용 및 피드백

(1) 제1단계 : 물류비 계산욕구의 명확화

① 해당 기업의 물류비 관리 필요성이나 목표에 의거하여 명확하게 해야 한다. 왜 물류비 계산을 해야 하며, 물류비 계산을 통해 무엇을 요구하고 있으며 또한 산출된 정보는 어떻게 활용할 것인가와 같은 물류비 계산의 욕구를 명확히 한다.

② 물류비 계산대상(cost objective ; 물류비 관리단위와 동일한 개념)을 결정한다. 예를 들어, 영역별, 기능별, 자가·위탁별 이외에도 제품별, 지역별, 고객별 등 관리항목별 물류비 계산의 관리단위 또는 집계단위를 말한다.

③ 물류비 계산범위의 설정은 기업에서 물류비 규모를 결정하는 매우 중요한 사항

으로서, 어디까지 물류비를 계산하면 되는가를 결정하는 것을 말한다.

④ 물류비 계산범위는 물류부문에서 갖고 있는 업무상의 책임과 권한에 따라 다를 수가 있기 때문에 부문간 또는 활동간에 중복 또는 분리되어 있는 물류비 관련 영역을 기업 내의 물류특성이나 회계특성에 의해 적절하게 조절해야 한다.

가. 지불형태별 물류비 집계결과

〈표 6-8〉은 사업부별로 지불형태와 세목별 물류비를 집계한 예이다. 기업이 구하고자 하는 범위(판매영역, 지역별, 관리목적별)에 따라서 자료 수집과 분석에 차이가 발생한다.

〈표 6-8〉 지불형태별 물류비의 계산 사례

물류비의 종류				'가'사업부	'나'사업부	본사	합 계
물자유통비	자사지불물류비	자가물류비	재 료 비	4,062,531	155,831	0	4,218,362
			인 건 비	13,772,767	8,475,715	1,024,128	23,272,610
			공공서비스비	0	0	944,953	944,953
			관리 유지비	471,309	370,518	95,117	936,944
			일 반 경 비	0	0	0	0
			이자 시설부담	840,204	1,000,709	82,368	1,923,281
			이자 재고부담	1,108,641	1,483,391	0	2,592,032
		자가물류비 소계		20,255,452	11,486,391	2,146,566	33,888,182
		위탁물류비	2PL	2,531,703	415,945	63,160,063	66,107,711
			3PL	20,409,020	14,367,150	0	34,776,170
	합 계			43,196,175	26,269,259	65,306,629	134,772,063
물 류 관 리 비				4,001,904	1,110,580	0	5,112,484
물 류 비 총 계				47,198,079	27,379,839	65,306,629	139,884,547

나. 관리항목별 물류비 분류

물류비의 과목체계에 따라 메트릭스로 나타내면 〈표 6-9〉와 같이 나타낼 수 있다. 기업이 물류비를 산출하는 범위를 어디까지로 하느냐에 따라 자료수집의 양과 범위, 계산 기간에 차이가 발생한다.

〈표 6-9〉 관리항목별 물류비 분류의 매트릭스 사례

영역별	기능별	지급 형태별	세목별		관 리 항 목				
					부문별	업체별	제품별	물류거점별	운송수단별
판매 물류비	운송비	자가	재료비 노무비 경비	연료비 급료와 임금 제수당 퇴직급여 복리후생비 ·	V V V V V		V V V V V	V V V V V	
		위탁	경비	운반비 지급수료	V V	V V	V V	V V	V V
	보관비	자가	노무비 재고부담이자	급료와 임금 · ·	V V		V V	V V	
		위탁	경비	지급임차료 지급수료	V V	V V	V V	V V	
-- 이하 생략 --									

(2) 제2단계 : 물류비 자료의 식별과 입수

가. 개요

① 물류활동에 의해 발생한 기본적인 회계자료 및 관련자료를 계산대상별로 식별하고 입수한다. 물류비 관련자료는 해당 기업의 계정과목을 중심으로 제공되며, 이 자료는 세목별 물류비의 기초자료에 해당한다.

② 물류비 관련 물량자료로서 물류부문에서 발생하는 업무자료의 종류는 다음과 같다.

* 운송관련 : 영역별/제품별/지역별 운송거리, 운송량(ton·km) 등
* 보관관련 : 센터별/지역별/제품별 보관수량(개·일·m^2), 입·출고회수 등
* 하역관련 : 물류인원의 영역별/기능별/제품별 등의 작업시간, 상하차수량 등
* 포장관련 : 센터별/지역별/제품별 포장수량(개·m^3)

③ 물류비 계산에 있어서 중요한 시설이나 재고의 부담이자를 계산하기 위한 기회원가 관련자료도 별도로 입수해야 한다. 이 자료는 기본적으로 회계부문의 자산명세서 및 재고부문의 재고명세서를 통해 입수할 수 있으며, 필요에 따라서는 물류부문에서 적절하게 관련자료의 수정, 보완을 해야 한다.

④ 물류비 산출을 신속하게 하기 위하여 물류의 영역별 코드(〈표 6-10〉 참조) 기

능별 코드(〈표 6-11〉 참조)를 체계화하여 자료를 수집하고 계산하면 편리하다.

〈표 6-10〉 물류비 산출을 위한 영역별 코드 예

코 드	비 목
1000	조달 물류비
2000	사내 물류비
3000	판매 물류비

〈표 6-11〉 기능별, 세목별 코드 번호 부여 예

코 드	비 목	코 드	비 목
0100	수송비	0300	포장비
0110	자가 수송비	0310	자가 포장비
0111	변동 인건비	0311	변동 인건비
0112	변동 차량비	0312	변동 재료비
0113	고정 수송비	0313	고정 포장비
0150	지급 수송비	0350	지급 포장비
0200	보관비	0400	기타 물류비
0210	자가 보관비	0500	유통가공비
0211	변동 인건비	0600	정보처리비
0212	변동 경비	0700	물류 관리비
0213	고정 보관비		
0250	지급 보관비		

나. 물류비의 집계방법

물류비를 정확하게 계산하기 위해서는 정확한 물류자료를 식별하여 코드별로 집계하면 용이하며 다음과 같이 3단계로 추진하는 것이 바람직하다.

⇒ 1단계 : 규정된 양식에 따라 각 부서에 필요한 자료를 요청한다.

⇒ 2단계 : 요청한 자료가 다 도착하면 이를 토대로 중간 집계표를 작성한다.

⇒ 3단계 : 기본모델에서 요구하는 자료의 고유코드에 대응하는 코드를 가진 자료를 중간집계 표와 각 부서에서 보내온 기초 자료에서 찾아 집계한다.

① 1단계:규정된 양식에 따라 각 부서에 필요한 자료를 요청

먼저 〈양식 1〉에서 〈양식 7〉과 같이 자료의 내용과 양식을 작성하여 각 부서에 자료를 요청한다. 아래 각 양식에는 해당부서에 요청할 정보가 기재되어 있다. 각 양식에 수치가 기입될 란에 적혀있는 코드는 각 숫자의 고유기호로 중간집계표시 이용한다.

〈양식 1〉

〈재경 팀〉 요청 자료

① 제조원가명세서에서

(AS01 - AS27, AA01 - AA17, AC01 - AC27)

(단위:천원)

	가	나	본 사
재료비	AS01	AA01	AC01
노무비	AS02	AA02	AC02
임 금	AS03	AA03	AC03
연구소 임금	AS04	AA04	AC04
시간외 수당	AS05	AA05	AC05
연구시간외수당	AS06	AA06	AC06
연월차 수당	AS07	AA07	AC07
연구연월차수당	AS08	AA08	AC08
급여 및 수당	AS09	AA09	AC09
직고원 상여금	AS10	AA10	AC10
연구소직고원상여금	AS11	AA11	AC11
생산직 상여금	AS12	AA12	AC12
연구소생산직 상여금	AS13	AA13	AC13
직고원 직급여충당금	AS14	AA14	AC14
연구소직고원퇴직급여충당금	AS15	AA15	AC15
생산직 퇴직급여충당금	AS16	AA16	AC16
연구소생산직퇴직급여충당금	AS17	AA17	AC17
임시직 잡급	AS18	AA18	AC18
기 타 잡급	AS19	AA19	AC19
경 비	AS20	AA20	AC20
LPG 사용료	AS21	AA21	AC21
운반비	AS22	AA22	AC22
영선비			
소모품비 중 사무용품	AS23	AA23	AC23
인쇄비	AS24	AA24	AC24
카피대	AS25	AA25	AC25
수선비	AS26	AA26	AC26
기타	AS27	AA27	AC27

(AS28 - AS36, AA28 - AA36, AC28 - AC36)   (단위:천원)

	가	나	본 사
경 비			
재산세	AS28	AA28	AC28
복리후생비	AS29	AA29	AC29
운반장비수리비	AS30	AA30	AC30
전화료	AS31	AA31	AC31
우편료	AS32	AA32	AC32
통신기기보수비	AS33	AA33	AC33
포장비	AS34	AA34	AC34
여비교통비중 유류보조비	AS35	AA35	AC35
차량유지보조비	AS36	AA36	AC36

② 판매비와 일반관리비 명세서에서

(AS37 - AS41, AA37 - AA41, AC37 - AC41)   (단위:천원)

	가	나	본 사
수출제비 중 해상운임	AS37	AA37	AC37
육상운임	AS38	AA38	AC38
항공운임	AS39	AA39	AC39
보험료	AS40	AA40	AC40
지급수수료중 용역수수료	AS41	AA41	AC41

③ 차량운반구

(AC42 - AC65)   (단위:천원)

구입년도	지 게 차		견 인 차	
	가		나	
	감가상각비	미상각잔액	감가상각비	미상각잔액
2000	AC42	AC47	AC52	AC57
2001	AC43	AC48	AC53	AC58
2002	AC44	AC49	AC54	AC59
2003	AC45	AC50	AC55	AC60
2004	AC46	AC51	AC56	AC61
합 계	AC62	AC63	AC64	AC65

주) '16년도 감가상각비와 미상각잔액은 절반만 합산함.

(AC66 - AC89)

(단위:천원)

구입년도	구 내 운 반 차			
	가		나	
	감가상각비	미상각잔액	감가상각비	미상각잔액
2000	AC66	AC71	AC76	AC81
2001	AC67	AC72	AC77	AC82
2002	AC68	AC73	AC78	AC83
2003	AC69	AC74	AC79	AC84
2004	AC70	AC75	AC80	AC85
합 계	AC86	AC87	AC88	AC89

주) '16년도 감가상각비와 미상각잔액은 절반만 합산함.

④ 건물현황 중에서

(AC90 - AC95)

(단위:천원)

	'03년말		'04년말		
	감가상각비	미상각잔액	감가상각비	미상각잔액	면적
가 사업부 나 사업부		AC90 AC91	AC92 AC93	AC94	AC95

⑤ 재무상태표 중에서

(AC96 - AC98)

(단위:천원)

전기말제품재고	AC96
당기말제품재고	AC97
전기말원재료재고	AC98
당기말원재료재고	AC99

〈양식 2〉

(구매 팀) 요청 자료

(I01 - I04)

(단위:천원)

수입해상운송비	수입보험료	수입부품재료비	통관비용 추정비율
I01	I02	I03	04

주) 통관비용 추정비율은 통관시 발생하는 제비용을 수입부품재료비로 나눈 비율임.

〈양식 3〉

( )팀 요청 자료

① 물류인원현황

(01 - 36)

(단위:명)

	조 달 물 류						생 산 물 류						판 매 물 류					
	수송	보관	하역	포장	공급	정보	수송	보관	하역	포장	공급	정보	수송	보관	하역	포장	공급	정보
정규직	01	02	03	04	05	06	07	08	09	10	11	12	13	14	15	16	17	18
임시직	19	20	21	22	23	24	25	26	27	28	29	30	31	32	33	34	35	36

② 물류장비보유현황

(37 - 40)

(단위:대)

지게차	견인차	구내운반차	청소차
37	38	39	40

〈양식 4〉

('가' 사업부 환경관리)팀 요청 자료

① 대당폐기물류비 발생현황

(S01 - S05)

(단위:천원)

	대당발생량	단위당처리비	합 계
폐 주 물 사			S01
폐기합성물외			S02
폐 유			S03
기 타			S04
합 계	S05		

〈양식 5〉

('나' 사업부) 환경관리팀 요청 자료

① 대당폐기물류비 발생현황

(S06 - S10)

(단위:천원)

	대당발생량	단위당처리비	합 계
폐 주 물 사			S06
폐기합성물외			S07
폐 유			S08
기 타			S09
합 계			S10

〈양식 6〉

(생산관리)팀 요청 자료

① 부서별 영선 및 수리비

(M01 - M06)

(단위:천원)

	영 선 비	수 리 비	합 계
수출부품운영팀	M01	M03	M05
부품 운영팀	M02	M04	M06

〈양식 7〉

(관재)팀 요청 자료

① 부서별 자산리스트 중 수출부품 관련 기계장치 및 치공구

(F01 - F12)

(단위:천원)

	당기상각비	미상각잔액
운영 팀	F01	F06
관리 팀	F02	F07
생산 팀	F03	F08
기술 팀	F04	F09
품질 팀	F05	F10
합 계	F11	F12

② 물류장비보유현황 중

(F13 - F19)

(단위:대)

	사용연료	
지 게 차	LPG	F13
	배터리	F14
	디 젤	F15
	합 계	F16
견 인 차	LPG	F17
	배터리	F18
	합 계	F19

③ 파렛트 및 랙 감가상각비

(F20 - F22)

(단위:천원)

파렛트 감가상각비	랙 감가상각비	합 계
F20	F21	F22

④ 보험료

(F23 - F32)

(단위:천원)

	보 험 료	
	건 물 분	부 품 재 고 분
가 사업부	F23	F28
나 사업부	F24	F29
다 물류센터	F25	F30
라 물류센터	F26	F31
수출부품센터	F27	F32

주) 연중 재계약시는 월할 계산하여 연간금액을 산출함.

⑤ 물류센터 감가상각비

(F33 - F40)

(단위:천원)

	감가상각비	미상각잔액
건 물	F33	F35
구 축 물	F34	F36
합 계	F37	F38
기 계 장 치	F39	F40

② **2단계:요청한 자료가 도착하면 이를 토대로 중간 집계표를 작성한다.**

1단계에서 정한 물류비 계산 대상, 욕구, 범위에 맞게 집계를 실시하며, 처음에 기획한 의도와 일치하는 지, 추가로 필요한 부분이 없는 지 검토한다. 〈표 6-12〉는 영역별, 지불형태별 중간집계의 사례이다.

〈표 6-12〉 물류비의 영역별·지불형태별 중간 집계 예

물류비의 종류			조달	판매	사내	합 계
물류비	자사지불물류비	자가물류비				
		재 료 비	320,096	3,898,266		4,218,362
		인 건 비	14,773,267	8,499,343		28,054,507
		공공서비스비	0	944,953		1,071,632
		관리 유지비	769,097	167,847		936,944
		일 반 경 비	0	0		203,908
		이자 시설부담	1,698,689	224,592		1,923,281
		이자 재고부담	2,344,736	247,296		2,592,032
		자가물류비 소계	19,905,885	13,982,297		39,000,666
	지급형태별	2PL	46,477,691	19,630,020		68,208,996
		3PL	34,776,170	0		34,776,170
합 계			101,159,746	33,612,317		141,985,832

주) 사내물류비는 자료 검토 중이므로 최종 집계시 반영

③ **3단계**에서는 코드화에 따라 기본모델에서 요구하는 자료의 고유코드에 대응하는 코드를 가진 자료를 중간집계 표와 각 부서에서 보내온 기초 자료에서 찾아 집계한다.

〈표 6-13〉은 판매물류비 중에서 수송비를 코드화하여 집계한 예를 나타낸 것으로 비목란의 기호가 코드를 뜻한다. 동일한 방법으로 조달물류비, 사내물류비를 기능별로 분류하여 집계한다.

〈표 6-13〉 판매물류비 수송비 집계표 예

(단위:천원)

기능	지급형태별	비목	내 용	금액	적 요
수 송 비 바	자 가 수 송 비	변동인건비 (3111)	운전수·조수·정비원의 급여·임금· 상여(고정급 부분을 제외) 주행·시간외 수당 임시고용원의 잡금 기　타	PS12 PS19	
			소　　계		
		변동차량비 (3112)	연료·유류비 차량수리비 소모품비 도로사용료 기　타	L16	
			소　　계		
		고정수송비 (3113)	운전수·조수·정비원의 급여·임금· 상여(고정급 부분)·퇴직급여 충당금·복리후생비 차고·시설 수선비 차량·시설 감각상각비 차량·시설 제세금 차량·시설 보험료 시설사용료 고정사무소비 기　타	PS26	
	위탁 수송비	자가 수송비(3110) 합계			3111+3112+3113
		지불수송비	2PL 3PL		
		지불 수송비(3150) 합계			3150
	수송비(3100) 합계				3110+3150

　〈표 6-14〉는 판매물류비의 기능별 분류 집계방법 종합표를 코드로 나타낸 것으로서 코드는 〈표 6-10〉과 〈표 6-11〉을 기초하여 부여한 것이다.

〈표 6-14〉 판매물류비의 기능별 분류방법 예

기능 분류	코 드	적 요	금 액
수송비 합계	3100	3110 + 3150	
자가수송비 합계	3110	3111 + 3112 + 3113	
변동인건비	3111		
변동차량비	3112		
·	3113		
지불수송비 합계	3150		
보관비합계	3200	3210 + 3250	
자가보관비 합계	3210	3211 + 3212 + 3213	
변동인건비	3211		
변동 경비	3212		
고정보관비	3213		
지불보관비 합계	3250		
포장비 합계	3300	3310 + 3350	
자가포장비 합계	3310	3311 + 3312 + 3313	
변동인건비	3311		
변동자재비	3312		
고정포장비	3313		
지불포장비 합계	3350		
기타물류비 합계	3400		
하역·유통가공비	3500		
정보처리비	3600		
물류관리비	3700		
판매물류비 합계	3000	3100 + 3200 + 3300 + 3400	

(3) 제3단계 : 물류비 배부기준의 선정

가. 개요

① 회계부문으로부터 물류비관련 회계자료가 입수되면, 계산대상별로 물류비를 계산하기 위해 물류비의 배부기준과 배부방법을 선정하여야 한다. 영역별, 기능별, 관리항목별(예 : 제품별, 지역별, 고객별 등)로 물류비계산을 실시하기 위해서는, 우선 물류비를 직접물류비와 간접물류비로 구분한다.

② 직접물류비는 계산대상별로 직접 전액을 부과하며, 간접물류비는 적절한 배부기준과 배부방법에 의하여 물류비를 계산대상별로 일정액 또는 일정율(〈표 6-15〉 참조)을 배부한다.

<표 6-15> 물류비의 배부기준과 배부방법 예시

배부기준과 배부방법		예 시
배부기준의 종류	물량(수량) 기준	물류서비스의 제공정도에 따라 적절히 배부 - 운송비 : 운송량(ton·km), 운송품개수, 운송시간 등 - 보관비 : 보관면적(m^2), 보관량(m^3·일수), 보관품개수 등 - 하역비 : 종업원수(명), 작업시간(시간), 하역건수·품수 등 - 포장비 : 포장개수, 포장건수, 포장시간 등 - 기타 물류비 : 인력수, 입출고수, 전표발행수 등
	금액기준	물류서비스의 제공정도에 관계없이 일정액을 배부 - 금액 : 원
복수기준의 사용여부	단일기준	물류비 배부기준 중에서 1개 기준만 사용
	복수기준	물류비 배부기준 중에서 여러 기준을 사용
배부방법의 종류	개별배부	물류활동의 특성에 따라 물류비를 개별적 배부
	일괄배부	물류활동의 특성에 관계없이 물류비를 일괄적 배부

(4) 제4단계 : 물류비의 배부와 집계

제2단계에서 입수된 물류비 관련자료와 제 3단계의 배부기준 및 배부방법에 의해 물류비를 배부하여 집계하는 단계이다.

① 직접물류비는 전액을 해당 계산대상에 직접 부과하고, 간접물류비는 선정된 배부기준과 배부방법에 의거해서 물류비의 일정액 또는 일정율을 계산대상별로 배부하고 집계하여 합산한다.

② 영역별 물류비 계산서를 합산하면 전사의 물류비 계산서가 작성되게 된다. 그리고 물류센터별, 제품별, 지역별 등으로 관리항목별 물류비 계산을 할 경우는 이 양식과 동일한 방식에 의해 작성하게 되면 물류비의 집계 및 합산이 용이하다. <표 6-16>은 판매물류비를 기능별, 지급형태별, 세목별 물류비 계산 방법을 설명한 것이다.

〈표 6-16〉 비목별 물류비 계산방법 설명

물류비 비목				계산방법
영역별	기능별	지급형태별	세목별	
판매 물류비	운송비	자가	재료비 — 연료비	차량 등의 운송용 시설·기기에 대해 전액 부과
			노무비 — 급여퇴직급여	운송 관련부문에 대한 급여를 직접 부과하거나 배분을 통해 계산
			경비 — 감가상각비	운송용 설비에 대한 감가상각비를 감가상각비시스템에서 구분하여 이체
			이자 — 시설부담이자	운송차량별 미상각잔액에 이자율을 곱해서 합산
		위탁	운송비	사외에 운송료로 지불한 전표로 구분 및 합산
	보관비	자가	— —	—
			이자 — 재고부담이자	(원재료 및 제품의 월평균 재고금액)×이자율로 계산
-- 이하 생략 --				

(5) 제5단계 : 물류비 계산의 보고

물류비 계산을 체계적이고 전사적으로 실시하기 위해서는 기업자체의 물류활동의 특성에 알맞는 '물류비 계산지침'이나 '물류비 계산기준'과 같은 물류비 산정기준을 제도화시키는 것이 바람직하다.

① 물류비 계산의 실시에 따른 보고서를 계산대상별로 작성함과 동시에 이 내용을 종합하여 물류활동에 관한 물류비 보고서를 제출하는 단계이다.

② 물류비 보고서는 「물류비 계산서」를 전사 차원에서 합산하여 전사 물류비 보고서를 작성하면 된다.

③ 영역별, 기능별, 자가·위탁별 보고서를 비롯하여 물류센터별, 제품별, 지역별 등의 관리항목별 물류비 보고서를 작성하게 되면, 산출된 물류비 정보를 이용하여 물류의사결정이나 물류업적평가에도 매우 유용하게 활용할 수 있다.

2) 물류비계산사례

(1) 자사기준으로 산출하는 기업의 물류비집계사례

가. 직접활동 물류비

기능	영역 및 내역	계정과목	관리	집계방법	비고
수송비	**조달** 수입품 수송비, 보험료, 보관료, 하역비 등	미착품 계정의 구분사항중 국내운반비, 해상(항공)운임, 보관료, 하역비, 입고료, 입항료, 지체료, 취급비, 통관료, 화물료, CONT세, 검정료, 부두시설사용료, 엄수입검사료, 출고료, 파출검사료, Shifting Charge, THC, 기타부대비	가능	*월별금액조회 → 직업리스트 → 1461(미착조회) → 차변금액	14613107 14613109 14613111 14613113 14613115 14613117 14613121 14613123 14613125 14613127 14613133 14613135 14613137 14613139 14613141 14613143 14613145 14613147 14613155 14613165 14613169 14616101 14616103 14616105 14616107 14616109 17452507 17452509 17452511 17452513 17452515 17452517 17452521 17452523 17452525 17452527 17452533 17452535 17452537 17452539 17452543 17452545 17452555 17452569
	※ 물류비 제외 : B/L대, 판세, 무역협회비, 석유수입부담금, 송금수수료, 인수수수료, 추심수수료, 환가료, Cable Charge, CFS Charge, Grace Charge, L/C Amend, L/G 보증료, L/G Charge, Open Commission, Term Charge, Usance 이자 등				
	사내 의약사업관련 수송비, 지게차 등 사용비용	운반보관비 사내수송비 53730100	가능	전표 기재내역을 통한 집계	
	자재, HYPO, 염산, 가성소다 등 사내 수송비		가능	회계계정을 통한 집계	
	내수 제품, 상품 SAMPLE 국내 수송비	운반보관비 내수수송비 53734100	가능	회계계정 및 전표 기재내역을 통한 집계	현재 운반보관비계정은 운반비와 보관비 구분 없음. 운반비 정산 내역(물량, 거래처 등) 파악 어려움.

기능	영역 및 내역		계정과목	관리	집계방법	비 고
포 장 비	내수/수출	포장용품 입고액	재료비(원재료비, 기타) 51010101 + 51010111 중 지재코드 43000000 ~ 43999999 까지만	가능	직접재료비중 포장용품 출고금액	· 포장LOSS, 포장작업량 등 파악 어려움 · 타사 DRUM 사용 파악 어려움
		제대용품 사용액	소모품비-제대용품 53516905(지재그룹 : 760000)	가능	간접재료비중 제대용품 출고금액	
	내수	요소 포장용비	포장비-내수포장용역비 54630101(COST CENTER : 3U113 만)	가능	회계계정과목 및 전표기재내역을 통한 집계	· 청우물류 용역비 · 요소포장 위탁비
	내수/수출	제품 포장용비	포장비-수출포장용역비 54630103	가능		· 투게더 포장용역비
			※ 투게더 포장용역 : 원가부문중 Tank Term, 메셀믹스, 엘라민, TMAC 부문을 물류비로 처리 53752501 (COST CENTER: 3U114 엘라민과, 3U151 메셀믹스과, 3U202 TMAH, 3U812 전력물류)			
유통 가공비	용역비	벗장암모니아 주입작업비용	지급수수료 NH3벗장용역비 53752700	가능	회계계정을 통한 집계	
하 역 비	내수	공요, 엘라민 출고상차용역비	운반보관비 내수하역비 + 상차비 53735300 53734700	가능	회계계정과목을 통한 집계	청우물류용역비
	수출	수출판매관련 검수, 상차, 하역, 통관 등	운반보관비 수출하역비 53735500			
보 관 비	내수	창고 보관 및 상하차 등 비용	운반보관비 내수보관비 + 기타 53734900	가능	회계계정과목을 통한 집계	
	수출	해외 TANK 임차료	운반보관비 수출보관비 53735100	가능	전표기재내역을 통한 집계	보관비 구분계정 필요

기능	영 역 및 내 역	계정과목	관리	집계방법	비 고
수송비	제품수출 해상수송비, 제품수출 해상수송비, 보험료, CONT세, D/F, THC 등 수출 내륙수송비 (울산→부산)	[판권] 운반보관비 제품수출운반[판권] 지급수수료 수출제수수료운반보관비 수출수송비 53734300 53734500 53736900	가능	회계계정 및 전표 기재 내역을 통한 집계	현재 운반보관비계정은 운반비와 보관비 구분 없음 운반비 정산 내역(물량, 거래처 등) 파악 어려움

※ 물류비 제외 항목 : 판매알선수수료, L/C통지수수료, 송금수수료, 추심수수료, LESS CHG, 판매장려금, 통지수수료, 외환차손, 판매대금입금수수료, 담보물감정평가)수수료, 보증수수료 등

나. 지원활동 물류비

기능		비용항목 및 내역	계정과목	관리	집계방법	비고
물류관리비	보험료	공장 PACKAGE보험료	보험료 (53710100~53716969)	가능	(式)보험료×물류자산건설비/총감상비	
	용역비	물류컨설팅 비용	지급수료 일반용역비 건설팅비 (53752517) ①번방법사용		회계계정을 통한 집계	·충인역 (대전 포함)
		정보시스템(SDS)인건비	전산비-용역비 SDS (54130100) ①번방법사용	가능	(式)SDS인건비총액×물류인역/총인역	
		기관사, 조타수 인건비 [3U113.3U115]	잡금 일용 (53090103)		전표기재내역을 통한 집계	
	투자비	물류자산 투자에 대한 금융비용	건설중인 자산 (제표충진장, 창고, 저장TANK 등) (54990100) ①번방법사용	가능	전표기재내역을 통한 집계(5대원가) (式)건설가계정×사내조달금리	
	일반경비	직접물류활동비 제외한 물류팀 경비	소모품비-사무용품 53510101 / 소모품비-공장소모품 53516907 / 소모품비-경유 53516913 / 여비교통비-출장비 53630500 / 세금과공과국민보험료 53691100 / 도서인쇄비-일반도서 53830100 / 교제비-접대비 54010100 / 회의비-과회의비 54030103	가능	물류팀, 물류개선/F 일반경비 ※ 물류팀, 물류개선/F의 모든 경비는 물류비에 포함	
재고비용		재고자산의 보유에 따른 금용이용	제품, 상품, 연재료, 저장품, 미착품, 부재료, 재공품, 반제품, 부제품, 시재품	가능	(式) B/S 재고조액×사내조달금리/12개월(회계→재무회계→F주기업무→총계정원장→대차대조표)	
물류관리비	동력비	전력비, 증기대, 용수비	81000032 전력 / 81000033 증기 / 81000034 용수	가능	전력비, 증기대, 용수비 *원가부문증 자채지원, Tank Term, 포장요소, 수입NH3, 수입MeOH 부문	·제조원가 총괄표상의 동력비
		수소배관 및 공단지하 배관 방식대	지급수료 기타 (53756969) ①번방법사용	불가능	전표기재내역을 통한 집계	

기능		비용항목 및 내역	계정과목	관리	집계방법	비 고
물류관리비	수선비	물류설비 수선비	수선비 (53490100-53493103)			·멜라민, 메셀루스 등 파악 어려움
		정비 임차료(공무부)	임차료 정비임차료 (53770107-53770108)	가능	회계계정 및 전표기재내역을 통한 집계	
		청원선 보수	수선비 청원선보수 (53496901) ①변별사용			
	임차료	사무실 임차료	사무료 임차료 (53770101) ①변별사용	가능	(式)사무실임차료×물류인원/총인원 단, 인원은 서울, 부산 기준	
		항만부지사용료	임차료 국유지사용료 (53776901) ①변별사용	불가능	전표기재내역을 통한 집계	
		요소포장 정비임차료	임차료 정비임차료 (53770107-53770108)	가능	회계계정과목을 통한 집계	
		C40l송배관·부지점용료	임차료 사유지사용료 (53776903) ①변별사용	불가능	전표기재내역을 통한 집계	
인건비	인건비	물류활동에 대한 총인건비	53010101 급료 53050101 상여금-정기상여 53050109 상여금-설날상여 53070101 퇴직금-중당근전입액 53410101 복후비-년월차수당 53410300 복후비-개인연금 53410700 복후비-의료보험료 53412700 복후비-식대지원	가능	(式)부서별 총인건비×부서별 물류업무비율	별첨1) 참조
내수		KPP 파렛트 임차료	임차료-파렛트 53776905	가능	회계계정과목을 통한 집계	

(2) 기업물류비계산지침을 활용하여 계산하는 기업의 사례

T社의 2005년도 1/4분기 물류비 계산사례(기업물류비 지침 활용의 경우)

영역별 / 형태별	운송비 (주원료, 자재, 소재, 제품 등을 물적 설비와 노동력을 이용 운반)			하역비 (주원료, 자재, 소재, 제품 등을 물적 설비와 노동력을 이용 상, 하차 선별)			보관비 (주원료, 자재, 소재, 제품 등을 물리적으로 보존하고 관리)			포장비 (제품의 가치 및 상태를 보호하기 위한 내장, 외장 작업)			물류정보비 (상, 물 유통 관련 정보를 처리, 전달)			일반관리비 (물류 제반 활동들의 계획, 조정, 통제)			계	비고
	항목	수량	금액	항목	수량	금액	항목	수량	금액	항목	수량	금액	항목	수량	금액	항목	수량	금액		
조달 인건비																구매, 해외 ₩9,393				
소계																	4	37,580	37,580	
경비	창고료(1水) 창고료(수입)		169,020 60,123	자재선입비		25,494	창고료제경비 창고청고 사내부인이자 ₩5,444,282	102,080 4,357												
소계		-	229,143		-	25,494		-	106,437											
계		-	229,143		-	25,494		-	106,437			-			-			4	37,580	254,637	
생산 인건비										포장반장 ₩3,000		144,000				생산관리 외주팀 ₩9,001	5	45,005		
소계		-	-								48	144,000					8	72,008	261,013	
경비	외주운반 완품 재운반 자재운반비외	13,000	471 10,761 1,113	자재선입비			제품비	1,596	54,763	박스 구입 外		75,882					13	117,013	261,013	
소계		13,000	12,345					1,596	54,763	포장반 인쇄	-	75,882					13	117,013		
운영리베		13,000	12,345	자재선입비		106,744				계약직	-	88,461					-	-	142,790	
소계		13,000	12,345			106,744					-	88,461							195,205	
계		13,000	12,345			106,744		1,596	54,763		48	308,143		-	-		13	117,013	599,008	

구분		출하장			원구입 外		홍보비(영화, 해외)			영업부 해외사업		
직접기사 비용	인건비	9,563	9,563					-	-		₩9,39E ₩9,39E	27 2	253,665 18,790
소계											29	272,455 473,908
판매유비	경비		2,426	자료파리비용 박스작업비용 배트팩포장 재용광고선센터야 재용광고선센터야	₩4,590,102	1,709 90,000 4,200	함구인 外	122,686	33,732			29	272,455
소계			2,426		3,467			-	-				
용역재발비 수출판리 外	내수용출하비	783,493 61,921		지각비용 창고 불어인건 外		25,784 22,498	kop비지배비용		24,974	수취(매인명내세) 영업영소 울산영소 광주영소 vsk보수비	임대료 임대료 임대료	-	27,576 6,229 848 1,301 150 269,300
소계		945,414	2,426		48,182			24,973	33,732			-	36,104 954,673
계		857,433			243,509	20		147,059	33,732	108,989	95,090	36,104 29	308,559 1,697,881
인건비		9,563			191,860	20		144,000	-	-	-	46	427,048 772,501
경 비		14,771	13,000		3,467			198,368	33,732	268,189	97,505	-	- 518,527
용역재발비		1,074,557			180,420			113,434	-	-	-	- 36,104	1,404,515
계		1,095,921	13,000		375,747	20		455,802 48	33,732	268,189	97,505	46 463,152	2,695,543

2) 물류비 계산실태 및 관리방법

(1) 물류비 계산 실태

로지스파크 닷컴에서 물류비를 산출하고 있는 36개 기업을 대상으로 물류비 설문조사를 실시한 결과를 다음과 같이 정리[8]하였다(〈표 6-17〉 참조).

① 기업들은 물류비 계산기준을 건교부 또는 상의 매뉴얼 보다는 독자적인 방법으로 계산하고 있으며(70%), 물류비 계산은 전산·수작업을 병행하여 계산하고 있다(58%).

② 물류비 산출결과 보고 및 활용기간은 1개월 단위로 수행하는 기업이 50%를 차지하고 있다.

③ 물류비 계산시 가장 어렵다고 느끼는 부분은 기능별 구분(58%), 세목별 구분(25%) 순으로 나타났다.

④ 조달 물류비 계산은 건별로 처리하고 있는 업체와 조달물류비 계산시 제외하고 있는 업체가 각각 41%를 차지하고 있다.

⑤ 물류비 계산 기준 중 적합한 방법을 묻는 질문에서는 관리가능과 불가능을 구분하여 계산 활용할 수 있는 방법을 원하는 기업이 68%를 차지하고 있다.

기업이 물류비 계산에 있어서 영역별 구분과 세목별(특히, 포장비) 구분에 어려움을 겪고 있다는 것은 지침의 내용을 좀 더 세부적으로 업종별 범례를 들어 제시하여 기업들이 활용할 수 있도록 할 필요가 있으며, 기업입장에서는 물류기능별 산출방식보다는 물류비의 계산을 관리가능과 관리불가능을 구분하여 활용할 수 있는 방법(시트 또는 양식 등)을 제시하는 것이 활용에 도움이 될 것으로 추론할 수 있다. 기업의 물류비를 쉽게 산출하면서 관리에 활용할 수 있는 관리가능성 여부에 따른 계산방법이 필요하다는 것을 시사해 주고 있다.

---

8) http://www.logispark.com

〈표 6-17〉 설문조사 항목 및 주요요인

No	항 목	주요 요인(%)	비고
1	우리 회사의 물류비 계산기준은 다음 중 어느 것에 가깝습니까?	(1) 건교부, 기업물류비 계산에 관한 지침(20) (2) 생산성본부 계산준칙(5) (3) 대한상공회의소 매뉴얼(5) (4) 기타 (회사의 독자적 방법 등)(70)	
2	물류비의 산출은 담당하고 있는 부서는?	(1) 물류부서(66) (2) 회계부서(경리, 재경부 등) (3) 기획부서(17) (4) 원가관리 부서(17)	
3	물류비 산출의 전산화·정보화 정도는?	(1) 전체적으로 정보화(17) (2) 일부 전산화, 일부 수작업(58) (3) 수작업(25) (4) 기타	
4	물류비 산출결과의 보고(및 활용) 기간은?	(1) 1개월 단위(50) (2) 3개월(33) (3) 6개월 (4) 필요할 때 마다(17)	
5	물류비 산출결과 활용하는 부분에 전부 체크하여 주십시오.	(1) 물류원가관리(50) (2) 물류예산관리(67) (3) 물류 채산성분석(50) (4) 가격결정(17) (5) 기타(거점조정 등)(33)	
6	물류비 전표의 입력 및 처리방법은?	(1) 각 부서에서 해당전표 발생 시 구분 입력(58) (2) 각 부서에서 전표를 입력하면서 별도 작성(8) (3) 회계 관련 부서에서 별도 구분(17) (4) 기타(ERP상에 Transaction 발생시 자동입력)(17)	
7	물류비 계산시 가장 어려움을 겪고 있는 부분이 있다면?	(1) 영역별 구분(조달-사내-판매)(8) (2) 기능별 구분(운송-보관 및 재고관리-포장-하역)(58) (3) 세목별구분(재료비-노무비-경비-이자)(25) 　예 : 포장비의 세목별 구분이 이루어져 있지 않다. (4) 기타(업태별 선정)(8)	
8	조달 물류비 계산은 거래가격 계산에 포함되어 있어서 (도착도 기준) 운송비가 누락되거나 산출의 어려움이 많다. 귀사는 어떻게 처리하고 있습니까?	(1) 각 건별로 구분하여 처리하고 있다.(41) (2) 별도로 구분하지 않고 있으며, 조달물류비 계산시 　　제외하고 있다.(41) 　* 구매금액(매입원가) 결정시만 고려 (3) 회사에서 기준을 작성하여 일정비율로 처리하고 있다.(17) (4) 기타 (　　)	
9	다음의 판매 물류비 중 현재 계산하여 활용하고 있는 것에 전부 체크하여 주십시오.	(1) (협의의) 판매 물류비(100)　　(2) 반품 물류비(41) (3) 회수 물류비(18)　　　　　　　(4) 폐기물류비(25)	
10	우리 회사의 물류비 작성 범위는?	(1) 전사적(33)　(2) 사업(본)부(58)　(3) 지역별 (4) 기타	

No	항 목	주요 요인(%)	비고
11	우리 회사는 사내물류비와 생산물류비를 구분하여 계산하고 있다		예 아니오
12	우리 회사는 물류비 계산에 (일반기준, 간이기준)을 사용하고 있다.		
13	우리 회사는 물류비 인식기준을 (발생기준, 현금주의)에 준거하고 있다.		
14	물류비계산 기준 중 어느 것이 가장 적합하다고 생각하는 가?	(1) 생산성본부 계산준칙 등(8) (2) 건교부 물류비 계산지침(17) (3) 관리가능과 불가능을 구분하여 계산활용(58) (4) 기타(7)	
15	그 외 물류비 계산에 어려운 점이 있다면?	정확한 세목별 구분이 어렵다. 기능별 구분에 대한 임의 적용을 하고 있어서, 기준을 작성해주면 좋겠다. 전산시스템 구축시 항목 선정이 까다롭다 시스템 상으로 추적이 어려운 항목이 발생하고 있다. (실무 담당자는 알고 있지만....) 성격상 물류비용이지만, 평가지표 관리상의 문제로 일부비용에 대하여 부서간 이체부분이 물류비로 집계되지 않고 있다.	

(2) 물류비 관리방법

가. 경비항목별 물류비 관리[9]

해운물류연구지에 게재된 제조기업의 물류비관리방안에 관한 연구 중에서 물류비관리관련 부분에 대하여 전제한다.

물류비를 절감하기 위해서는 예산이나 표준에 의한 물류비 관리제도가 유용하게 이용될 수 있다. 예산이나 표준에 의해 물류비를 관리를 하게 되면 실적물류비와 대비함으로써 물류비 증감요인을 분석하고, 이를 기초로 물류비 절감을 위한 물류개선활동을 추진할 수 있다.

기업의 이윤창출을 목적으로 기업의 순수변동비와 관련된 경비항목별로 물류비용 절감을 위한 수단과 개선 프로세스를 제시하면 [그림 6-6]과 같이 나타낼 수 있다.

---

9) 박석하(2004), 제조기업의 물류비관리방법에 관한 연구, 해운물류연구, 제43호.

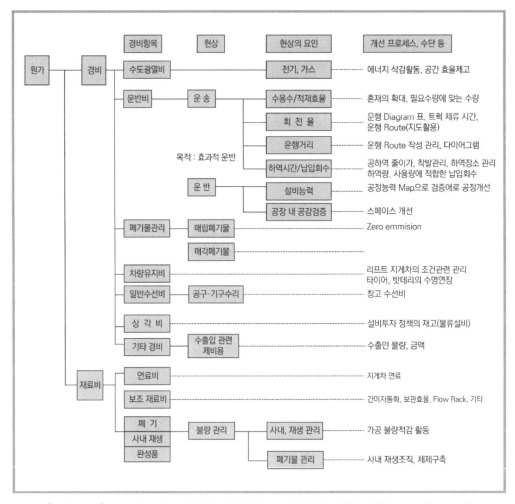

[그림 6-7] 순수변동비중 경비항목에 미치는 물류현상 요인과 개선 프로세스, 수단

이 그림은 경비항목별로 분류한 후 경비항목별 영향을 미치는 현상과 그 요인을 분류하고 개선을 위한 프로세스 또는 수단을 제시하였다.

경비항목을 수도광열비, 재료비, 운반비, 폐기물관리, 차량유지비, 일반수선비, 상각비, 기타 경비로 구분할 수 있다. 예를 들면, 수도광열비를 발생시키는 요인은 전기, 가스 등으로 나눌 수 있다. 이를 해결하는 개선 프로세스, 수단은 에너지 절감활동, 공간 효율제고를 통하여 에너지비를 줄일 수 있다.

운반비는 운반활동으로 나타나며 목적은 수용수 효과, 적재효과, 운행효과, 하역공수의 효과로 나타나며 적재효율의 경우는 혼재의 확대를 통해, 회전율은 운행 다이어그램, 트럭의 체류시간을 통하여 운행거리는 운행루트의 맵(Map)화, 하역시간은 공하역 줄이기, 도착출발관리, 하역장소관리 등의 프로세스 개선을 실시하여 비용을 줄이고 효율화를 도모할 수 있다. 사내 운반비를 줄이기 위해서는 레이아웃 개선과 설비능력을 향상시켜야 한다.

그 외 경비 항목도 [그림 6-7]을 참고하여 물류비 계산과 물류효율화를 기하는 활동을 수행할 수 있을 것이다.

나. 노무비 항목에 나타난 물류비 관리

좋은 원가관리시스템이란 정보이용자가 쉽게 이해하고 판단할 수 있어야 하며, 현장의 보다 정확한 원가정보를 의사결정권자에게 제공할 수 있어야 한다.

기업에서는 아직까지 노무비 부문을 주요 비용 삭감수단으로 인식하고 있다. 노무비가 물류에 미치는 영향과 개선 수단 및 프로세스를 [그림 6-8]과 같이 나타낼 수 있다.

노무비에 미치는 물류요인을 전개하는 방식을 보면 총 공수와 유실공수, 특정특별 공수로 구분한다.

예를 들어 먼저 총 공수를 분석하여 보면 작업원단위와 편성효율로 구분한다. 작업원단위 내역의 요인을 보면 정미작업, 부수·부대작업, 주행, 작업편차, 품질, 독촉·결품 대응으로 구분할 수 있다.

이를 개선하기 위한 개선프로세스로는 정미작업은 자동공급·사용수량에 따른 화물량 작업으로, 부수·부대작업은 중량물, 대차교체 등 정위치, 정량공급, 왕복횟수 집약을 통하여, 주행은 주행루트 개선과 간이자동반송으로 작업편차는 도착 출발관리 화물량의 평균화, 창고·선반의 개선, 화물량의 평균화로 품질은 오품·결품·흠 등이며 독촉·결품 대응은 미납대책, 공급시간관리, 장소의 집약, 가공부품관리를 들 수 있다.

유실공수는 노무비를 구성하는 공수 중에서 자신의 책임이든 다른 사람의 책임이든 일을 하지 못한 것으로 효율 분석 시 개선프로세스 항목으로 선정하여 집중적으로 관리함으로써 능률화를 꾀할 수 있다.

특정·특별공수는 판매물류 측면에서 공급자인 사내생산부서의 원인으로 물류의 애로사항이 발생한 것에 대한 개선 프로세스를 제시한 것이다.

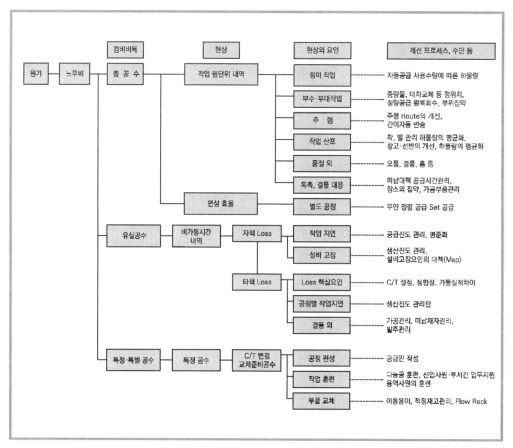

[그림 6-8] 노무비 항목에 미치는 물류 요인과 개선 프로세스 및 수단

제7장 환경원가 계산과 관리

환경회계영역에는 환경재무회계, 환경보고서, 환경감사, 환경관리회계로 나눌 수 있으며, 환경물류비 계산에는 최적품질수준을 고려한 품질비용의 개념을 도입하여 실시하는 경우[1]도 있으나 본 장에서는 환경원가회계계산방법을 환경부 "2006 환경회계가이드라인[2]"과 KSIISO14051:2011로 규격화된 MFCA(Material Flow Cost Accounting)[3]를 정리하여 환경문제와 원가를 동시에 해결할 수 있는 방법을 제공하고자 하였다.

1 환경원가회계

2006 환경회계 가이드라인을 발췌 정리하였다.

1) 환경회계

(1) 환경회계의 이해

① 환경회계는 기업이 경영활동에서 발생하는 환경영향을 줄이기 위한 다양한 활동에서 발생하는 환경원가(environmental cost)와 효익(benefit)을 인식

---

1) 박석하(2007), 환경물류비계산과 성과지표 활용에 관한 사례연구, 해운물류연구 52호.
2) 환경부(2006), 환경원가회계 가이드라인, 환경부.
3) KSIISO14051:2011

(identification)하고, 측정·배분함으로써 내부 의사결정자와 이해관계자에게 올바른 의사결정을 위한 정보를 제공하는 일련의 체계를 말한다.

② 환경회계는 〈표 7-1〉에서와 같이 정보활용 대상에 따라 환경관리회계와 환경재무회계로 구분되고, 측정단위에 따라 화폐적 정보 또는 물량적 정보 두 가지 영역으로 나눌 수 있다.

〈표 7-1〉 환경회계 분류체계

		정보의 측정단위	
		화폐(monetary) 단위	물량(physical) 단위
정보활용 대 상	내부 의사결정자	환경관리회계	물량적 환경관리
	외부 이해관계자	환경재무회계	물량적 환경재무회계

③ 환경관리회계는 제품원가 결정, 제품구성(product mix) 결정, 환경설비투자 도입 타당성 검토 등과 같은 의사결정을 지원한다.

④ 환경재무회계는 기업의 환경경영 노력과 성과정보를 이해관계자에게 전달한다.

(2) 전통적 회계방식의 한계

첫째, 전통적인 회계방식으로는 기업활동에서 발생하는 환경비용의 소재와 규모 파악에 한계가 있다. 즉, 환경관련 설비의 도입이나 관련기술 개발에 따른 환경비용이 간접비로 처리됨으로써, 구체적인 환경비용의 소재와 규모파악이 어렵다.

둘째, 기업 외부에서 발생하는 환경비용을 내부화하는 것이 곤란하다는 점이다. 예컨대 법규위반에 따르는 벌금과 같이 명확히 파악되는 사적비용(private cost)은 계상되지만, 생산활동으로 인한 대기나 수질, 토양 오염 등은 생산원가에 반영되지 않고 있으므로 정확한 환경비용을 계상하고 있다고 볼 수 없다.

셋째, 기업의 환경활동 및 성과에 대한 이해관계자들(stakeholders)의 정보 요구를 만족시키는 데 한계가 있다. 기업의 환경성과에 대한 주주, 금융기관, 소비자, 정부, 민간단체 등의 관심이 높아지고 있다.

(3) 환경회계 필요성

전통회계방식이 한계를 극복하고 환경관련 지출과 환경활동의 성과를 누구나 알 수 있는 화폐단위의 정보를 요구하는 이해관계자의 요구가 증가하고 있다.

2) 환경원가

(1) 용어 정의

가. 환경목적과 환경성과

① 기업의 환경목적

환경영향을 최소화하면서 환경효율(Eco-efficiency)의 제고를 통해 기업가치를 극대화하는 것이며, 제한적인 자원을 이용하여 환경영향을 최소화하면서 이를 통해 기업가치를 극대화는 것이다.

② 기업의 환경활동

기업의 모든 활동의 총체적인 환경영향으로 정의된다. 기업은 이러한 환경활동을 통하여 환경영향을 감소시키고, 환경성과를 개선시키고자 다양한 활동을 수행한다. 이러한 환경활동에 사용된 자원이 환경원가(environmental cost)이다. 따라서 환경원가 분류는 환경활동 분류와 일치한다.

나. 환경원가의 정의

'기업이 경영활동에서 발생하는 환경오염(대기, 수질, 폐기물, 토양 등)을 처리하거나, 원천적으로 저감하기 위한 사전예방 활동, 그리고 이해관계자에 대한 환경관련 활동 및 법적의무 준수 등에 투입된 자원(인적, 물적 자원)'으로 정의할 수 있다.

환경규제를 위반하여 발생하는 벌금과 벌과금, 그리고 과거의 환경피해와 오염으로 인한 손실과 손해의 결과로 제 삼자(피해 당사자)에게 지급하는 보상금, 법정 소송비 등은 환경손상원가(environmental damage costs)로서 환경원가에 포함된다. 환경손상원가(environmental damage costs)란, 기업이 오염물질을 제대로 처리하지 않거나 사고로 발생하게 된 각종 법규위반, 환경사고 및 피해에 대하여 벌과금, 환경소송 및 손해배상, 복구 등에 지불하게 되는 원가이다.

다. 환경투자

환경투자는 설비 및 기계장비의 취득원가로 구성되지만 유형자산의 취득에만 한정하지 않고 연구개발비(R&D 투자)와 같은 무형자산도 포함한다.

라. 사회적 비용

사회적 비용은 기업의 경제활동으로 인해 발생한 비용을 시장의 부재로 기업이 지불하지 않고, 사회가 지불했을 때 발생한다. 즉, 기업의 경영활동에서 발생한 환경오염의 사회적 비용에 대하여 기업이 그에 상응한 비용을 지불하지 않게 된 경우, 이를 사회적 비용이 발생하였다고 한다.

(2) 환경자산·설비 분류 기준

① 구입 때부터 환경으로 분류된 자산, 환경자산으로 분류할 수 있다.
② 구입시나 사용시 환경목적 뿐만 아니라 가동률 향상, 수율향상 목적 등 복합적 목적을 가진 자산의 경우에는,
  - 전체를 환경자산으로 분류할 수 있는가,
  - 몇 퍼센트를 환경자산으로 분류할 것인가,
  - 복합자산인 경우 환경자산으로 분류를 하지 않을 것인가
  등의 의사결정을 하여야 한다.

가. 사전예방 자산·설비
① 대기

대기환경과 관련된 사전예방시설의 대표적인 것으로는 회수시설을 들 수 있다. 여기에는 미반응 가스상 원료물질을 대기환경으로 배출하지 않고 회수하기 위한 설비 즉, 정제 타워 등이 속한다.

② 에너지

에너지와 관련된 시설, 특히 에너지 회수를 위한 시설은 대부분 사전예방시설로 분류할 수 있다. 그러나 발열반응 반응기의 에너지 회수시스템이나 반응, 정제타워 등의 feed stream 예열을 위해 bottom 열 교환기를 거치는 경우, 이 열교환기는 에너지 회수 목적에 앞서 운전목적이 더 크므로 사전예방시설에

서 제외한다.

③ 수질

수질분야의 사전예방시설로는 폐수 재이용 시설을 들 수 있다. 즉, 폐수 배출 시설 및 방지시설설치 허가증의 "폐수 배출 및 처리계통도" 상에서 폐수 재이 용/재활용 설비로 등록한 시설을 의미한다.

④ 폐기물

폐기물 관련 시설 중 폐기물 회수시설이나 설비가 사전예방시설로 분류될 수 있다. 단, 폐기물은 액상 및 고형 폐기물만을 의미하고 가스상 폐기물은 제외 하는 것으로 한다.

나. 사후처리 자산·설비

① 대기

대기배출시설 및 방지시설 설치허가증에 등록된 방지시설 및 모든 방지시설의 부대시설(blower, water circulation drum/pump, stack 등)은 모두 이에 해당된다. 대기환경보전법에서 규정하는 대기배출시설 및 방지시설 설치허가 규모 미만의 시설인 경우도 대기오염사후처리 목적으로 설치되거나 운영되는 시설도 이에 해당한다.

② 수질

폐수 배출시설 및 방지시설 설치허가증의 "폐수 방지시설 처리 계통도"에 포함 된 시설은 모두 폐수처리시설로 분류한다. 단, 공정용수 정제시설은 제외한다. 공정중의 각종 폐수 집수조, 폐수이송 펌프도 폐수 방지시설에 포함된다.

③ 폐기물

폐기물 처리시설은 폐기물 관리법에서 규정하는 폐기물 처리시설 설치승인을 받거나 신고를 득한 시설을 의미하고 폐기물 저장시설도 포함된다.

(3) 환경원가 분류 : 환경활동에 의한 분류

환경관련 원가는 〈표 7-2〉에서 와 같이 사후처리활동원가, 사전예방활동원가, 이해관계 자활동원가, 법규대응 및 환경복원활동원가 등 네 항목으로 대분류 된다.

가. 사후처리 활동원가(end-of-pipe activities costs)

대기오염 및 수질오염 처리를 위한 시설·설비에 소요된 비용, 폐기물 처리 관련 발생 비용, 기타 소음이나 진동 및 토양오염과 관련된 시설·설비에 소요된 비용을 포함한 사후 처리에 대한 일상적인 운영 및 관리비용 등이 이에 해당한다.

① 사내시설운영비용

환경목적에 따라 사후처리 자산으로 분류된 설비의 운영비용으로 감가상각비, 인건비, 전력·연료비, 유지·보수비, 용수비 등이 이에 해당한다.

- 감가상각비는 환경목적에 따라 사후처리 자산으로 분류된 설비에 대해 기업 자체의 감가상각 기준에 따라 집계한다.
- 인건비는 사후처리시설을 유지·운영하는데 투입된 인력의 인건비를 말한다. 투입되는 인력은 대부분 그 시설에만 투입되는 인력이 아니라 다른 시설의 운 전에도 관여하고 있으므로 설문조사 등을 통해 투입시간을 산정한 후 인건비 를 계상한다.
- 전력·연료비 또한 사후처리시설 운영에 소요된 전력 및 원료비로 해당시설에 투입된 전력·원료비의 비율을 산정하여 계산하도록 한다.
- 유지·보수비는 해당 시설의 유지 및 보수를 위해 소요되는 정비자재비, 약품 비, 지불수선비 등이 해당된다.

② 위탁처리비용

사후처리 활동을 위해 외부업체에 위탁하는 비용으로 폐기물 및 오폐수 위탁처 리비용, 폐기물 수집·운반·분류를 위한 외주용역비 등이 이 분류에 해당된다.

③ 기타 비용

위에 언급한 것 이외의 사후처리 시설 관련 비용은 기타로 분류될 수 있다.

나. 사전예방 활동원가(pollution prevention activities costs)

사전예방활동은 제품개발, 원재료 조달, 제품 생산, 폐기물 처리 및 부산물 재 자원화 등의 모든 과정에서 환경오염물질 발생을 원천적으로 방지, 최소화하여 환경보전 및 자원 효율 향상을 통한 원가절감 효과를 목표로 하는 청정생산(cleaner production) 활동으로 다음과 같다.

① 환경경영 관련 비용

이 비용항목에는 환경경영시스템(EMS) 설계, 구축, 실행, 평가 및 개선, 사후 심사 등과 관련된 비용이 포함된다. ISO14000 인증 및 EMS 실천 관련 모든 원가는 이 활동 범주로 볼 수 있다. 전과정평가(LCA), 환경성과평가(EPE), 환경감사(EA), 환경라벨링(EL) 등이 포함되며 임직원의 환경인식 제고 및 환경경영 활동을 촉진하기 위한 환경교육도 여기에 해당한다.

② 자원 절약 및 재활용활동

에너지, 용수, 원료(raw material) 및 투입물 등 자원의 효율적 사용을 통한 원가절감 및 자원효율성(resource efficiency) 제고가 환경경영의 중요한 이슈로 크게 부각되고 있다.

③ 연구개발 활동비용

연구개발활동 비용은 환경친화적 제품개발과 청정공정 설계 및 기술개발활동에 소요된 비용을 말한다.

④ 기타 예방활동비용

사업장내 녹화관련 비용, 청정에너지로의 교체비용, 저연료·저공해 회사차량으로의 교체비용, 친환경원·부자재 공급망(ESCM)비용 등이 이에 해당된다.

다. 이해관계자 활동원가(stakeholder activities costs)

이해관계자 활동은 기업의 사회적, 환경적 책임을 완수하기 위해 환경관련 단체나 지역사회와의 협력 프로그램을 운영하거나, 이러한 단체에 기부나 지원하는 활동, 그리고 이해관계자에게 환경성과를 공개하고 환경친화적 이미지 제고를 위해 수행하는 다양한 활동 등이 포함된다.

① 대외협력활동비용

- 환경단체 지원비용 : 환경관련 단체와의 협력을 위한 기부나 지원활동에 소요된 비용
- 지역협력비용 : 지역자치단체 및 지역주민과의 파트너십을 위해 환경관련 지역협력 프로그램 운영 및 지원 등에 소요된 비용

② 기타 관련 활동원가

- 사외 환경보전 및 녹화비용 : 사업장 외의 자연보전, 동식물 다양성 보호 등의

활동(예 : 유한킴벌리의 '우리강산 푸르게 푸르게' 등)

- 환경광고 및 보고서 발간 비용 : 이해관계자에 대한 환경정보 공개 및 광고(환경보고서 발간, 환경홈페이지 운영, 환경광고 등)

라. 법규준수 및 복원활동 원가
(environmental compliance & remediation activities costs)

법규대응 활동비용은 기업이 배출하는 다양한 매체의 환경부하량에 따라 대기환경보전법, 환경개선비용부담법 등에 준하여 지불하게 되는 각종 부과금(대기배출부과금, 폐수배출부과금) 및 부담금 등을 지칭한다.

① 법규대응비용

- 부담금·부과금 : 환경법규에서 정하는 각종 부담금 및 부과금(수질개선부담금, 폐기물부담금, 재활용부과금, 환경개선부담금, 대기배출부과금, 수질배출부과금 등)
- 벌과금 : 법규 위반으로 인해 지불한 벌금 및 과태료, 초과부과금 등

② 환경복원 및 소송비

- 환경복원 충당금 : 환경오염에 대한 복원 혹은 미래의 환경부채에 대한 부채성 충당금
- 손해배상·소송비 : 법규 위반으로 인해 지불한 벌금 및 과태료, 초과부과금 등
- 기타 : 환경관련 리스크를 대비한 보험료 등

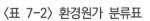

〈표 7-2〉 환경원가 분류표

활동별 분류	매체별 분류	대기	수질	폐기물	토양·지하수	소음·진동	기타	총계
1. 사후처리활동원가								
1.1 사후처리시설 운영활동비용	사내시설운영비용							
	위탁처리비용							
	기타비용							
2. 사전예방활동원가								
2.1 환경경영 관련비용	환경경영인증비용							
	교육·훈련비용							
	환경영향측정·감사비용							
	기타비용							
2.2 자원절약 및 재활용활동비용	사내시설운영비용							
	위탁처리비용							
	에너지절약 및 기후변화대응비용							
	물류개선비용							
	기타비용							
2.3 연구개발 활동비용	공정개선비용							
	제품개선비용							
2.4 기타비용	사업장내 녹화비용							
3. 이해관계자 활동원가								
3.1 대외협력 활동비용	환경단체지원비용							
	지역협력비용							
3.2 기타비용	사외자연보전비용							
	환경광고·보고서 발간비용							
4. 법규대응 및 복원활동원가								
4.1 법규대응 활동비용	부담금·부과금							
	벌금							
4.2. 환경복원 활동비용	환경복원 및 충당금							
	손해배상·소송비용							
	기타비용							
총 환경원가								
환경효익								

(4) 환경원가 파악시 기본적인 고려사항

가. 환경원가 측정범위

① 환경원가는 전체 기업 또는 연결대상기업을 모두 포함한 단위를 대상으로 측정하는 것이 바람직하다.

② 도입 초기에는 기업 사정에 따라 공장, 사업장 또는 사무실 단위 등 소규모로 시작하여 점차 그 범위를 확대해 가는 방안이 접근이 용이하다.

③ 환경회계의 범위가 일반적인 회계 범위와 반드시 일치할 필요는 없다. 각 기업은 환경원가 측정을 위한 프로젝트 목적 및 기대 효과에 따라 적절한 범위와 방법을 선택할 수 있다.

나. 환경원가 계산기간

① 환경원가회계를 내부 관리목적으로 도입하는 경우, 환경원가 측정과 보고기간은 각 기업의 사정에 따라 다를 수 있다.

② 환경원가정보는 제품구성(product mix), 다양한 폐기물 관리방안 비교, 원재료 또는 에너지원 교체, 투자계획 평가, 제품가격결정 등 다양한 경영의사결정을 할 때 필요하므로 기업의 필요에 따라 기간은 임의로 정할 수 있다.

3) 환경효익 측정

(1) 환경효익의 정의 및 범위

가. 환경효익

기업의 환경활동을 통해 발생하는 유·무형의 효익(benefits)을 지칭한다. 광의의 환경효익은 화폐가치로 측정될 수 있는 경제적 효과와 환경부하 저감을 통해 발생하는 물량적 효과를 포함한다.

나. 환경효익의 측정 목적

① 환경성과의 지속적 개선을 통해 환경효율(Eco-efficiency)를 제고하려는 것이므로 환경효익은 원칙적으로 환경비용과 대응시켜 파악하는 것이 바람직하다.

② 환경효익은 전체 기업 또는 연결대상기업을 모두 포함한 단위를 대상으로 측정

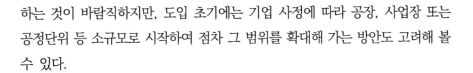

하는 것이 바람직하지만, 도입 초기에는 기업 사정에 따라 공장, 사업장 또는 공정단위 등 소규모로 시작하여 점차 그 범위를 확대해 가는 방안도 고려해 볼 수 있다.

(2) 측정 원칙 및 산출기준

가. 환경효익 측정의 기본원칙

① 비용효과성(cost effectiveness)의 원칙

기업이 환경효익을 측정할 때 중요한 효익창출 기여 활동을 우선적으로 파악하여 측정한다. 이는 중요성의 원칙에 준하여 효익창출 금액이 일정 정도 크다고 판단될 경우를 대상으로 측정한다.

② 측정 용이성 및 합리성의 원칙

당해기간을 인식한 환경비용에 수익을 적절히 대응하는 것이 원칙이지만 그 효익 측정이 용이하지 않거나 발생가능성의 불확실성으로, 이를 적절히 측정할 수 있는 합리적이고 일관성 있는 방법을 채택을 하기 힘든 경우는 국제적인 업종별 동향이나 산출 방법론의 정립 등 여건이 마련된 이후, 효익을 산출하는 것을 기본원칙으로 한다.

나. 환경효익 측정기준

환경효익 측정범위는 앞서 언급한 바와 같이 기업 내부 환경효익을 대상으로 한다. 기업의 내부효익 대상은 세 가지로 분류된다.

① 환경수익

기업이 제조활동에서 발생하는 부산물들을 적절히 수집, 처리하여 외부에 매각함으로써 발생하는 환경효익을 말한다. 대부분 기업들이 부산물 매각 관련 계정을 두고 직접적인 수입으로 관리하고 있어 측정이 용이하다.

② 원가절감(cost savings)

자원(원재료, 용수, 에너지 등)의 재활용 및 재이용 등의 활동을 통해 원가 절감 및 환경성과를 개선하는 다양한 청정생산 활동에서 발생하는 경제적 효익을 말한다.

③ 리스크 예방 및 이미지 제고

기업 환경활동의 최소기본 목표는 법규준수 및 환경사고 등에 대한 리스크 예방이라 할 수 있다. 법적 배출허용기준 등에 대한 법규준수를 통해 조업정지나 치명적인 환경사고를 예방하는 활동이 기업 리스크 관리측면에서 매우 중요하다.

4) 환경투자

환경투자는 기업의 환경성과개선을 목적으로 하는 자본적 지출이며 장기간에 걸쳐 환경효익을 지속적으로 제공한다. 이러한 환경투자는 먼저 자본화된 후 장기간에 걸쳐 점차 비용화되므로 수익적 지출의 개념인 환경원가와는 구별하는 것이 바람직하다. 환경투자는 〈표 7-3〉과 같은 양식에 따라 작성할 것을 권고한다. 환경투자를 따로 계상함으로써 정보이용자가 기업의 전(全)기간에 걸친 환경활동을 파악할 수 있도록 한다. 이러한 환경투자는 시설투자와 연구개발투자로 구분하여 보고하는 것이 바람직하다.

〈표 7-3〉 환경투자

	설비투자			R&D투자		
	2년전	1년전	금년	2년전	1년전	금년
1. 대기						
2. 수질						
3. 폐기물						
4. 토양·지하수						
5. 소음·진동						
6. 기타						
합 계						

2 | 물질 흐름 원가회계(MFCA ; Material Flow Cost Accounting)

1) 물질 흐름 원가회계(Material Flow Cost Accounting)[4][5]

물질 흐름 원가회계(MFCA)는 독일의 Augusburg에 위치한 환경 경영 연구소(IMU)에 의하여 1992년에 개발되었으며, 경영자, 경영관리자의 의사결정에 이용하는 관리회계의 하나이다. 물질 흐름 원가회계란 공정상에 있는 물량센터별로 물질밸런스(Mass Balance)를 측정하고 물질 흐름(Material Flow)의 분석을 통하여 양품(Goods)과 손실(Loss)의 원가계산을 실시하여 환경부하와 원가절감을 동시에 달성하기 위한 환경관리기법이다. 여기에서는 물질(Material)은 원재료, 부품, 용수, 전력, 가스, 연료 등을 포함하며, 물량 센터란 "소정의 장소에서 물질의 물리적 변형이 일어나거나 일정기간 보관 되는 공간, 기능적인 단위"로 공정이 이에 해당한다.

MFCA는 생산 프로세스에서 "물질(Material)"의 흐름과 재고를 물량과 금액의 양면으로 측정하며, 코스트를 물질비용(Material Cost), 시스템비용(System Cost), 배송·폐기물 처리 비용, 에너지비용(Energy Cost)로 분류하여 관리한다.

생산 공정의 각 단계에서 사용하는 자원과 각 단계에서 발생하는 불량품, 폐기물, 배출물을 손실(loss)이라고 하며, 이를 물량기준으로 파악하여 금액으로 환산함으로써 불량품이나 폐기물, 배출물 등의 손실의 경제적 가치를 계산한다. 이 손실에는 원재료비외, 가공비, 노무비도 배분하여 종합적인 의사결정에 이용될 수 있도록 하였다.

[그림 7-1]에서 공정과 원가계산, 물량적 변화를 살펴보면 공정-1에서 가공되어 폐기물 20kg을 배출시키고 공정-2로 이동한다. 공정-2에서는 공정-1에서 인계되는 재료물량을 파악하고 가공한다. 공정-2에서 제품원가가 되는 과정에서 투입 80kg, 폐기·배출물량이 20kg이 이루어졌으며 공정-3에서 가공하여 제품 물량은 70kg이 완제품이 되며, 전통적 원가계산에서는 계산하는 기준이 된다.

---

4) 산업자원부(2007), 물질흐름원가회계도입을 위한 가이드라인.
5) KSIISO14051:2011

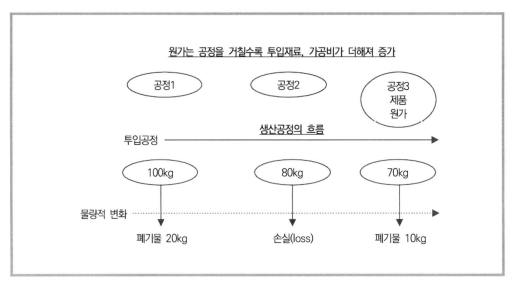

[그림 7-1] 원가 계산과 물량의 변화

MFCA는 물질흐름(Material Flow) 구조를 가시화하고, 물질흐름을 물량과 코스트 정보로 파악하고, 전통적 원가계산을 정밀화하여 경영층에 효과적인 의사결정정보를 제공함으로써 환경부하저감과 원가절감을 동시에 달성하고자 하는 것이다.

금속 기계가공이나 수지의 성형가공 공장에서는 가공공정 중에 투입재료의 스크랩이나 불량품 등에 의해 발생하는 폐기물에 대하여 원가절감을 위한 스크랩이나 불량의 저감에 노력하고 있다. 그러나, 대부분의 경우 "수율"이나 "불량율"을 지표로서 관리하고 있으며, 전(前) 공정에서 투입한 코스트를 포함해 관리하고 있지 않다.

[그림 7-2]에서 재료 100kg이 투입되어 산출물 70kg이 되는 경우 전통적인 원가계산은 산출물 70kg을 기준으로 원가계산을 실시한다. MFCA 기준에서는 제품(positive products)과 물질손실(material loss, negative products)로 구분하며, 전통적인 원가계산과 MFCA기준으로 계산한 방식을 비교하면

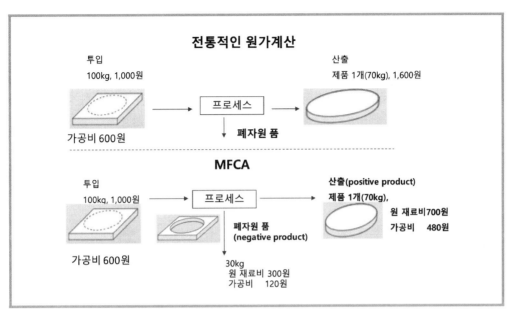

[그림 7-2] 전통적인 원가계산과 MFCA 비교

〈표 7-4〉와 같이 나타낼 수 있다. 전통적인 원가계산과 달리 MFCA 계산은 제품 (products) 1,180원과 물질손실(material loss) 420원으로 구분하여 계산이 이루어진다. 즉, "폐기물에도 공정에서 비용이 투입되는 것"을 코스트로 나타낼 수 있어서 의사결정에 유용한 정보를 제공해 주고 있다.

〈표 7-4〉 전통적 원가계산과 MFCA계산방식의 비교

전통적 원가계산(단위 : 원)	
매출액	3,000
매출원가	1,600
매출 총이익	1,400
판매 일반관리비	400
영업이익	1,000

MFCA 원가계산(단위 : 원)		
3,000	매출액	
1,600	매출원가	
	1,180	제품(products)
	420	물질손실(material loss)
1,400	매출 총이익	
400	판매 일반관리	
1,000	영업이익	

2) 물질흐름원가회계의 계산

(1) 기본적인 사고방식

투입된 원재료를 물량으로 파악하여 물질이 기업 내 혹은 생산 프로세스 내를 어떻게 이동하는지를 추적한다. 최종제품을 구성하는 물질뿐만 아니라 손실을 발생장소 별로 투입된 재료명과 물량으로 파악하여 가치를 평가하는 방법이다.

MFCA에서는 비용 요소를 "물질(재료) 비용, 시스템비용, 에너지 비용"의 3요소로 구분한다.

가. 물질(재료) 비용(MC:material cost):재료비로서 주재료, 부재료, 보조 재료별로 나누어 계산한다.
  ① **주재료**:전(前)공정에서 가공이 더해져 가는 생산 중의 재공, 반제품, 생산중인 물품. 첫 공정은 전(前) 공정이 없으므로 가공에 주가 되는 재료
  ② **부재료**:공정에서 제품의 구성 재료, 구조 부재에 첨가하는 재료, 부품. 다음 공정에서 주재료를 구성하는 재료의 일부로 취급하는 물품
  ③ **보조재료**:공정에 투입되더라도 제품구조에는 변화가 없는 재료. 절삭유, 촉매 등 해당공정에서 소비가 완료된다.

나. 시스템 비용(SC:system cost):직접 노무비, 설비 상각비, 외주비, 간접비 등의 경비

다. 에너지 비용(EC:energy cost):전력비, 석유, 가스 등의 연료비, 이산화탄소배출 등의 계산이 동시에 수행된다.

라. 폐기물관리비용(waste management cost):물량중심에서 발생한 물질손실을 처리하는 비용.

이 중에서 물질비용이 가장 중요한 비용으로 생산공정에 투입되는 원재료별로 투입공정부터 마지막 공정까지 물량으로 추적한다. 그리고 물량에 단가를 곱하여 투입 원재료별로 물질비용을 장소(물량센터)별로 산정한다.

(2) 물질흐름원가회계(MFCA) 계산

재료의 종류별로 투입한 투입공정부터 마지막 공정까지 각각의 공정에 투입한 물량, 다음 공정으로 이동한 물량, 폐기한 물량을 파악한다.

MFCA 계산으로 정의되는 물량 센터(공정)의 수가 적고 사용하는 재료도 한정된 경우는 계산이 간단하다. 그러나, 물량 센터 수와 재료종류가 많아지면 정보시스템의 도움을 받아야 한다.

그렇지만, 다음 공정으로 이동한 재료가 여러 종류라고 하더라도 생산중인 물건을 하나로 간주할 수 있는 경우에는 다음 공정의 투입재료로서 취급하며 다음과 같이 간단하게 계산할 수 있다.

① 복수재료가 하나로 다음 공정으로 이동하는 경우, 생산중인 물량을 파악한다.

② 비용을 공정별로 MC, SC, EC로 나누어 집계한다.

③ SC, EC의 제품(positive products), 물질손실(material loss)의 배부는 생산중인 물량값이 다음공정으로 이동량과 폐기량의 중량 비율을 사용한다.

주재료의 제품과 물질손실 비율은 EC나 SC의 products, material loss의 비율에 연동시킨다. 부재료는 단독으로 MC의 products, material loss을 계산한다. 보조 재료는 material loss로 계산한다.

(3) MFCA의 계산을 위한 데이터 정비

생산 현장에서 발생하는 폐기물 물량을 활용하기 위해서는 MFCA를 위한 데이터의 정의, 정리, 활용방법 등을 정비할 필요가 있다. 수지의 성형가공 등에서 성형성을 높이기 위하여 수지 재료에 첨가제를 혼합하여 성형금형에 투입하는 경우, 재료투입 공정에서는 수지 재료와 첨가제 배합 비율이 관리사항이므로 재료 종류별로 투입 물량을 관리한다. 금형으로 성형된 후에는 수지재료와 첨가제는 하나가 되어 나누어 물량을 관리할 수 없다. 성형된 물건이 다음 공정으로 이동하여 런너(Runner)로 불리는 재료를 흘려 넣는 부분이나, 바리로 불리는 부분을 떼어내 폐기(혹은 리사이클)한다([그림 7-3] 참조).

스푸루, 런너, 바리는 부분은 물질손실에 해당한다.

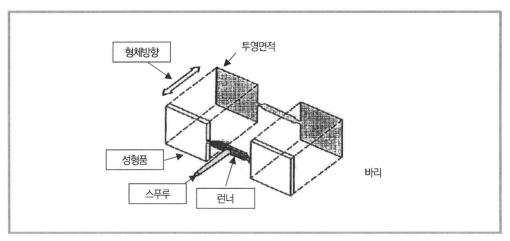

[그림 7-3] 수지 성형 구조

가능한 한 현재의 각 부서에서 사용하고 있는 관리 정보를 MFCA 계산에 활용할 수 있도록 한다. 예를 들면, 생산관리부문에서는 공정별 수율, 불량율(양품율, 직행율) 등을 들 수 있다.

표준 원가계산관리시스템을 도입하고 있는 기업의 경우 수율, 불량률 등이 실제로 공정에서 발생하고 있는 폐기물과 차이가 발생하는 경우가 있다. 이처럼 폐기물 정보가 실제 폐기물 물량이 다르면 실제 불량품, 스크랩 등의 폐기물의 물량, 생산 중인 물건으로서 다음 공정으로 이동하는 물량을 측정할 수 있는 방법을 찾아야 한다.

(4) MFCA의 손실 구분과 관리

MFCA 계산을 위한 폐기물(물질 손실)을 발생상황이나 원인에 따라 설계재료 손실, 공정재료 손실, 불량 손실로 구분할 수 있으며, 이를 주도적으로 개선하는 부서는 다음과 같다.

① 설계재료 손실

설계재료 손실은 제품이나 부품, 금형의 설계 등에 따라 투입한 재료 손실의 발생량이 정해지는 것을 말한다. 프레스 가공은 철판 등에서 금형에 의해 제품에 사용하는 재료와 폐기되는 재료를 분리한다([그림 7-2] 참조). 부품의 형상 및 금형설계에 의해 소재절단시의 스크랩 발생량을 파악한다.

설계재료 수율은 부품도, 금형도 등으로 계산할 수 있는 데 실측치와 거의 동일하다. 설계재료 수율의 향상을 위해서는 제품설계, 금형설계의 변경이 필요하며, 제품 설계부문, 생산기술 부문이 주로 관리한다.

② **공정재료 손실**

공정재료 손실은 생산라인에서 생산품종의 준비교체, 설비 트러블 등으로 인하여 발생하는 재료의 손실을 말한다. 수지의 성형가공에서 생산품종의 준비교체 시에 시사출을 실시하여 공차조건에 들어가는 지를 확인한다.

한 번의 테스트만으로도 공차조건을 만족하면 공정재료 손실은 발생하지 않게 되며, 공정재료 손실은 생산현장에서의 측정이 필요하다.

공정재료 수율은 가공시에 산출물(positive products)이 되는 재료의 물량 비율을 나타낸 것으로 산출물(positive products), 물질손실(material loss)의 재료 물량을 계산하는 데 사용한다.

공정재료 수율을 향상시키기 위해서는 설비면, 생산관리측면에서 생산조건 설정, 생산·기술 노하우의 축적 및 기술화 등 생산 현장에서의 개선이 필요하다.

공정재료 수율을 향상시키기 위해서는 설비면, 생산관리측면에서 생산조건 설정, 생산·기술 노하우의 축적 및 기술화 등 생산 현장에서의 개선이 필요하다.

③ **불량 손실**

불량 손실은 가공 중에 품질이나 설계사양을 만족 시키지 못하는 경우를 말한다. 불량율은 산출물, 물질손실 재료 물량으로 계산하여 사용한다.

불량 발생원인은 재료, 설비, 설계, 생산 방법 등 여러 가지 요인이 관련되어 있으며, 불량율을 개선하기 위해서는 설계, 생산기술, 품질 보증, 생산부문이 공동으로 개선을 실시한다.

정리하면, 물질흐름원가회계는 폐기·배출물·불량 등의 손실을 물질손실로서 생산원가를 할당하기 때문에 양품의 생산원가는 전통적 원가계산에 비해 적다.

MFCA가 현재의 원가계산을 대체하기는 어렵지만, 전통적인 원가계산시스템에서 산출하는 정보뿐만 아니라 추가적인 폐기물관련 생산원가정보까지 산출함으로써 환경면과 경제면을 동시에 추구하는 환경관리방법으로 유용할 것으로 기대된다.

3) 물질흐름원가회계(MFCA)의 기초적인 구성요소

(1) 물량중심

물량중심(quantity centre)은 물리적 및 금전적 단위로 정량화 된 투입물과 산출물에 대해 선택된 공정 또는 공정들로서 [그림7-1]을 참고하면 된다. 물량중심은 저장, 생산단위 및 선적(shipping) 지점과 같이 물질이 저장 및 변형되는 지역이다.

(2) 물질 수지

물량중심(quantity centre)에 투입되는 물질은 최종적으로 제품 또는 물질손실의 형태로 물량중심을 나가는 것으로 [그림7-2]를 참고하면 된다. 또는 물량중심에서 일정기간 머물수 있으며, 물량중심내 인벤토리 변화에 기여할 수 있다.

(3) 비용계산

① **일반사항**
물질흐름데이터는 의사결정을 지원하기 위해서 금전적 단위로 변환되는 것이 좋다. 물질흐름원가회계에서는 3가지 유형의 비용(물질비용, 시스템 비용 및 폐기물관리비용)을 정량화한다.

② **비용배정**
제품이나 공정과 같은 특정대상에 직접적 비용배분

③ **비용할당**
제품이나 공정과 같은 특정대상에 간접적 비용배분
분석의 정확성을 극대화하기 위해서 몬든 비용들은 비용할달 절차에 의해 추정되기보다는 개별물량중심과 개별물질흐름에 대해서 이용가능한 데이터로 계산하는 것이 좋다. 처음에는 공정전체 또는 시설전체비용을 서로 다른 물량중심으로 할당하고 둘째, 물량중심 비용을 제품과 물질손실로 할당한다.

4) 물질흐름원가회계(MFCA)의 도입

물질흐름원가회계를 효과적으로 도입, 정착시키기 위해서는 일반적으로 사전준비 단계

에서부터 개선효과평가 단계까지 7단계를 구분할 수 있다. 도입시에는 모델구축이 쉬운 제품을 시범으로 적용하여 나타날 수 있는 문제점과 대응책을 마련하여 전사적으로 확대, 추진하는 것이 바람직하다.

STEP 1 : 사전준비

① 대상제품/라인/공정범위 결정
- 도입, 계산의 목적, 의도를 명확하게 한다.
- 모델을 구축하기 쉬운 제품과 적용효과를 내기 쉬운 제품은 다르다.

② 대상공정의 대략분석, 물량센터(MFCA의 계산상의 공정) 결정
- 공정설정이 지나치게 개략적이면 Loss가 눈에 보이지 않는다.
- 너무 세밀하면 Data 정리가 매우 복잡하다.

③ 분석 대상으로 하는 모델, 기간을 결정
- Data를 입수하기 쉬운 모델, 기간으로 시작한다.

④ 분석대상 재료와 물량데이터 수집방법(측정, 계산)을 결정
- 환경, 코스트 양 측면에서 보조재료는 영향이 적은 것은 제외해도 무방하다.
- 측정을 원칙으로 하며, 예외적으로 이론치, 계산치를 사용한다.

STEP 2 : DATA 수집·정리

① 공정별 투입재료의 종류, 투입물량과 폐기물량의 데이터 수집·정리
- 재료의 종류별로 공정별 투입량, 폐기량의 데이터 수집
- 수량 등의 관리단위를 물량치(kg)로 변환

② 시스템 비용(가공비), 에너지 코스트의 데이터 수집·정리
- 경리정보를 기본으로 코스트 센터별로 수집·정리

③ 시스템 비용, 에너지 비용 할당기준 결정
- 공정별(투입공수 대비 등), 모델별(생산수량 대비) 등 객관적인 기준을 설정해 배분한다.

④ 공정별 가동상황 데이터 수집·정리
- TPM을 추진하고 있다면 기본적인 데이터가 있다

- 데이터가 있으면 가동 Loss도 동시에 평가할 수 있다.

STEP 3 : MFCA 계산

① MFCA 계산모델 구축, 각종 데이터 입력

- 재료 데이터(물량과 비용), 시스템비용, 에너지비용을 MFCA 계산

② MFCA 계산결과 확인, 해석(공정별 물질손실과 요인)[6]

- 정의한 물량센터 수에 따라 계산모델을 구축할 수 있다.

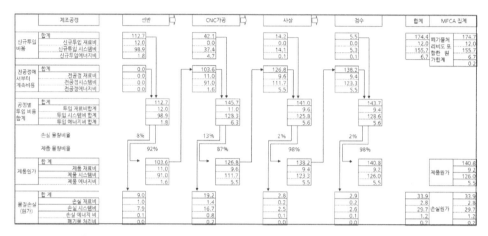

[그림 7-4] 밸브 제품의 물량센터 별 물질흐름원가회계 계산 예

STEP 4 : 개선과제 도출

① 재료 Loss 절감, 원가혁신의 개선과제 도출, 정리

STEP 5 : 개선계획 입안

① 재료 Loss의 삭감여지, 가능성 검토
② 재료 Loss 삭감의 원가절감에 대한 기여도 계산(MFCA 계산), 평가
③ 개선의 우선순위 결정, 개선계획 입안

STEP 6 : 개선실시

---

6) http://www.logispark.com에서 MFCA 간이 프로그램을 다운받아 경험해볼수 있습니다

STEP 7 : 개선효과 평가

　① 개선 후의 재료투입물량, 폐기물량 조사, MFCA 재계산

　② 개선 후의 총 비용, 물질손실 비용을 계산, 개선효과 평가를 실시피드백(표준화)

5) TPM과 MFCA의 차이점과 공통점

　MFCA는 관리데이터에 숨겨져 있었거나 등한시 되던 물질 로스를 현재화시켜 새로운 자원 생산성의 향상을 유인하는 유용한 관리 시스템이다. 가시화 된 낭비(물량)를 부의 원가로 평가하고 의사결정에 유용한 정보로 가공하고, 가공된 MFCA 정보에 근거하여 낭비를 저감하는 개선대책을 검토하고 시행한다. 기존의 생산관리 수법인 TPM(Total Productive Maintenance)과 MFCA의 차이점은 〈표 7-5〉와 같다.

〈표 7-5〉 기존의 생산관리 방법과 MFCA의 특징 비교

구분	TQM	TPM	MFCA
목　　적	기업체질 개선 (실적향상, 명랑한 직장만들기)		환경적으로 우수한 "물건만들기" 산업의 실현
관리대상	품질 (아웃풋, 결과)	설비 (인풋, 원인)	Material(물질) 프로세스, 원인과 결과
목적달성수단	관리의 체계화 (시스템화, 표준화) 소프트지향	현장, 현물의 바람직한 상태실현 하드지향	Mass Balance(물질수지)의 가시화 정보지향
인재양성	관리기술 중심 (QC수법)	고유기술 중심 (설비기술, 보전기능)	물건만들기 중심 (사고, 기존 개념 불식)
소집단활동	자주적 서클활동	직제활동과 소집단활동의 일체화	제품제조 시작부터 마지막까지 통합화
목　　표	PPM수준의 품질	로스, 낭비 철저 배제 제로지향	자원생산성의 극대화 궁극적인 제로지향

(1) TPM과 MFCA의 공통점

가. TPM의 목적

　① 생산 시스템효율화의 극한 추구를 목표로 하는 사람, 설비, 기업의 체질개선

　② 생산 시스템의 라이프 사이클을 대상으로 한 재해 제로, 불량 제로, 고장 제로화

　③ 개발, 생산, 영업, 관리 등 전부문의 참가

④ 최고경영자로부터 제일선의 종업원에 이르기까지 전원참가 PM 활동

⑤ 중복 소집단활동에 의해 로스 제로를 달성하는 생산 보전 활동

나. 기본이념

① 돈 버는 기업 체질 만들기 : 보전 예방, 예방 보전, 개량 보전의 활용

② 예방철저 : 참여경영, 인간 존중

③ 전원 참가 : 로스가 발생하지 않도록 설비를 만들고, 현장을 중시한 눈으로 보는 관리

④ 현장 현물 주의 : 로스 제로를 만들어 넣음

⑤ 자동화와 무인화

다. MFCA의 특징과 효과

① 매스 밸런스(물질수지표)를 공장 내 프로세스에 원용

② 1제품군 1제조 라인으로 물질 로스 분석

③ 물질 흐름의 가시화

④ 물질 흐름의 원가평가(제조 원가)

⑤ 현장 개선, 제조 방법의 개선 및 생산 혁신으로 전개

(2) TPM와 MFCA의 차이점

〈표 7-5〉에서와 각기 다른 특징을 가지고 있으며, 특히 관리대상의 범위는 TPM은 설비이고 MFCA는 물질(흐름과 스톡)이라는 점이 다르다.

실제로 MFCA를 도입할 때에 MFCA에 필요한 정보는 이미 현장을 포함하여 90-95% 존재한다. MFCA를 도입할 때 필요한 귀중한 정보를 기록한 후 방치하거나, 기록한 것만을 확인하고 없애는 경우도 있다. 이는 체계화할 수 있는 정보는 존재하지만 체계화하는 이론과 틀(MFCA)이 결여되어 있기 때문이다.

TPM은 기업의 내부정보이며, MFCA는 내측을 기점으로 한 경계 없는 확장형 비즈니스 정보라고 할 수 있다.

또한, MFCA에 의해 집계되는 데이터는 제품 흐름에 근거하여 체계적으로 모으거나 측정하기 때문에 MFCA의 전사적 커뮤니케이션 기능이 필요하다.

6) 사례

우리나라 전력산업에서도 MFCA 적용은 전기에너지 생산과정의 정의 원가와 부의 원가 부분을 명확히 구분함으로써 공정개선, 원가절감 및 폐기물 최소화를 어디서 하는 것이 효과적인지를 쉽게 파악할 수 있으며 눈에 보이지 않는 전기에너지라는 특수상품에 대한 제품수율 및 손실을 수치상으로 확인할 수 있다.[7]

(1) 국내사례 : Y(사), 산업자원부 "물질흐름원가회계도입가이드라인"에서 발췌

가. 적용대상공정 및 제품 선정

① 대상제품으로는 Y사 대전공장에서 생산되는 기저귀 제품

② 제품 중 "STEP 1, 2, 3"을 생산하는 TJ#1호기를 적용대상 공정으로 선정

③ TJ#1호기는 다음과 같은 9개의 공정으로 구성되어 있다.

: 흡수제 투입공정 → Tissue Water Cutter → Fluff Cutter → 보유
자재 투입공정 → Lotion/재접착 자재 투입공정 → TCF 투입공정
→ Diaper Water Cutter → Final Cut 공정 → Packaging 공정

나. 물질수지분석

① 물질흐름원가회계를 도입하기 위해서는 물량 센터를 설정하고 물량 센터별로 물질의 흐름을 파악하고 물질수지(Mass Balance)를 측정

② 양품과 Loss를 구별·측정하게 되며 측정된 자료는 물량 센터에 배부된 원가의 배부기준자료로 활용. 처음 적용 시 1일 생산량인 백만 패드를 대상으로 물질수지 분석을 하였으며, 이후 ERP상의 표준자료를 이용하여 1년간의 수치를 측정

다. 물질흐름원가의 계산 결과

① 물량센터의 선정

- 현실적인 관리목적의 달성 가능성을 고려하여 인적관리 범위를 기준으로 3개의 물량센터를 설정하였다.

---

7) 임병선, 박승욱(2014), MFCA를 적용한 환경부하 및 발전원가 분석 연구 : 석탄화력발전소 중심으로, 대한안전경영과학회지.

- 물량센터 1 : 흡수자재 투입공정
- 물량센터 2 : Tissue Water Cutter, Fluff Cutter, 보유자재 투입공정, Lotion/재접착자재 투입공정, TCF 투입공정
- 물량센터 3 : Diaper Water Cutter, Final Cut, Packaging

② 원가계산절차 및 방법

- Material 자료, 원가자료, Utility 및 폐기물 처리 관련된 자료는 1년간의 자료를 기준으로 작성
- 기본적으로 ERP 상의 자료를 이용하였으며 필요한 경우 수작업을 통해 분류작업
- 시범적용 결과는 앞서 전제한 것과 같이 Material Flow Cost, System Cost, Utility 및 폐기물 처리 Cost, 그리고 Flow Cost Matrix를 기본으로 하여 작성

③ 적용결과

- 조사결과 Loss가 가장 많이 발생하고 있는 물량센터는 물량센터 2로 전체 Loss 량에 47.4%를 차지하고 있는 것으로 나타났으며 물량센터 3에서도 상당량의 Loss(전체 Loss 대비 44.6%)로 인한 원가가 발생하고 있음을 확인할 수 있었다.
- 총 원가에서 Loss Cost가 차지하는 비중은 2.8%로 산출되었다.

라. 문제점 파악 및 개선조치

① 문제점 도출

- 물량센터 별 물질흐름원가회계 분석결과 Material Loss를 보면 물량센터 2에서 전체 중 약 60% 정도를 차지하고 있음.
- 투입되는 원부자재의 종류가 많고 이로 인한 폐기물 Loss 발생이 많은 것으로 분석되어 원부자재 투입, 사용 최적화를 통한 Material cost 저감의 필요성 인식

② 개선조치 및 개선효과

- 원부자재의 사용량을 절감하고 고품질의 제품을 생산하기 위하여 원부자재를 3 piece로 변경함으로써 Liner의 폭을 상당히 감소시킬 수 있었으며 이로 인해 원부자재 부직표(PP)의 사용량을 대폭 절감
- Tissue water cutter 공정을 제거함으로써 제품의 생산공정을 단순화시킬 수 있었으며 이로 인해 절단에 필요한 용수의 사용량을 절감. 그리고 부직포 티슈

의 폭 감소로 인한 자재비 절감과 폐기물 발생량이 감소
- 원부자재의 사용량 절감은 향후 상당한 수준의 비용을 절감할 수 있을 것으로
예상되며 용수의 사용량을 50% 감소, 폐기물 처리용과 자재비의 절감효과

(2) 해외사례

가. OMRON[8]

OMRON은 제조·물류공정에서 로스(loss)를 발견·절감하는 새로운 활동으로 새로운 환경관리회계수법인 MFCA를 도입, 기존의 원가계산으로는 눈에 보이지 않던 로스를 발견하고 문제점을 개선함과 동시에 획기적인 성형기술을 개발하는 것으로 자원절약·에너지절약을 실현하였다.

① 회계의 관점에서 제조공정의 로스를 "가시화"[그림 7-5]

OMRON은 2006년부터 'MFCA'를 도입하였다. 원재료와 에너지 등의 Flow stock을 추적하고 물량베이스로 이러한 로스가 발생하는 곳을 명확하게 하는 것이다. 부의 제품을 가능한 한 적게 하도록 제조공정을 개선함에 따라서 자원절약·에너지절약을 실현할 수 있는 것이다. 스위치와 센서 등 전자부품의 가공공정을 자사 내에 가진 OMRON 倉吉주식회사(鳥取縣)를 모델공장으로 도입하였다.

---

8) http://www.omron.co.jp

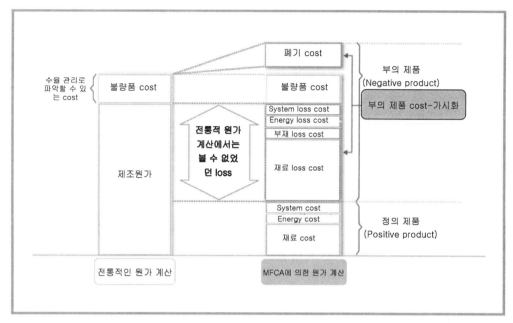

[그림 7-5] MFCA로 "가시화"할 수 있는 코스트

② 불량품 이외의 로스:새로운 개선의 여지를 발견

2006년 5월 가장 생산량이 많은 마이크로스위치 제조라인부터 시작하였으며, 제조라인으로 투입한 원재료 중에서 최종적으로 부품으로서 남아 있는 중량은 약 28%, 실제 79% 이상을 버리고 있었다. 지금까지 원가계산으로는 불량품만을 로스로 파악하고 이 불량품을 줄이기 위한 개선을 계속해 왔다. 그러나 불량품 발생률은 1~2%까지 줄어들었기 때문에 개선여지가 상당히 적었다. 그렇지만 원재료의 흐름을 세밀하게 조사하여 불량품 이외에 폐기되는 원재료가 새로운 로스로서 발견되었던 것이다. 현장에서 다양한 생산 개선에 따라 전년비 11%(연간 62톤)의 폐기물 절감을 달성할 수 있었다[그림 7-6].

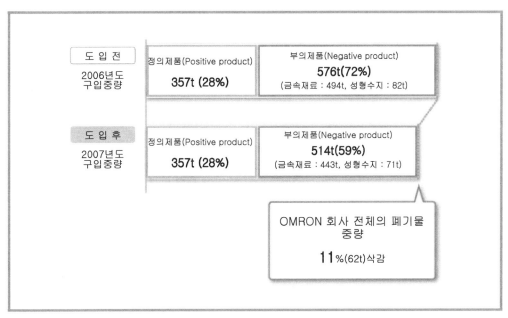

[그림 7-6] MFCA 도입으로 인한 성과

③ '가시화'하여 원재료의 로스를 절감하고 자원 절약화 성공

MFCA로 '가시화'된 OMRON 倉吉의 '부의 제품'의 중량은 2006년도에 576 톤에 이르렀다. 이를 절감하기 위하여 프레스 가공공정에서 발생하는 판의 스크랩이었다[그림 7-7].

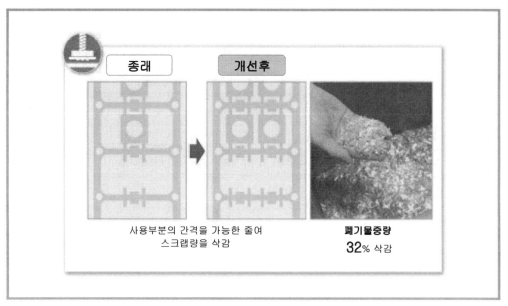

[그림 7-7] 동판의 개량으로 스크랩 감축

이 공정은 폭 2cm의 테이프 형상의 동판을 타발하여 가공하는데 부품이 되는 것은 절반 이하이다. 타발된 후의 동판은 모두 스크랩이 되기 때문에, 이것을 줄이기 위한 설계를 철저하게 하도록 하였다. 1열로 타발하던 것을 2열로 하고, 타발 간격도 극도로 압축하고 또 재료 연결 목에서 발생하는 로스를 최소화하였다. 이렇게 하여 동(銅) 스크랩을 32% 절감할 수 있었다[그림 7-6].

또한 다른 공정에서는 테이프 형상의 동판을 다음 공정으로 넘기는 사이에 가늘고 긴 릴에 둘둘 말았다. 감긴 동판의 양단은 다음공정에서는 단재로서 폐기된다. 동판 8본 분량을 서로 연결시켜 길게 하고, 릴을 큰 드럼 타입으로 하여 절감할 수 있었다. 동판을 교환하는 회수도 1열 1식은 75분마다 교환하던 것을 드럼식 10시간마다 교환하고, 교환회수도 1/8로 줄일 수 있었고[그림 7-8], 작업 로스도 대폭적으로 절감할 수 있었다.

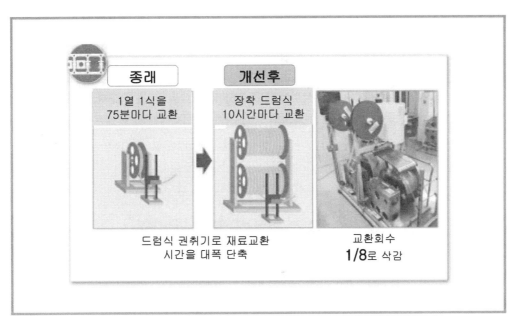

[그림 7-8] 부재를 둘둘 마는 기기의 교환회수를 축소

성형공정에서는 수지부의 런너에 관심을 가지게 되었다. 런너 부분을 적게 한 금형을 설계함에 따라 체적을 17% 절감하였다. 금형 코스트는 증가하였지만 수지 사용량이 줄어들어 총 코스트 절감으로 연결되었다. 작업방법을 개선, 표준화하여 누가 담당하더라도 산포가 없는 최소의 폐기로 완료하도록 되었다([그림 7-9] 오른쪽).

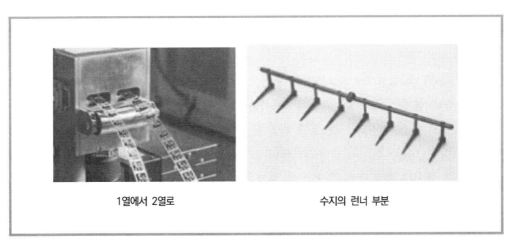

1열에서 2열로　　　　　　　　수지의 런너 부분

[그림 7-9] 기타 개선 사례

④ 기존의 상식을 타파하는 「1초 성형」으로 원재료와 에너지를 대폭 절감

지금까지의 상식을 타파 「1초 성형」 실용화에 도전하였으며 수지를 흘려 넣는 런너를 설계하지 않고 부품이 되는 부분에 직접수지를 보내는 방법으로 냉각시간을 단축하였다. 1초 성형에서 중요한 Hot runner용 금형에 따라 성형시간을 대폭적으로 단축하였다[그림 7-9]. 이에 따라 필요한 원재료와 에너지를 대폭으로 절감하였다. 코스트로 환산하면 1개당 70% 이상의 절감효과이다.

1초 성형에서 중요한 hot runner용 금형. 성형시간을 대폭적으로 단축

[그림 7-10] 1초 성형

나. canon[9]

물질흐름원가회계(Material Cost)를 활용한 "직장 거점형"의 환경 보증 체제의 구축을 향해서 MFCA를 도입하고 있는 각 직장에서는, 직장장을 중심으로 직장 단위로 생산 공정마다의 「부의 제품」 물량과 코스트를 파악해, 로스의 발생 상황·구조의 분석을 실시하고 있다. [그림 7-10]은 캐논사의 물질흐름원가회계를 도입하여 개선한 효과를 나탄 낸 것이다. 캐논은 개선에 의해서 환경 부하의 저감과 코스트 다운을 도모하는 "직장 거점형"의 환경 보증 시스템 구축에 연결하고 있다. 공급망상으로 MFCA적용을 확대하고, 환경대응

---

9) http://www.canon.co.jp

을 직장의 일상 생산 활동에서 이루어지도록 하여 종업원의 의식 개혁, 그룹 전체의 환경 보증 활동의 활성화를 도모하고 있다.

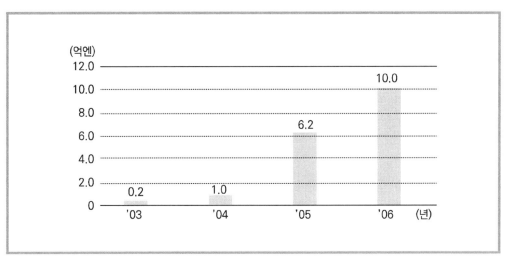

자료 : http://www.canon.co.jp 2007년 환경보고서

[그림 7-11] 캐논의 물질흐름원가회계 효과

제8장 품질비용(Quality-Cost) 계산 및 활동

품질비용 산출을 업무에 적용하기 위한 많은 연구가 추진되고 있으며, 미국품질협회 (ASQ), 유럽품질기구(EOQC)의 대회의 테마로서 선정되고 있고, 품질활동에 대한 원가 측정값의 기준으로 폭 넓게 활용하고 있다.

1 품질비용

1) 품질비용이란?

전통적인 품질관리는 불량률·불량개수·결점수 등을 평가 척도로 운영되어 왔으나 이러한 물량적 척도만으로는 한계가 있다. 이러한 한계를 해소하고자 품질 관련 활동의 객관적인 평가 기준을 화폐 척도로 나타낸 것을 품질비용이라고 한다.

품질비용은 원가절감 위주의 소극적 개념에서 매출과 수익 증대를 위한 적극적인 의사결정의 수단으로서 인식되고 있다. 많은 연구들이 은 품질위주, 고객지향을 추구하는 기업들이 경쟁타사보다 훨씬 높은 수익률을 나타내고 있음을 예시하면서 품질과 비용은 합의 개념이며, 결코 차의 개념이 아님을 주장하고 있다.

2) 품질비용의 정의

불량품과 관련되어 발생되는 코스트로 불량품의 생산비용, 불량 발견 및 개선대책비 등

(양품생산 비용은 제외)으로서 양품의 생산비용은 제외된다.

GROOCOK[1]에 따르면, "실제로 제품을 생산하고 판매하는데 발생되는 비용과 이상적 비용간의 차이"로서, 품질비용은 제품의 생산 및 판매활동에 소비된 실제원가와 생산이나 사용중 불량이 없을 때와 불량의 가능이 없을 때 발생하는 비용과의 차이를 말한다.

품질비용의 일반적 정의는 "물품이나 서비스의 품질과 관련하여 발생되는 비용으로서 이미 산출되었거나 산출될 급부에 대한 것"이라고 할 수 있다.

3) 품질비용의 측정 목적

(1) 품질비용의 측정 목적

① 품질경영이나 품질문제의 중요성을 이해시키는 데 필요한 정보와 지표를 제공한다.
② 품질문제의 원인이 어디에 있는지를 코스트로 제시함으로써 관리자에게 효율적 해결방안을 모색케 한다.
③ 경영자에게 품질코스트의 절감목표를 설정하고, 계획을 수립할 수 있도록 한다.
④ 수립된 품질목표의 달성이 원활히 이루어지도록 한다.

(2) Q-Cost 효용성

① 품질과제의 효과성(Effectiveness)을 평가하는 할 때
② 고객의 요구(Needs)를 만족시켜주는 프로그램의 수정수단
③ 문제의 영역과 활동에 대한 우선순위를 결정하는 할 때 유용하다.
④ 품질경영활동에서 적정의 노력(Optimum amount of effort)을 결정하는 방법
⑤ 제품의 가격결정과 입찰(bidding)에 관한 정보

(3) Q-Cost 용도(마츠시타전기)

① 품질계획 또는 활동의 성과를 평가하는 도구

---

1) Groocock, J. M.(1986), hain of quality: *Market Dominance Through Product Superiority*, Jhon Wiley & Sons

② 중요품질문제의 소재를 밝히는 분석 도구

③ 어떤 Action이 가장 높은 수익성을 내는가를 명확히 하기 위한 수단

(4) Q-Cost 관리로 인한 품질경영 효과

① 경영자의 이해와 태도 변화

② 품질경영조직의 강화

③ 문제해결능력 확보

④ 매출액에 대한 품질코스트의 비율 축소

⑤ 품질개선활동 유지

⑥ 품질척도의 객관화

4) 품질비용 모델

(1) 전통적 품질비용 모델

가. 품질의 3원칙

품질관리는 제품 규격이나 시방 등으로 제시된 설계품질에 적합하도록 품질을 관리하는 것으로서,

① 예방활동(적절한 표준이나 공정 및 절차를 정하는 일 : 예방코스트)

② 평가활동(정해진 표준과 실적이나 수행 상황을 비교, 판정하는 일 : 평가코스트)

③ 수정활동(표준에 어긋났을 때 바로 잡는 일 : 실패코스트)

위 세 가지 활동이 주를 이루는 데, 이를 품질의 제3원칙이라 한다.

나. 활동 간의 관계

품질관리의 수행은 검사 위주의 평가활동이나 수정활동보다는 예방활동에 중점이 두어져야 한다.

이는 불량을 발생 근원에서 원천적으로 예방하는 것이 불량이 발생한 후 이를 수정, 조치하는 것보다 경제적이기 때문이다.

① 예방활동과 평가활동의 관계를 살펴보면 예방활동이 미약하면 품질관리는 평가활동에 의존하게 된다.

② 예방활동이 강화되면 평가활동의 필요성이 감소된다.

③ 평가비용(Appraisal Cost)은 양면적 형태(Both Behavior)를 지니고 있어서 선별비용으로 구성되는 경우에 품질의 적합도가 높으면 평가비용은 낮아지고,

④ 예방적 입장에서 평가활동이 행해질 때는 평가비용이 올라간다. 평가비용은 품질개선의 정도에 따라 하강하는 경우와 상승하는 경우의 양면성을 갖고 있다.

⑤ 실패비용(Failure Cost)은 예방비용(Prevention Cost)과 평가비용이 늘어남에 따라서 점차 감소되지만 그 영향력이 일정의 품질수준(수확 체감점)을 넘어서면 감소 현상을 보이므로 예방코스트와 평가비용을 어느 정도 투입해서는 실패비용을 '0'으로 하기는 어렵다.

⑤ 예방, 평가, 실패비용의 순으로 이루어진 적합 품질관리 곡선의 최저 비용점은 예방 및 평가비용 곡선이 만나는 품질 수준부근에서 찾을 수 있다([그림 8-1] 참조).

(2) 최적 품질비용 모델

제조업체의 경우 매출액의 20~30%, 서비스업체인 경우 30~50% 정도로 알려져 있다. 품질비용을 '0'으로 줄일 수 있는 방법은 없다. 전체적으로 품질향상계획을 전혀 실시하지 않은 기업은 실패와 평가 비용 부담이 많다. 품질 중심적인 경영 기업은 문제예방에 초점을 맞출 때 효과가 크다는 것을 알 수 있다.

① 문제예방에 초점을 맞춘다는 것이 합리적으로 보이지만 반드시 기업들이 선택하는 활동은 아니다. 문제가 발생하면 기업은 먼저 사후 검사활동을 늘리는 데 검사활동으로 문제의 원인을 찾기가 어렵다.

② 예방보다는 검사를 통해 품질문제를 해결함으로써 어느 정도가 품질문제가 외부로 누출되는 것을 방지할 수 있다고 생각하지만 근본원인을 찾는 것은 어렵다. 예방에 초점을 맞춘다는 것은 기업의 품질활동 구조를 품질경영활동에 맞추어 시스템을 재설계한다는 의미이다.

2 품질비용의 최적화

1) 적정 품질비용 모델

제품품질관리의 경우 품질코스트 (예방비-평가비-실패비)의 상관성을 이용하여 전체 품질비용의 합이 최저가 되는 적정품질수준을 모색할 수 있다. 불량을 제로로 하려면 불량예방 및 평가비용은 무한으로 소요되며, 반면에 예방 및 평가비용을 전혀 투입하지 않으면 전체품질비용은 무한히 발생한다는 전제 아래 작성된 것이 [그림 8-1]이다.

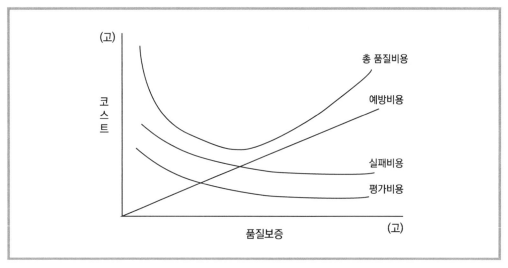

[그림 8-1] 품질비용간의 상호관계

2) 쥬란의 최적 품질비용모델[2]

적정품질비용의 개념은 품질비용 프로그램의 추진 단계와 품질비용의 산정방법에 따라 차이가 있다. 품질비용 프로그램의 '프로젝트단계'에서는 동업타사의 기준 등이 주로 이용되며, '관리단계'에서는 품질비용의 표준치가 적용되는데, 쥬란은 적정품질비용의 표준치 산정방법으로 다음 세 가지의 방법을 제시하고 있다.

---

2) Juran, J. M., & F. M., Gryna(1980), Quality Planning and Analysis, 2nd ed., McGraw-Hill, Book

① 품질비용에 관한 외부데이터의 이용방법

② 정규예산의 활용방법

③ 품질비용의 요소(P·A·F 코스트)별 비율을 이용하는 방법

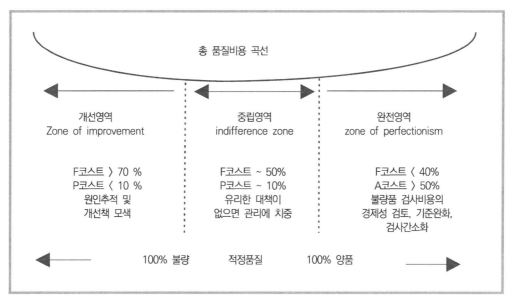

[그림 8-2] 품질비용의 적정구역

이 가운데 일반적인 방법은 ③의 방법으로서 각 품질비용의 상관관계 분석을 통하여 적정품질수준을 추구하는 방법이다.

[그림 8-2]에 있는 쥬란의 '적정품질비용 모델'은 품질비용의 상관관계를 이용하여 전체 품질비용이 최소에 이르는 최적의 비용배합(optimum cost mix) 상태를 그래프로 나타낸 것이다. 예방비용과 평가비용을 독립변수로 하고, 실패비용을 종속변수로 하여 전체 품질비용이 최저가 되는 적정수준을 모색한 '품질비용의 적정배합모델'(optimum segment of quality cost model)은 전체 품질비용 곡선을 개선영역(zone of improvement projects), 중립영역(zone of indifference), 완전영역(zone of perfection)으로 나누어 품질비용의 개선책을 제시하고 있다.

① 실패비용이 70% 이상이고 예방비용이 미미한 경우(품질개선영역)에는 실패비용의 주요 불량발생 원인을 중점적으로 제거함으로써 F-COST를 줄인다.

② 평가 비용이 지배적(50% 이상)일 경우(완전영역)에는 검사규격을 늦추거나, 실

효적이고 경제적인 평가방법을 모색하여 A-COST를 줄인다.

③ 중립영역에 이르면 전체 품질비용은 적정수준으로 판단할 수 있다.

3) 사용자 측면의 품질비용 모델

(1) 개요

Q-cost 이론에 의하면 [그림 8-3]과 같이 제품의 품질 및 품질관리수준이 증가하면 이에 비례하여 예방비(P-cost)와 평가비(A-cost)는 증가하고, 실패비(F-cost)는 감소한다.

품질비용은 예방비, 평가비, 실패비의 합으로 계산되고, 이것을 최소로 하는 최적품질 및 품질관리수준의 결정에 사용된다.

품질비용 및 품질관리수준과의 함수관계로 표현되는 Q-cost 곡선의 최적수준은 Feigenbaum에 의하면 예방비가 15%, 평가비가 25%, 실패비가 60% 정도의 비율로 Q-cost가 구성되었을 때라고 한다.

이러한 Q-cost는 생산자측면의 품질비용(producer side Q-cost)만을 집계 분석한 것으로서 사용자 측면에서의 품질비용(user side Q-cost)은 고려하고 있지 않다는 데 문제가 있다.[3]

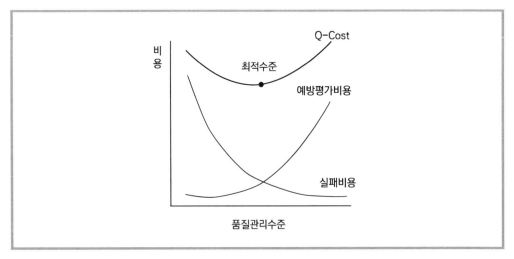

[그림 8-3] 품질비용의 적정구역

---

3) Feigenbaum, A. V.(1961), *Total Quality Control 2ⁿᵈ ed.*, McGraw-Hill

최근 제품수명 수명에 대한 비용(product life cycle cost)까지 계산하는 것이 보편화 되면서 사용자는 제품의 구입가격뿐만 아니라 사용의 경제성까지도 제품선정의 중요기준으로 고려하고 있기 때문에 제품의 신뢰성(reliability), 보전성(maintainability), 품질보증(quality warranty)기간, 서비스의 제공정도 등 사용의 경제성과 관련된 품질특성을 고려하여야   제품의 사용자로부터 평판을 유지할 수 있다.

사용자가 여러 개 제품을 구입한 경우에는 로트품질 특성치의 산포, 불량률, 반품율 등도 사용자 측면에서의 품질비용과 밀접한 관계를 갖는다.

(2) 사용자 품질비용

사용자 품질비용은 크게 다음의 4가지로 나눌 수 있다.
① 사용자가 구매한 제품의 품질수준이 생산자가 판매할 때 보증(guarantee)한 품질수준과 상이할 때 제기되는 클레임(claim) 제기에 수반된 비용
② 제품의 기능수행이 저조하거나 또는 기능이 정지(또는 고장이 발생)되었을 때 이의 수리에 수반된 비용
③ 제품의 구입비(또는 투자비)와 에너지 소모량과 같은 유지 및 보전비를 고려한 제품사용의 경제성 측면
④ 사용자의 품질불만족으로 인하여 발생하는 불만족손실

클레임에 따른 품질비용을 생산자 측에서는 클레임 처리비로 사외실패비용(external failure cost)으로 집계한다. 그러나 사용자 측에서 발생되는
① 클레임 접수 장소까지의 교통비, 통신비 및 제품의 운송비
② 클레임처리가 완료될 때까지의 대기(waiting) 및 제품의 비 가동손실의 비용은 사외 실패비에 포함되지 않을 뿐 아니라 사용자 부담이 된다.

(3) 고장수리에 따른 품질비용

제품의 품질을 최대한 유지하기 위해서는 보전(maintenance)을 실시하는데 보전은 일반적으로 예방보전과 사후보전으로 나눌 수 있다.

예방보전은 제품의 품질이 저하되지 않도록 점검, 손질, 주유 등에 의해 고장을 예방하는 것이고, 사후보전은 고장이 나면 신속히 수리하여 원상으로 회복시키는 것이다.

고장수리에 수반된 사용자 품질비용을 감소시키려면 다음과 같은 대책이 필요하다.

① 제품의 신뢰성을 제고하여 평균 고장율을 감소시킨다.

② 제품의 보전성을 제고하여 평균 수리시간을 감소시킨다.

③ 무상수리 보증기간을 증가시키고, 수리장소까지의 회당 운송비를 감소시킬 수 있는 애프터서비스 체제를 마련한다.

④ 소모성 및 수리비용부품을 싼 값에 공급하므로 고장부품가격을 감소시킨다.

(4) 사용자 품질불만족 손실

사용자요구를 반영한 품질특성치의 설정이나 제품설계가 잘못되어 제품이 판매되면 사용자 불만족이 야기된다.

① 제품의 품질에 대한 사용자의 불만족이 표면화되어 정식으로 제기되는 클레임을 현존 클레임이라 부르고, 사용자의 불만족이 표면화되지 않고 사용자 자신의 마음속에 간직되는 불만족을 잠재 클레임이라 부른다.

② 현존 클레임은 생산자가 신속하게 대처해 주어야 하며, 이 경우에 발생하는 클레임 처리비는 생산자 품질비용의 실패비로 간주된다.

③ 잠재 클레임은 신속한 원인규명과 재발방지의 근본대책을 수립하고 시정조치를 한다.

3 품질비용 전개방법

1) 품질비용의 분류 및 구성

(1) 품질비용의 구성

품질비용을 관리하려면 먼저 품질문제로 인한 비용 손실이 발생되었을 때 이를 포함시킬 수 있는 정확한 품질비용의 분류가 이루어져야 한다.

품질비용은 생산자 품질비용, 사용자 품질비용으로 나눌 수 있으며 일반적으로 품질비용이라 하면 생산자 품질비용(Producer Quality Cost)으로서 소비자가 요구하는 품질의

제품을 생산자가 제공함에 있어서 회계 자료에서 추정할 수 있는지의 여부에 따라

　　① 직접 품질비용(조업 품질코스트)

　　② 간접 품질비용(관리 품질코스트)

로 구분할 수 있다.

　[그림 8-4]는 제품수명기간 동안에 발생할 수 있는 총 품질비용의 관계를 나타낸 것이다.

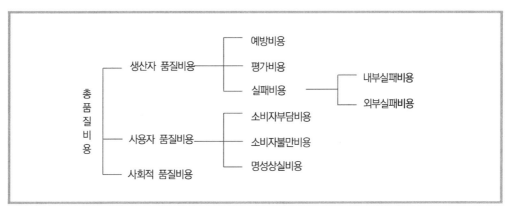

[그림 8-4] 총 품질비용의 분류

　8장에서 계산하고자 하는 품질비용은 직접품질비용으로서 주로 생산자 품질비용을 산출하는 방법으로 그 구성은 〈표 8-1〉과 같다.

〈표 8-1〉 품질비용의 구성

구 분		내 용
TOTAL Q-COST	P-COST (예방비용)	불량품을 만들지 않도록 하기 위한 품질관리활동이나 품질관리교육에 관련된 비용으로 즉 처음부터 불량이 생기지 않도록 하는데 소용되는 비용
	A-COST (평가비용)	품질수준을 유지하기 위한 품질평가의 비용을 말한다. 검사비용과 거의 같은 뜻으로 사용된다.
	F-COST (실패비용)	품질불량, 품질결함 등 품질상 실패에 의해 발생하는 사내외의 모든 손실비용을 말한다.(소정의 품질수준을 유지하는 데 실패하였기 때문에 생긴 불량품, 불량원재료에 의한 손실비용)
	IF-COST (내부실패비용)	고객측에 제품을 출하하기 전 사내에서 발견된 품질문제로 인하여 발생된 손실비용
	EF-COST (외부실패비용)	고객측에 제품을 출하(판매)한 후 사외에서 발견된 품질문제에 인하여 발생된 손실비용

① 실패비용(F-COST : Failure Cost)

┌ 사내실패비용(IF-COST : Internal Failure Cost)
└ 사외실패비용(EF-COST : External Failure Csot)

② 평가비용(A-COST : Appraisal Cost)
③ 예방비용(P-COST : Prevention Cost)

이들 세 가지 각 품질비용의 내용은 공장이나 기업의 성격에 따라 다를 수 있으므로 품질비용의 세부적인 비용항목들은 해당 기업의 실정을 고려하여 정한다.

(2) 파이겐바움의 Q-COST 분류기준

Ⅰ. 예방비용
A. 품질계획(품질관리기술업무) B. 공정관리(공정관리기술업무) C. 품질관리부문 이외의 기능에 의한 품질계획 D. 품질정보장치의 설계의 개량 E. 품질훈련 F. 기타의 예방지출
Ⅱ. 평가비용
A. 구입자질의 시험과 검사 B. 시험실에서의 수입시험 C. 시험실 기타에 의한 측정 D. 검사 E. 시험 F. 점검 G. 시험 및 검사의 준비작업 H. 시험 및 검사용의 자재 I. 품질감사 J. 외부기관에 의한 보증

K. 시험검사장치의 보수와 목성조정	
L. 출하전의 재시험 또는 문제점	
M. 납품처에서의 시험	

Ⅲ. 사내실패비용

A. 스크랩

B. 재손질

C. 자재조달비

D. 공장납연격기술

Ⅳ. 사외실패비용

A. 고정비(클레임 비용)

B. 제품의 서비스

2) 품질비용 항목구분별 내용

품질비용의 구분별 세부항목과 산출내역의 예를 다음과 같이 나타낼 수 있다.

(1) Q-COST 항목구분별 산출내역

구 분	항 목	세부 항목	산출 내역
예방 비용	계획 비용	품질업무계획 추진비용	업무를 계획, 추진하는데 소요된 비용(회의비, 교육훈련비, 행사비, 도서인쇄비)
		검사 및 시험계획비용	검사 및 시험의 수준 등의 결정을 위한 회의 등의 제 경비
	교육 훈련 비용	QM교육훈련비용	품질향상 및 의식제고를 위해 실시된 사내외 품질관리교육비용 및 소요비용
		외부업체지도 및 평가비용	외부업체 관리부서의 인건비 및 사무용품비와 지도출장비 등의 협력업체 관련 소요비용
		소비자교육비용	소비자의 제품 오용 방지를 위한 교육 등의 제반비용
	품질 기술 비용	기술도입비용	품질향상을 위하여 도입되는 기술과 관련된 비용
		품질개발을 위한 조사연구비용	품질향상을 위하여 조사 연구 등의 목적으로 사용되는 비용
		공정개선관리비용	품질향상을 위한 공정개선 설비 투자비 및 그 외 관련 비용

구 분	항 목	세부 항목	산출 내역
		QM사무비용	품질관련부서 사무인원에 대한 인건비 및 사무용품비
	분임조 제안 활동소요비용	분임조활동비용	품질개선을 위한 소집단활동의 지원비용
		제안활동비용	개선 제안의 평가 및 채택제안에 대한 채택시상금
	기타 예방 비용	제품설계의 인정시험비용	시작품의 제작비용 및 제작 자재 소요비, 제경비
		장비점검 및 정비비용	설비보전을 위한 정기점검 인원에 대한 인건비, 제경비
		환경정리비용	5S활동을 비롯한 환경개선 등의 환경정리 인건비 및 제경비
		품질개선활동비용	품질개선을 위한 회의비 및 활동 경비
평가 비용	검사 비용	수입검사비용	원자재, 구입품 및 외주조립, 가공품의 수입검사에 소요된 검사인원의 작업시간에 대한 인건비, 경비
		공정검사비용	제조라인의 조립공정검사 및 부품가공검사에 소요된 공정 검사인원의 작업시간에 대한 인건비, 경비
		제품검사비용	완제품, 반제품의 창고입고검사에 소요된 작업시간에 대한 인건비, 경비
		신뢰성검사비용	각 제품의 신뢰성(정밀측정 포함) 검사에 소요된 작업시간에 대한 인건비, 경비
		출하검사비용	완제품, 반제품의 출하검사에 소요된 출하검사인원의 작업시간에 대한 인건비, 경비
	계측기관리 비용	계측기 기구입비용	계측기 구입에 따른 제반 경비
		계측기 수리비용	계측기 성능의 향상을 위해 제공되는 제반 경비
		계측기 검교정비용	계측기(검사 및 시험기기)의 정기검사와 교정에 소요된 작업시간에 대한 인건비, 소요경비
	기타비용	제품품질인증비용	제품품질의 인증비용 및 제반경비
내부 실패 비용	불량 손실 비용	불량품 폐기비용	출하되기 이전 단계에서 불량품이 판정되어 폐기시키는데 소요된 소요경비와 불량품의 제조원가
		폐기손실 자재비용	사내 작업불량 폐기나 기타 유실자재(스크랩, 샘플, 망실 등)로 인해 손실된 자재비용
		제품등급저하 손실비용	제품품질의 등급저하로 인한 손실 비용
		불량 재작업비용	출하 검사 불합격 로트 제품의 선별검사 및 선별된 불량품의 재작업 시간에 대한 인건비, 경비
		불용 자재매각손실비용	기 구매 자재 중 사용용도가 없어짐(진부화, 탈색, 모델변경 등)으로 인하여 매각에 따른 손실분
	작업 중단 유실 비용	자재품질유실비용	자재품질로 인해 발생한 작업자의 작업 유실시간에 대한 인건비, 경비
		공정불균형(공정대기) 유실비용	공정불균형으로 인해 발생한 작업자의 작업 유실시간에 대한 인건비, 경비
		기계고장 유실비용	기계고장으로 인해 발생한 작업자의 작업 유실시간에 대한 인건비, 경비

구 분	항 목	세부 항목	산출 내역
내부 실패 비용	작업 중단 유실 비용	자재불량 유실비용	자재 불량으로 인해 발생한 작업자의 작업 유실시간에 대한 인건비, 경비
		정전, 단수 유실비용	정전 단수로 인해 발생한 작업자의 작업 유실시간에 대한 인건비, 경비
	기타 내부 실패 비용	불량대책 수립비용	품질문제 발생에 대한 대책 및 조치비용
		방청 및 재도장 유실비용	반복 작업의 수행에 따른 비용 발생분, 작업자에 대한 인건비, 경비
		긴급항공수송비용	품질문제로 야기된 긴급 발주비용 추가분
		설계변경(오류) 유실비용	재설계로 인한 재설계시간의 인건비, 불용 자재의 발생손실분 등의 제경비
		Layout변경으로 인한 손실비용	품질문제로 야기된 레이아웃 변경으로 인한 손실비용
		Claim 부대비용	클레임관리를 위한 부대비용
외부 실패 비용	A/S비용	A/S 수리비용	고객에게서 발생된 불량품을 수리하는데 소요된 수리시간에 대한 인건비, 경비
		A/S 교환비용(제품)	고객에게서 발생, 발견된 수리가 불가능한 제품을 교체한 수량에 대한 비용
		A/S 교환비용(부품)	고객에게서 발생, 발견된 수리가 불가능한 부품을 교체한 수량에 대한 비용
		사용자제조공정 손실비용	자사 불량품으로 인한 사용자 제조공정 유실시간에 대한 지급비용
	기타 실패 비용	Claim 비용	고객에게 자사 제품의 품질문제로 인해 생긴 손해를 배상해준 비용
		제조물 책임비용	고객에게 자사 제품의 품질문제로 인해 생긴 손해를 법적으로 배상해준 비용 및 소송비용 일체

3) 품질비용의 집계

품질비용을 산출하는데 필요한 데이터를 수집함에 있어서 기존의 회계 시스템을 이용하면 많은 정보를 얻을 수 있다.

예를 들어 품질관리부서나 검사부서의 인건비나 A/S비용, 교육 훈련비 등은 회계자료에서 쉽게 파악할 수 있는 것들이다.

이밖에 품질비용과 관련된 주요정보로서 제조부서나 간접 지원부서에서 작성, 사용하는 기준문서들도 있는데 기업에서 품질비용의 주요 자료원이 되는 것으로는 다음과 같다.

① 원자재 생산 수율표

② 작업 폐품 반납전표

③ 유실공수 집계표

④ 출근부나 전산 집계표

⑤ 손익분석표

⑥ 제품임률표

⑦ 경비예산이나 실행실적대장

⑧ A/S보상 서류

⑨ 노무비 내역표

⑩ 시상내역서 또는 영수증 등

이상과 같은 계량화된 자료가 없을 때, 설계자가 고객의 품질요구를 시방으로 작성하는 데 소비된 비용을 산정할 때는 〈표 8-2〉와 같이 부서별 Q-COST 항목별 산출방식을 정하고, 그에 소요되는 시간을 추정하여 그 사람의 임율을 곱하여 품질비용을 산정한다.

〈표 8-2〉 Q-COST 산출의 예

구 분	항 목	산출방식(주기 : 월간)	비고
P-COST	QA, QC 사무용품비	경비중 사무용품 비용 합계	조사연구비대장
	QA, QC 사무인건비	(QA, QC 총사무직인원 - QA 고객직접인원×관리직 평균임금/1인	해당부문인원 임율산출자료
	품질교육비	* 사내 = Σ(교육인원수×교육일수×일교육시간 ×회사평균임율) * 사외 = Σ(교육인원수×인당사외교육비용	교육실적자료 임율산출자료
	품질기술비용 (기술, QC, QA)	조사연구비용(타사제품구입비, 시장조사비)+ 지급수수료(기술도입료, 고문료)	조사연구비대장 지급수수료
	QM 비용	분임, 제안비용 → 채택, 평가 시상금	시상내역서
	외부 감사비용 (자체, 외부)	Σ(투입 M/H×회사평균임율)	감사내역서 (시간, 투입인원)
A-COST	검사비용	수입, 공정, 최종검사 = Σ(검사인원수×일일근무시간×기능직 평균임율)	검사비용대장
	외주품검사비용	외주품검사 = Σ(검사인원수×일일근무시간×기능직 평균임율)	검사비용대장
	신뢰성검사비용	Σ(검사투입인원×검사투입시간×기능직 평균임율)	검사비용대장

구 분		항 목	산출방식(주기 : 월간)	비고
F I C O S T		시험측정비용	시험, 시작 ∑(검사인원수×시험,측정비용×기능직 평균임율)	시험측정대장
		계측기교정비용	∑(교정투입인원×교정시간×관리직 평균임율)+외주교정비용	교정검사대장
	I F I C O S T	불량폐기비용	스크랩(SCRAP), 부산물 ⇒ 월간 총 폐기 비용 원부자재 불량 손실비용 　={전월말재고비용+당월자재구입비용 − 기말재고비용} 　− 당월배합실적×배합단가/kg 배합고무 　={(전월말재고비용+당월생산중량−기말재고비용)× 　배합평균단가/kg} − 당월생지작업중량×생지제조단가 생지 　={(전월말재고비용+당월생산량−기말재고량)×생지제조단가} 　− 당월가류생산량×가류제조단가 철 　={(전월말재고비용+당월생산량−기말재고비용)×가공단가/ 　EA} − 당월배합실적×제조단가 제품 　={(전월말재고비용+당월생산량−기말재공)×제조원가/EA} 　− 당월제조입고금액	폐기물처리대장 자재구입현황 재고현황 배합고무생산현황 재고현황 철생산현황 재고현황 제품생산현황 재공현황
		재작업비용	∑(LOT수량×재작업시간/EA×투입인원×기능직 평균임금)	최종검사현황 재작업기록대장
		재검사비용	∑(LOT수량×재작업시간/EA×투입인원×기능직 평균임금)	최종검사현황 검사소요시간 기록대장
		기계고장유실비용	∑(기계고장시간×투입인원×기능직 임율)×제품단가	설비고장대장 (총시간, 투입인원)
		설계변경 유실비용	∑(설계변경시간×투입인원×관리직 임율)	설계변경대장 (시간, 투입인원)
		품질대책비용 (회의발생비용)	∑(대책시간×투입인원×회사평균임율)	품질대책대장 (시간, 투입인원)
	E F I C O S T	Claim 비용	경비계정 항목중 잡손실 (Line stop 비용 + 품질 Claim 비용)	설비종합효율대장 CLAIM 대장
		외주품건사비용	월간반품회수×(반품회수 소요시간+처리소요시간) 　×투입인원×회사평균임율	영업반품기록대장 생산반품기록대장
		품질대응 비용	월간출장회수×1회출장인원×1회출장비용	검사비용대장
		상주인원건비(품질)	월간 상주원 인건비	상주원지급대장

　　회계 및 관리 자료를 토대로 품질비용 산출에 적합한 시스템을 설정하여 산출하는 것이 바람직하다.

각종 자료에서 수집된 비용 산출 데이터는 적절한 집계표에 집계되어야 하는데,

    ① 일반적으로 각 비용(F, A, P-COST) 항목별, 월별로 작성한다(〈표 8-3〉 참조).

    ② 품질비용을 제품별, 비용항목별로 집계한 품질비용 종합 집계표를 작성할 수 있다(〈표 8-4〉 참조).

이 밖에 제품별 또는 부서별 품질비용이 산출되지 않은 공통비 내지 간접비 성격을 띠는 내용에 대해서는 주어진 배분 기준에 의거 제품별 또는 부서별로 배분하여 비용 항목별로 추정하여 품질비용 테이블 및 집계표에 산정한다.

〈표 8-3〉 공 정 검 사 내 용

비용구분·평가코스트
기 간2016년 10월분

제품명		검사 인원수	검사인원 근무시간(분)				임율 (분당)	검사비용 (천 원)
			정상근무 시간	잔업시간	특근시간	근무시간 계		
A공장	트랜스	40	514,080	245,475	56,160	815,715	20.320	16,575
	모터	60	761,640	214,470	87,120	1,063,230	31.523	33,516

〈표 8-4〉 품질비용 집계표

(단위 : 천원)

분류	부서	항목	세부항목	비용	비고
A Cost	CS Group	검사	수입검사 경비	10,207,450	
			출하검사 경비	4,935,260	
		측정	시험측정 경비	3,781,020	
			계측기 검교정	3,828,110	
			계측기 구매	0	
			계측기 수리	110,000	
	생산1팀	공정검사	공정검사 인건비(선별)	9,000,000	
	생산2팀	공정검사	공정검사 인건비(선별)	43,200,000	
A-Cost 합계				75,061,840	
IF Cost	CS Group	검사	외주공정 반품분석 인건비	100,000	
			외주공정 반품폐기 비용	299,196,800	
		관리	불량대책 수립 비용	0	
	기구개발	관리	설계변경(오류) 유실비용	0	
	생산	불량 손실	불량폐기 비용(생산1팀)	227,421,800	
			불량폐기 비용(생산2팀)	47,517,870	
			불량재작업 비용	0	
IF-Cost 합계				574,246,470	
EF Cost	CS Group	검사	고객공정 반품불량 분석	100,000	
			고객공정 반품폐기 비용	516,080,000	
		불량 손실	고객 CLAIM 비용	0	
	생산	불량 손실	불량재작업 및 선별 비용	0	
	영업	상주	현지 상주 사무실 운영비	5,187,070	
			현지 상주 인건비	17,937,440	
			품질 사고 처리	0	
			고객공정 반품반송비	282,000	
IF-Cost 합계				539,586,510	

10월 Q-cost 분석

■ IF-Cost 합계
■ EF-Cost 합계
□ A-Cost 합계

주 : P-Cost는 자료 확인 중

4) Q-COST의 분석 및 개선업무 Flow

(1) Q-COST 분석

품질비용은 잠재관리 불량 등 경영상의 문제점을 발견하고 개선함으로써 원가를 절감하기 위한 전사적인 관리활동이다. 품질비용이 집계된 다음에는 분석을 실시함으로써 품질비용을 최소화하는 방법을 모색하여야 한다.

가. 품질비용의 추이분석

[그림 8-5]와 같이 월별로 집계된 품질비용의 추이(trend)를 플로트(plot)하여 봄으로써 예방비·실패비 및 전체 품질비용의 추이를 파악하고, 전체 품질비용의 경향을 볼 수 있다.

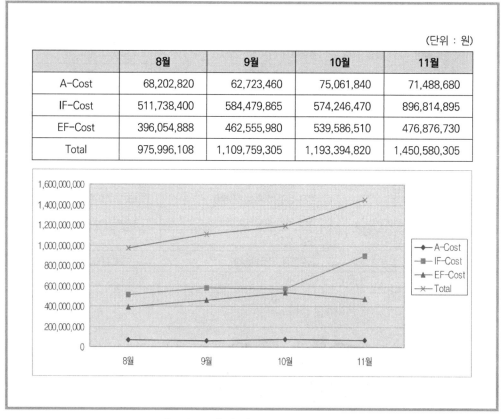

(단위 : 원)

	8월	9월	10월	11월
A-Cost	68,202,820	62,723,460	75,061,840	71,488,680
IF-Cost	511,738,400	584,479,865	574,246,470	896,814,895
EF-Cost	396,054,888	462,555,980	539,586,510	476,876,730
Total	975,996,108	1,109,759,305	1,193,394,820	1,450,580,305

[그림 8-5] 월별 Q-cost 추이도

나. 제조원가 대 품질비용의 비율분석

품질비용이 제품의 제조원가의 몇 %를 차지하고 있는가 하는 것을 파악하는 것이 중요하다. Feigenbaum에 의하면 품질비용은 제조원가의 6~7%가 적당하다고 말하고 있다.

다. 품질비용의 구성비율 분석

품질비용을 구성하는 예방비·평가비·실패비의 각각이 전체 품질비용의 몇 %를 차지하고 있는가 하는 것을 보기위한 것이다.

예를 들어 어떤 제품의 품질비용이 제조원가 대비 8%이고 그 구성비가 예방비 3%, 평가비 43%, 실패비 54%로 집계되었다고 한다면 예방비를 증가시켜 평가비를 저감하도록 대책을 강구함으로써 전체 품질비용의 제조원가에 대한 비율을 감소시킬 수 있게 된다.

라. 제조그룹별 분석

제조그룹별 분석은 실패비와 평가비를 제품그룹별로 분석함으로써 실패비와 평가비가 어느 제품에서 많이 발생하는가를 확인하고 대책을 수립·실시하고자 하는 것이다.

마. 부문별 분석

부문별 분석은 실패비를 책임부문(설계·자재·제조·설비·포장·운반·관리 등)별로 분석함으로써 실패비가 많이 발생하는 부문을 찾아내고 대책을 수립·실시하고자 하는 것이다.

바. 주요공정별 분석

주요공정별 분석은 실패비와 평가비를 주요공정(외주공장 포함)별로 분석함으로써 공정별 작업의 개선대책과 검사비의 절감대책을 강구하고자 하는 것이다.

이상과 같은 제반 분석 중 가, 나, 다는 품질비용의 추이와 구성비 등을 파악하고자 하는 것이지만 라, 마, 바는 품질비용의 절감대책을 강구하자는 것이다.

이는 고품질비용 분야를 발견하고 개선대책을 수립함으로써 경제적인 품질관리를 실시하고자 하는 것이다.

평가비용의 절감대책을 효과적으로 수립하기 위하여 검토하여야 할 사항은 다음과 같다.

① 제조공정순서상 현 검사장소의 적절성 여부에 대한 검토

② 현 검사방법의 경제성 검토

③ 검사의 자동화 가능성의 검토

④ 검사자료처리의 자동화 가능성의 검토

⑤ 불량품발생 예방을 위한 현 공정관리방법의 적절성 검토

⑥ 경제적인 외주시험방법의 유무 검토

⑦ 고임금의 검사원의 업무를 저임금의 작업자에게 이관가능성 여부의 검토

실패비용의 절감대책을 효과적으로 수립하기 위해서는 검토할 순서는 다음과 같다.

① 고비용 요소의 원인분석에 의거 불량품 발생공정의 식별, 설비 및 제조기술상의 원인식별, 자재별 원인식별 등을 행하고, 식별된 원인의 책임 부서로 통보한다.

② 통보한 불량원인에 대한 시정조치 여부의 확인한다.

③ 반품율이 높은 부문의 발견과 이에 대한 시정조치를 실시하고

④ 시정조치 수행이 설계변경과 치·공구변경에까지 시행되고 있는지 확인한다.

이러한 품질비용의 지속적인 개선을 위해서는 [그림 8-6]의 예와 같이 지속적인 개선을 위한 업무 프로세스를 정립하고 실천하는 것이 필요하다.

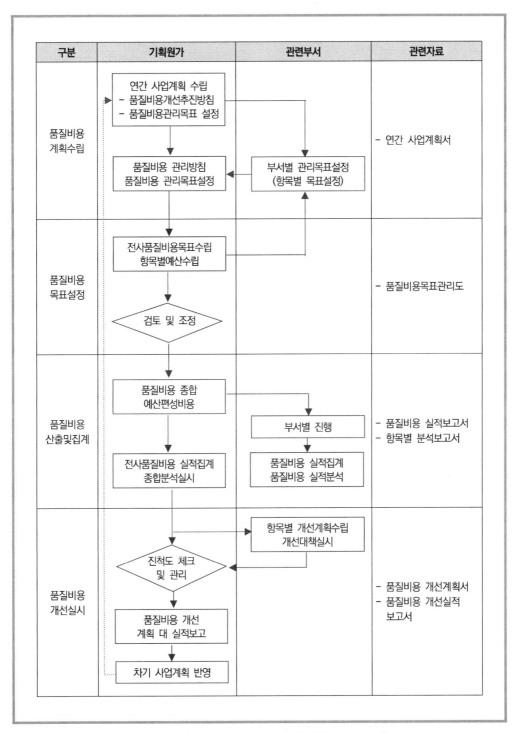

구분	기획원가	관련부서	관련자료
품질비용 계획수립	연간 사업계획 수립 - 품질비용개선추진방침 - 품질비용관리목표 설정 품질비용 관리방침 품질비용 관리목표설정	부서별 관리목표설정 (항목별 목표설정)	- 연간 사업계획서
품질비용 목표설정	전사품질비용목표수립 항목별예산수립 검토 및 조정		- 품질비용목표관리도
품질비용 산출및집계	품질비용 종합 예산편성비용 전사품질비용 실적집계 종합분석실시	부서별 진행 품질비용 실적집계 품질비용 실적분석	- 품질비용 실적보고서 - 항목별 분석보고서
품질비용 개선실시	진척도 체크 및 관리 품질비용 개선 계획 대 실적보고 차기 사업계획 반영	항목별 개선계획수립 개선대책실시	- 품질비용 개선계획서 - 품질비용 개선실적 보고서

[그림 8-6] 품질비용 분석 및 개선업무 Flow 예

	관 리 표 준	표준번호 : MS-001
		제정일자 : 2004. 8. 20
	품질비용(Q-COST) 관리규정	개정일자 : 2016. 8. 20
		개정번호

목   차

1. 적용범위

2. 목적

3. 용어의 정의

4. 책임과 권한

5. 업무절차

6. 문서(기록)보관 및 보존

7. 관리규정(규격)

8. 별첨

관 리 표 준	표준번호 : MS-001
	제정일자 : 2004. 8. 20
품질비용(Q-COST) 관리규정	개정일자 : 2016. 8. 20
	개정번호

1. 적용범위

이 규정은 0000주식회사(이하 "당사"라 한다)에서 품질비용(Q-COST) 산출 및 관리업무에 수반되는 전반적인 품질비용의 편성, 관리목표 설정, 분석, 비용산출, 분석, 활용방법 및 절차에 적용한다.

2. 목적

이 규정은 당사에서 발생되는 품질비용에 대한 산출기준을 통일시켜 전체 품질비용을 파악하여 경제성 평가 자료로 활용하고 품질 문제를 금액으로 환산 제시하여 관련부서에 품질개선에 대한 동기부여 및 코스트간의 적정비율 조정을 통한 실패비용 최소화로 경영이익 확보에 그 목적이 있다.

3. 용어의 정의

3.1. 품질비용(QUALITY COST)

설정된 품질목표를 만족시키기 위하여 품질보증 활동을 위한 비용으로 품질활동을 계획, 실시하는 비용, 품질을 평가하기 위한 비용 및 품질실패로 인하여 발생되는 제반비용을 말한다.

3.1.1 예방비용(P-COST : PREVENTION COST)

품질의 계획이나 제반기술 배양, 품질교육 등 품질문제 발생을 사전에 예방하기 위한 활동에 소요되는 모든 비용을 말한다.

3.1.2 평가비용(A-COST : APPRAISAL COST)

적정 품질수준을 유지하기 위하여 자재, 외주가공 및 제품의 품질평가나 불량의 발견을 위한 검사 및 시험작업 시간에 대한 비용을 말한다.

3.1.3 실패비용(F-COST : FAILURE COST)

원자재나 재조공정 또는 제품의 규격 등 소정의 품질수준을 유지하는데 실패하여 불량품이 되거나 수리 또는 재가공품으로 처리할 때 생기는 손실비용을 말하며 사내 실패비용(IF-COST)과 사외 실패비용(F-COST)으로 구분한다.

	관 리 표 준	표준번호 : MS-001
		제정일자 : 2004. 8. 20
	품질비용(Q-COST) 관리규정	개정일자 : 2016. 8. 20
		개정번호

1) 사내 실패비용(IF-COST : INTERNAL FAILURE COST)

사용자 즉 고객에 제품을 출하하기 전에 출하하기 전까지 사내에서 발생, 발견된 품질문제(불량)로 인하여 발생된 손실비용을 말한다.

2) 사외 실패비용(EF-COST : EXTERNAL FAILURE COST)

사용자 즉 고객에 제품이 출하(판매)된 이후 사외에서 발생, 발견된 품질문제(불량)로 인하여 발생된 손실비용을 말한다.

4. 책임과 권한

4.1 기획원가 부서장

4.1.1 전체품질비용을 산출 및 분석하여 최고경영자에게 보고할 책임이 있다.

4.1.2 산출 분석된 품질비용은 사업에 대한 경제성 평가 자료로 활용할 수 있도록 관련부서에 제공할 책임이 있다.

4.1.3 품질비용에 대하여 코스트간 적정 비율을 조정 및 관련부서에 품질비용 개선을 위한 개선조치를 요구할 권한이 있다.

4.1.4 제품별, 공정별 표준제조원가를 산정 할 책임이 있다.

4.1.5 연간 적용할 표준제조원가 및 임율을 관련부서에 통보할 책임이 있다.

4.2 품질관리부서장

4.2.1 기획원가 부서장과 협의하여 관련부서에 품질비용의 관리목표와 밸런스 유지를 위한 방안이나 정보를 제공할 책임이 있다.

4.2.2 실패비용(F-COST)에 대한 종합집계 및 관리할 책임이 있다.

4.3 관련부서장

4.3.1 자부서 내에서 발생 또는 집계되는 품질비용을 집계 관리할 책임이 있다.

4.3.2 자부서에 책임이 있는 품질비용 WORST 항목을 선정하여 관련부서와 협의하여 개선 활동팀을 구성하여 개선 추진할 책임이 있다.

4.3.3 자부에 책임이 있는 품질비용에 대한 개선계획 및 실적을 관리할 책임이 있다.

	관 리 표 준	표준번호 : MS-001
		제정일자 : 2004. 8. 20
	품질비용(Q-COST) 관리규정	개정일자 : 2016. 8. 20
		개정번호

5. 업무절차

5.1 계획수립

5.1.1 기획원가 부서장은 경영방침에 의거 중, 장기 및 연간 품질비용 개선 추진 방침 및 관리목표를 설정하고 전부서에 배포하여 부서별 운영계획을 수립토록 추진한다.

5.1.2 기획원가 부서장은 각 부서별 운영계획을 취합하여 검토 및 조정을 실시하고 전사운영 계획 및 관리목표를 설정하여 대표이사의 승인을 득한다.

5.2 품질비용 구성

당사의 품질비용의 구성은 별첨 표1에 따른다.

5.3 품질비용의 관리목표

당사의 품질비용의 관리목표는 총매출액의 20%를 초과하지 않도록 관리하여야 한다.

5.3.1 품질비용은 다음과 같은 밸러스를 유지하도록 하여야 한다.

구 분	P-COST(예방비용)	A-COST(평가비용)	F-COST(실패비용)
비 율	25%	30%	45%

5.3.2 당해년도 품질비용 관리목표는 해당 책임부서장이 설정하고 필요시 최고 경영층의 지시에 따른다.

5.4 교육

5.4.1 기획원가 부서장은 관리목표의 설정과 운영계획에 대하여 전부서를 대상으로 전사적인 품질비용 산출과 관리방법에 대하여 교육을 실시하여야 한다.

5.4.2 해당 관련부서장은 부서별 관리항목을 설정하고 품질비용을 산출한다.

5.5 품질비용 산출

5.5.1 품질비용에 관련하여 임율은 기획원가부서에서 산출된 임율을 적용한다.

5.5.2 품질비용 산출항목 및 산출방법은 별첨 표 2에 따른다.

관 리 표 준	표준번호 : MS-001
	제정일자 : 2004. 8. 20
품질비용(Q-COST) 관리규정	개정일자 : 2016. 8. 20
	개정번호

5.6 품질비용의 취합

　　해당 관련부서장은 매월 5일까지 전월 발생비용을 산출하여 기획원가부서로 통보하고 기획원사부서에서는 해당 관련부서 실적을 통보받아 항목별 비용을 종합분석하여 대표이사의 승인을 득한 후 관련부서에 배부한다.

5.7 품질비용의 개선

　　품질비용 항목별 책임부서장은 관련부서와 협의하여 개선팀을 구성하여 관련 규정에 따라 개선 추진한다.

6. 문서(기록)의 보관 및 보존

　　본 규정과 관련된 기록은 품질기록관리규정(APQ-1601)에 따라 유지 관리한다.

기록명	양식번호	보존기간	비　고
(　)월 품질비용 종합분석 보고서	AMS-B204양1	10년	
(　)월 부서별 품질비용	AMS-B204양2	10년	

7. 관련규정 및 규격

　　(1) 지속적 개선 개선업무 규정(APQ-0203)

　　(2) 사업계획서 관리규정(APQ-0102)

　　(3) 6시그마 자격인정 및 운영규정(AMS-A509)

8. 별첨

　　(1) 품질비용 분석 및 개선 업무 FLOW

　　(2) 표 1 Q-COST의 구성

　　(3) 표 3 품질비용(Q-COST) 산출방법

　　(4) (　)월 품질비용 종합분석 보고서(AMS-B204 양1)

　　(5) (　)월 부서별 품질비용(AMS-B204 양2)

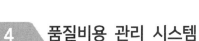

4 품질비용 관리 시스템

1) Q-cost 운영 체계도

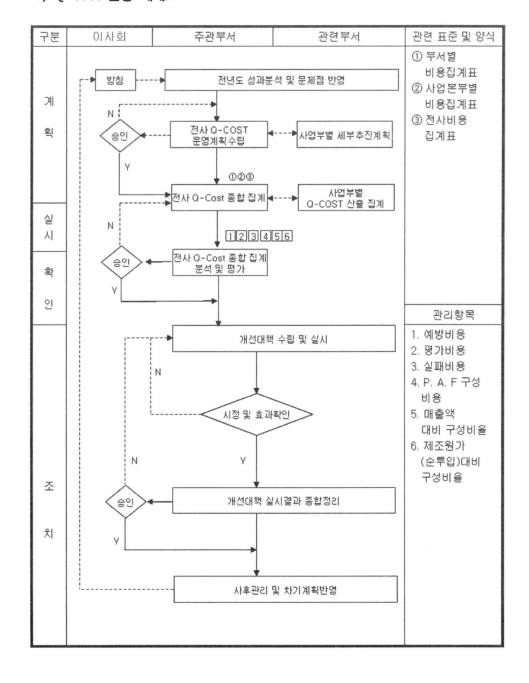

2) Cycle별 활동내용

(1) 품질COST 실적집계

가. 집계기준

① 각 비용(F, A, P-COST) 항목별 품질COST의 산출은 비용 발생부서에서 산출한다.

② 품질비용의 산출은 제품관리 단위(전산 CODE 부여)로 집계, 산정한다.

나. 집계방법

① 수작업 집계 : 비용항목별 코스트 테이블에 의해 관련 회계자료에서 집계 산정한다.

② 전산출력집계 : 비용항목별 전산 Program을 운용, 집계한다.

다. 집계순서 및 데이터의 처리기준

① 재정(경리)부서는 각 비용(F, A, P-COST) 항목별 품질비용 산출에 필요한 제반회계 자료를 집계한다.

② 비용 항목별로 집계된 회계 자료로 비용항목별 코스트 테이블 각 항목 란에 필요한 데이터를 기재, 항목별 비용을 산출한다.

특히, 각 비용(F, A, P-COST) 항목 중 비용이 여러 제품에 공통적으로 발생될 때(즉, 제품별 구분이 안 될 때)에는 관련제품별 작업공수 배분지(고, 부, 공장별 배분비)에 따라 제품별 배분비용을 산출, 적용한다.

③ 품질비용 산출 자료의 집계 시에는 1개월 단위(전월 말일부터 당일 말일가지)로 집계하여 비용을 산출한다.

④ 재정(경리)부서는 해당 생산 제품별 품질비용 산출을 익월 초까지 완료하고 과, 부장의 결재를 득한다.

⑤ 재정(경리)부서는 익월 초순 내에 예산관리부서로 실적 1부를 송부한다.

⑥ 예산관리부서는 재정(경리)부서의 실적을 취합, 검토 후 공장별 실적을 집계하여 공장책임자의 결재를 득한 후 매월 중순까지 실적 1부를 전사 총괄부서로 송부한다.

(2) 품질비용의 분석

가. 적절한 품질 지렛대(Quality Lever)의 선정

즉, 문제에 대한 근본적이니 요인 및 유형을 정확히 파악하고 그것을 해결하기 위한 최선의 방법을 찾는다.

나. 분석기준

각 비용 중 전체 Q-COST를 줄이는데 가장 영향력이 큰 비용 항목의 감소, 관리를 위한 분석을 한다.

다. 분석방법

① 측정기준에 의한 분석
② 목표대비 실적차이 분석(미달원인 분석)
③ 월별 추이분석(전월 실적대비 당월 실적의 증감 변동 요인)
④ 적정 수준치와의 차이를 비교분석

라. 분석 결과의 평가에 의해 품질불량항목을 추출한다.

① 품질비용 실적의 분석 결과, 손실이 많이 발생하는 비용 항목
② 손실비용이 장기간 크게 나타난 불량항목
③ 품질비용의 경제성 관리로 개선효과가 큰 불량항목
④ 동기부여 효과가 큰 불량항목
⑤ 효과 측정이 용이한 불량항목
⑥ 실행 가능한 불량항목

마. 품질 불량 항목에 대한 이해 명시

① 품질 불량 항목이 정해졌으면 항목에 대한 충분한 설명을 붙여 관련자 내지 관련 부문의 이해를 확실히 이해한다.
② 불량 항목 해결의 목적
③ 해당 불량 항목의 설정 이유
④ 불량 항목 해결의 기대효과(금액, 비율)

(3) 추출된 품질불량 항목의 개선 대책 수립

가. 품질불량 항목에 대한 현상 파악

① 불량항목에 영향을 미치는 원인(요인)을 파악한다.

② 불량항목에 대한 불량원인(요인)별 파레토도를 작성, 발생정도를 비교한다.

나. 개선 대책 수립

① 규명된 원인에 대해 개선 대책서를 작성, 관리한다.

② 품질 불량항목을 제거할 때의 처리할 대상은 원인(요인)이다. 따라서 참된 원인에 대해서 〈표 8-4〉와 같은 개선 대책서에 적절한 대책을 수립하는 것이 중요하다.

다. 품질비용 종합보고서(〈표 8-5〉 참조)를 작성하여 관리한다.

개선 대책서에 작성이 어려운 요인까지 포함하여 문제점을 분석하고 대안을 찾는다.

〈표 8-4〉 품질비용 개선 대책서

비용항목	비용발생문제점		개선대책		책임부서		협조부서			완료일정
	품질불량 항목	원인(요인) 규명	개선과제 (명)	관리방향 (무엇을→ 어떻게)	담당자	책임자	업무 협조부서	담당자	업 무 협조내용	

〈표 8-5〉 월 품질비용 종합분석보고서

( )월 품질비용 종합분석 보고서

결 재		
작성	승인	검증

1. 종합분석 결과

(단위:천원)

구분	월	월	증감
예방비용			
평가비용			
사내실패비용			
사외실패비용			
총실패비용			
TOTAL			

2. 항목별 구성비율 분석

구분	월	월
예방비용		
평가비용		
실패비용		
매출액비		
제조원가비		

3. 항목별 구성비율 분석

4. 분석결과 주요 문제점

제9장 코스트 테이블 작성 포인트 및 활용

코스트 테이블은 합리적인 원가요소 분석을 통하여 최적 구매단가 결정 방법을 제공함으로써 공급업체와 수요기관의 공통적인 척도를 제공한다.

1 코스트 테이블 기본기능 및 중요성

1) 코스트 테이블은 부문 간의 공통언어

코스트 테이블은 원가의 절감뿐만이 아닌 원가설명이나 부분간 조정의 최소화, 불신감의 해소 등 원가업무의 효율화에 효과가 크다.

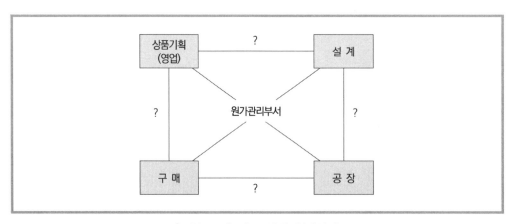

[그림 9-1] 각 부서와 원가관리

원가는 부서별 공통언어가 되어야 한다. 그렇지 못한 경우에는,

① 상품계획 변경

② 기능의 변경(사양, 품질, 성능 등)

③ 도면 수정

④ 고가구매(기회손실)

⑤ 부문간의 불신감, 조정업무 증대

⑥ 부품 메이커와 불신감 증대

로 나타난다.

2) 원가는 기술의 결과

원가는 「이해하기 어렵다」라고 말하지만 기업에서 보면 원가는 고유기술과 관리기술의 결과로 나타나는 경영 값이다.

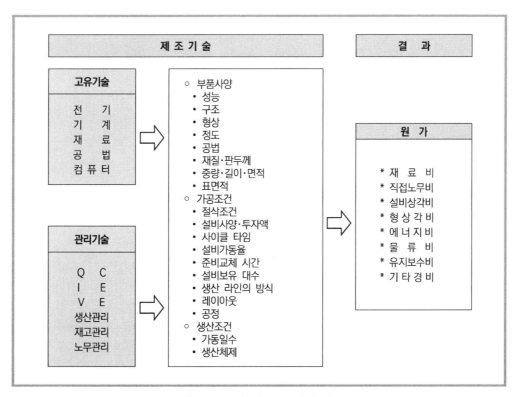

[그림 9-2] 제조기술과 원가

요인별로 요소값과 내용을 정량화 한 후 변동요인별 코스트와의 상관성을 분석한다.

3) 코스트 테이블의 기본기능

(1) 원가(기술의 수준)를 견적하거나, 평가하는 자사의 기준(척도)

어느 부품 메이커가 이 원가수준까지 기술(고유, 관리)이 도달하였는지 여부를 파악할 수 있다.

(2) 원가를 내리기 위한 도구

공장간 원가, 부품 메이커의 약점을 찾아내어 개선 제안을 할 수 있다.

(3) 목표원가의 설정, 계약을 위한 도구

코스트 테이블을 사용하여 사양·도면이나 부품을 견적하기도 하고, 평가하기도 하여
　　① 기술적으로 합리적인 목표원가를 설정한다.
　　② 부품 메이커와 협의하여 계약하는 도구로 활용할 수 있다.

4) 코스트 테이블 활용 업무

다음과 같은 업무에 코스트 테이블이 활용된다.
　　① 성능·사양 선정시의 원가 검토
　　② 공법 선정시의 원가 검토
　　③ 목표원가의 설정
　　④ 도면의 원가 견적
　　⑤ 부품 메이커 지도
　　⑥ 원가개선안의 원가 평가
　　⑦ 내·외작 원가 검토

5) 코스트 테이블과 가격 테이블

(1) 코스트 테이블

코스트 테이블은 기술 원단위의 근거자료를 갖고 있는 것으로, 작성하기 위해서는 시간과 공수가 필요하다. 또한, 원가 견적·평가에 있어서는 원가 산출을 위한 입력항목이 많고, 다소의 전문적인 지식도 요구된다.

(2) 가격 테이블

원가의 견적·평가 업무에 필요한 도구인 코스트 테이블에 추가, 가격관리 측면에서는 가격(제조원가 + 영업비·이익)과 사양의 관계에서 견적 평가할 수 있는 테이블이 요구된다. 이 가격과 사양의 관계를 기준화한 것이 가격 테이블이다.

기업으로서는 코스트 테이블과 가격 테이블의 정비는 반드시 필요하다(〈표 9-1〉 참고).

〈표 9-1〉 코스트 테이블과 가격 테이블 비교

구 분	내 용	단위	이 익	결 점
코스트 테이블	· 기술적 원단위 · 실현할 수 있는 최고의 코스트 레벨 · 제조원가	공법별 가공비 형 비 재료비	* 기술적인 원단위를 갖고 견적·평가 * 개선 포인트를 지적가능 * 원가 시뮬레이션이 가능	* 작성에 시간과 공수가 걸린다. * 조건설정이 필요 * 계약치와의 차가 크다.
가 격 테이블	· 현재의 코스트 레벨의 평균치 · 산업평균치 · 이익, 본사비 포함	부품별 기능별	* 만들기 쉽다. * 사용하기 쉽다. * 이해하기 쉽다. * 계약치에 가깝다.	* 기술적으로 견적, 평가를 할 수 없다. * 개선 포인트를 지적할 수 없다. * 변경에 추종 불가

6) 코스트 테이블 작성의 기본적인 사고

(1) 사용목적에 맞아야 한다.

코스트 테이블은 원가 업무개선을 위한 도구이다.

생산개시 전 사용할 것인지, 생산개시 후에 사용할 것인지에 따라서 코스트 테이블의 내용(精度, 상세함)이 달라진다.

코스트 테이블 작성은 코스트 테이블로 해결해야 할 자사의 문제를 명확히 하여, 그 문제해결에 맞는 코스트 테이블을 작성할 필요가 있다.

(2) 기술적인 근거(Back Data)를 갖고 있어야 한다.

원가는 사람에 따라 달라지기도 하며, 산출의 근거가 불명확하면, 사내·거래 메이커를 포함해서 불신이 확산된다. 원가 산출의 전제조건이나 가공·설비·생산성 등의 기술적인 원단위의 명확화는 필수이다.

(3) 누구라도 사용할 수 있어야 한다.

코스트 테이블은 작성한 사람이 가장 열심히 연구하여 많은 내용을 파악하고 있다. 그러나 작성한 사람만이 사용하는 코스트 테이블로는 본래의 목적에 맞지 않다. 회사의 누구라도 사용할 수 있도록 하는 것이 중요하다.

그러기 위해서는 그래프화, 수식화, 컴퓨터화 등에 의해 누구라도 사용할 수 있도록 해 놓는 것이 가장 중요하다.

(4) 항상 유지 관리되어야 한다.

코스트 테이블은 항상 최신정보를 입수하여, 유지 관리하지 않으면 진부화하여 사용할 수 없게 된다.

유지 관리할 수 없는 것은 작성하지 않는 것이 원칙이다.

7) 코스트 테이블 활용을 위한 조건

① 업무의 프로세스가 구축되어 있어야 한다.
② 전사적인 기준으로 이루어져야 한다.
③ 사용하기 쉬워야 한다.
④ 항상 유지 관리되고 있어야 한다.

8) 코스트 테이블 작성 절차

코스트 테이블 작성 절차는 [그림 9-3]과 같이 타나낼 수 있다. 코스트 테이블은 모든 부품에 대하여 작성하는 것이 아니라 구매사 사양으로 생산되는 부품에 한하여 작성하여 효과를 극대화할 필요가 있다.

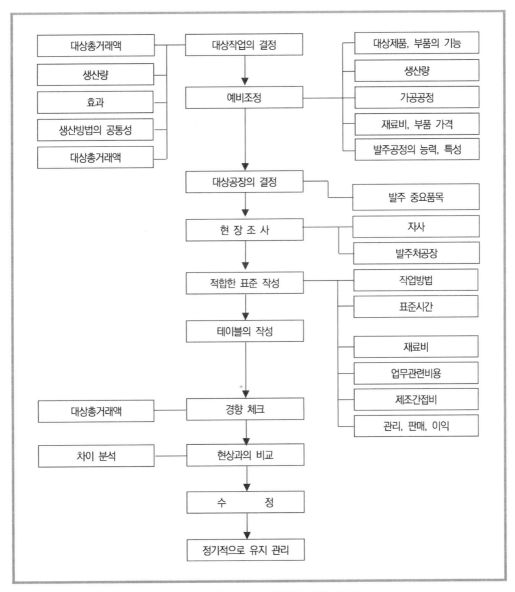

[그림 9-3] 코스트 테이블 작성 순서

2 코스트 테이블의 유형 예

구분	대분류	중분류	소분류	COST TABLE 명
공법	성 형	금 속	PLATE 소성가공	PRESS
				ROLL FORMING
				TAILORED BLANKING
				FINE BLANKING
				CANNING
			주 조	주철주조
				주강주조
				AL 중력주조
				저압주조
				원심주조
			단 조	냉간단조
				열간단조
				AL COLD FORGING
				온간단조
			DIE CASTING	AL DIE CAST'G
				ZN DIE CAST'G
			분말야금	소결(SINTER FORGING 포함)
			압 출	AL 압출
			인 발	PIPE DRAWING
			FORMING	HYDAULIC FORMING
		RESIN	MOLDING	PLASTIC INJECTION
				PLASTIC GAS INJECTION
				정밀 사출
				BLOW MOLDING
				PVC 압출
				가변 압출
				GMT
			발 표	PU FOAM
				PP FOAM
				ENERGY ABSORBER(EPP)
		RUBBER	PRESS	RUBBER PRESS.
			INJECTION	RUBBER INJECTION

구분	대분류	중분류	소분류	COST TABLE 명
공법	절삭	금속	기계가공	선반(범용, AUTO)
				MILLING
				DRILLING
				TAPPING
				REAMING
				HOBBING
				BROACHING
				BORING
				GRINDING
				전 조
				SAWING
	접합	금 속	WELDING	SPOT WELDING
				CO2 WELDING
				PROJECTION WELDING
				STUD WELDING
				SEAM WELDING
				MIG WELDING
				TIG WELDING
				BRAZING
		RESIN	융 착	열융착
				초음파 융착
				VIBRATION 융착
			BONDING	PLASTIC COVERING
			SEALING	HOT MELT SEALING
		CLOTH		재단 & SEWING
	표면 처리	열처리	금 속	침탄/침탄질화/연질화/고주파
				소둔/조질/소준/AUS-TEMP
		도 장	금 속	전착도장
				분체도장
				SPRAY 도장
				DIPPING 도장
		도 장	RESIN	PLASTIC 도장
				WOOD GRAIN
		도 금	금 속	ZN 도금
				DACRO 도금
				CR 도금

구분	대분류	중분류	소분류	COST TABLE 명
공법	표면처리	도 금	금 속	SN 도금
			RESIN	PLASTIC (ABS) CR 도금
		세 척	금 속	초음파 세척
		연 마	금속 PLATE	진동 연마
		BLAST'G	금 속	SHOT BLAST
		증 착	RESIN	AL 진공증착
		COAT'G	RESIN	HARD COATING
				UV COATING
				PU COATING
		FLOCK'G	RESIN	PLASTIC FLOCKING
			RUBBER	RUBBER FLOCKING
		SAND'G	RESIN	PLASTIC SANDING
		인 쇄	RESIN	SILK SCREEN
				LASER CUTTING
부품	공 통	GROUP'G	HARD WARE	BOLT
				NUT
				CLAMP
				WASHER
			SPRING	일반 SPRING
				SUSPENSION SPRING
				VALVE SPRING
			PIPE & WIRE	PIPE BENDING
				EXHAUST PIPE BENDING
				WIRE BENDING
			GLASS	GLASS-DR/WS/BACK
				MIRROR GLASS - O/S
				MIRROR GLASS - I/S
			RUBBER ITEM	저압 HOSE
				고압 HOSE
				W/STRIP & SEAL
				O-RING & OIL SEAL
				HYDRO ENGINE MTG
				BELT
				AUTO TENSIONER
			LABEL류	LABEL & STICKER
	시스템	차 체	MOVING	CABLE

구분	대분류	중분류	소분류	COST TABLE 명
부품	시스템	차 체	MOVING	WINDOW REGULATOR
				LATCH
				SPRING - GAS
			WIPER & KEY	WIPER BLADE
				WIPER LANKAGE ASSY
				KEY SET
			외 장	HANDLE - O/S ASSY
				MIRROR - O/S ASSY
				SPOILER
				SUN ROOF
		의 장	SIDE & ROOF	HEADLINING
				SUNVISOR
				MIRROR-I/S
			INSL.& DEDNER	INSULATION
				CARPET
				DEADNER
				INTEGLATE MAT
				부직포 열성형
			I/P & CONSOLE	I/P
			DOOR TRIM	DOOR TRIM
				HANDLE - I/S ASSY
			SEAT	SEAT SPONGE
				SEAT BELT
				SEAT ASSY
			HVAC	A/C PIPE
				A/C HOSE BLOCK
		샤 시	WHEEL & TIRE	STEEL WHEEL
				AL WHEEL
			STEERING	STEERING WHEEL
				STEERING PUMP
				CLOCK SPRING
				PUMP A - P/S OIL
			SUSPESION	STABILIZER
				MCPERSON STRUT ASSY
			BRAKE	BRAKE PAD
		열유체	INDUCTION	AIR CLEANER

구분	대분류	중분류	소분류	COST TABLE 명
부품	시스템	열유체	EXHAUST	MUFFLER
				CATALYST CONVERTER
			FUEL	FUEL NECK
				PLASTIC FUEL TANK
				CANISTER
				PLASTIC FUEL LINE
				FUEL PUMP A
		엔 진	BASE ENG.	GASKET
				VALVE
				PISTON
				PISTON RING
				OIL FILTER
				SPARK PLUG
				DAMPER PULLEY
				일반 PULLEY
				AUTO TENSIONER
				PL INTAKE MANIFOLD
				WATER PUMP
		구 동	D/LINE	CLUTCH COVER
				CLUTCH DISC
				DRIVE SHAFT
		전 장	배 선	W/HARNESS
				RELAY
			SWITCH	SIGNAL,WIPER S/W
				SWITCH ASSY
			MOTOR	MOTOR
				HORN
			LAMP	BULB 단가
				RESIN 단가
				PROJECTION 단가
				LAMP 수작업 ASSY
			AUDIO	SPEAKER
			I/C & SENSOR	CLUSTER
				DIGITAL CLOCK
				ANALOG CLOCK

구분	대분류	중분류	소분류	COST TABLE 명
부품	시스템	전 장		O2 SENSOR
			I/C & SENSOR	SENSOR류
				전기 소자
				SOLENOID
				PCB
			I/C & SENSOR	STICS
				REKES
재질 단가	STEEL			STEEL PLATE
				STEEL PIPE & BAR
	NON-STEEL			비철(AL, ZN 등)
	RESIN			PLASTIC
				RUBBER
				TRIM
	ELECTRIC			W/HARNESS
	기 타			CABLE, GLASS, GASKET
직종별 임율 부품원가산출기준(총론)				

3 코스트 테이블 작성사례

코스트 테이블 작성사례로는 제조업체에서 많이 사용하는 포장박스를 예로 든다.

1) G/BOX 원가 요소별 계산 기준

순	원가요소	산 출 기 준
1	재 료 비	(원재료 가격/생산수량)+PS판/EA
2	노 무 비	직종별 임율×공정별 작업시간
3	경 비	평균 경비율×공정별 작업시간
4	제조원가	1+2+3
5	판매 및 일반관리비	(1+2+3)×10% (제손실 5% 포함)
6	이 윤	(1+2+3+5)×10%
7	부품원가	4+5+6

주) 제조원가 보상법 및 평균경비율 적용

2) 적용 품목 : GIFT BOX류

3) 생산 과정

구 분	공 정 설 명	작업인원	비 고
제 판	- 인쇄 PS판 생성	1명	●
인 쇄	- 2도 인쇄 작업	2명	○
	- 4도 인쇄 작업	3명	○
코 팅	- 코팅 작업	3명	○
합 지	- 원지와 편단 접착 작업	3명	●
TOM SON	- 설 제거 작업	1명	●
전수검사	- 완제품 전수검사	1명	●

주) ● : 필수공정, ○ : 선택공정

4) 재료비

(1) 재료비 적용기준

$$재료비 = (원재료가격/생산수량) + PS판/EA$$

- PS판 / EA : PS판 가격 / 기준 수량

(2) 재료가격표

[원재료 단가표]   (금액:원)

원재료명	규 격	재 질	단 위	가 격	단가/매	구입처
원지 A	595×510	SC400g	R(500매x2)	54,000	54	
원지 a	520×600	SC350g	R(500매x2)	49,000	49	
원지 B	900×550	SC300g	R(500매x2)	68,000	68	
편단 b	900×550	MS/G	EA(1매x2)	120	60	
원지 C	520×600	SC280g	R(500매x2)	41,000	41	
편단 c	525×590	MS/G	EA(1매x2)	80	39	
잉 크						
잉 크						
코 팅						

[PS판 단가표] (금액:원)

품 명	SP판 가격	기준수량	단 가	구입처	비 고
P S 판	50,000	50,000	1.00		

5) 가공비=(노무비+제조경비)

노 무 비 = 공정별 작업시간(M/HR) × 임 율

제조경비 = 공정별 작업시간(Mc/HR) × 경비율

(1) 작업시간

① 공정별 작업시간표

구 분		작업 인원	작 업 시 간 (초)				M/H	MC/H
			준비시간	정미시간	여유시간	계		
제 판 ●		1	0.01	0.20	0.01	0.22	0.00006	0.00006
인쇄	○2도	2	0.14	0.44	0.07	0.65	0.00036	0.00018
	○4도	3	0.14	0.44	0.07	0.65	0.00054	0.00018
코 팅 ○		3	0.14	1.20	0.24	1.58	0.00132	0.00044
합 지 ●		3	0.22	0.97	0.19	1.38	0.00115	0.00038
도무송 ●		1	0.14	0.88	0.18	1.20	0.00033	0.00033
검 사 ●		1	0.21	0.81	0.24	1.26	0.00035	0.00035

주) ● : 필수공정, ○ : 선택공정

② **월간 작업시간:**10HR × 22.5일 = 225HR

③ **연간 작업시간:**10HR × 22.5일 × 12월 = 2,700HR

(2) 임 율 ▶ ₩7,260/HR

(3) 경비율 ▶ ₩9,400 /HR

6) 판매 및 일반관리비

> 판매 및 일반관리비 = (재료비+노무비+경비) * 10%

7) 이윤

> 이 윤 = (재료비+노무비+경비+판매 및 일반관리비) * 10%

4 물류 코스트 테이블 작성 및 활용

1) 물류비 관리의 중요성

물류비를 식별하고 지속적으로 절감활동을 전개하는 것은 물류기능과 기업활동에서 얻고자 하는 이익 창출의 기본적 요소이다.

기업에서 전략적 의사결정이나 일반업무를 정하는 데 있어서 원가는 경쟁우위 요소가 되며, 이 때문에 물류에서는 트레이드 오프 관계를 이해하는 것이 중요하다.

최근 물류비 계산 방법에도 활동기준원가계산이 사용되고 있는데, 공급망관리(Supply Chain Management) 측면에서 보면 유용한 방법이라고 할 수 있다.

2) 물류 코스트 테이블(Physical Distribution Cost Table)

(1) 정의

물류 코스트 테이블이란 거래량과 단위당 물류비의 관계를 상세하게, 조건별로 기능과 코스트 요인과의 관계를 수치화 한 것이다. 물류 코스트 테이블은 최종적으로 수주 1건당 물류비를 금액으로 표시한다. 항목별로 초를 기초단위로 하는 시간으로 측정하여 관리단위로 환산한다.

(2) 개념

유통채널별로 코스트가 다르기 때문에 상품군과 물류단계의 매트릭스로 인덱스 번호를 부여하고 코스트 테이블 번호를 검색하면 쉽게 찾을 수 있도록 하여야 한다.

〈표 9-2〉, 〈표 9-3〉와 같은 인덱스와 코스트 테이블을 데이터베이스화 하고 단말기나 PC로 손쉽게 활용할 수 있도록 하여야 한다.

〈표 9-2〉 인덱스 테이블(INDEX TABLE)

물류단계 상 품 군	공장라인 ↓ 제품창고	제품창고 ↓ 물류센터	물류센터				
			도매	슈퍼	백화점	편의점	소매상
A	A1	A2	A3	A4	A5	A6	A7
B	B1	B2	B3 B3101~B3500 B3501~B3999	B4 B4101~B4500 B4501~B4999	B5 B5101~B5500 B5501~B5999	B6 B6101~B6500 B6501~B6999	B7 B7101~B7500 B7501~B7999
C	C1	C2	C3	C4	C5	C6	C7
D	D1	D2	D3	D4	D5	D6	D7

〈표 9-3〉 물류 코스트 테이블 작성 예

B3		고 정 비	변동비 배부기준
정보 처리	수 주	수주 사무 작업	
	재고인도		품 목 수
	전표발행	전표 사무 작업	발 행 수
	작업지시		작업전표
물류 센터 내 하역	피 킹		품목수·수량
	분 류		품목수·수량
	적 상		수 량
	기 타		
주 행		납품치수로 배부	거리·시간
인수 하역			품목수·수량
		인수 사무 작업	품목수·수량
	검 사		품목수·수량
보충 작업	진 열		품목수·수량
	가격표부착		품목수·수량
	반품 회수		품목수·수량
	공파레트회수	처리 사무 작업	수 량
	기 타		수 량
물류대행		유통센터에 납품대행비	품목수·수량

주) 수주 1건당 표시하는 예임.

물류코스트 테이블은 상품군별로 나누고 이 분류에 따라 〈표 9-2〉와 같이 코스트를 변동비와 고정비로 나누고 기록한다. 이를 기준으로 수주 1건당 물류비를 배부할 수 있고, 변동비는 그 기준에 해당하는 항목이 표시되어 있어서 어떤 경우에도 활용이 가능하다.

예를 들어 반품회수의 경우 고정비는 사무처리 작업, 변동비는 수량으로 배부한다. 변동비는 1단위의 표준시간으로 파악하여 임율을 곱한 금액으로 표시한다.

(3) 물류비 흐름 모델로 물류비 파악

물류 ABC와 ABM[1]을 실제 적용하는 데는 [그림 9-4]와 같은 순서로 전개된다.

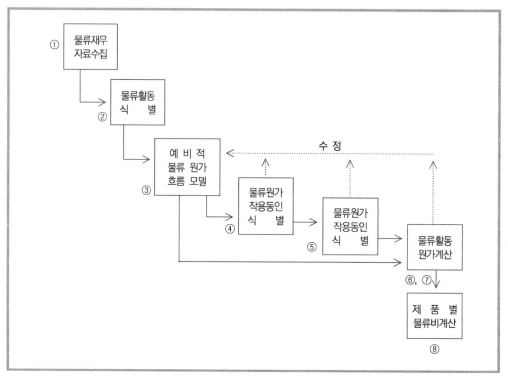

[그림 9-4] 물류비 흐름 모델

① **물류재무 자료 작성**:물류비 활용목적에 따라 당기예산 또는 과거실적을 수집한다. 여기에는 노무비, 감가상각비, 운반비, … 등의 항목을 들 수 있다.

---

1) IMA 원가관리지침, p. 43.

② **물류활동 식별**:제품군에 대해서 물류활동을 식별한다. 포장자재를 구입하는 경우 정기적인 구입활동에는 포장자재 수요결정·구입사양서 확정, 구입처 선정, 구입 전략 결정 등이 있고 일상적인 활동에는 구입주문량 발행, 배달자재입고 등을 들 수 있다.

③ **예비적인 물류흐름모델 개발**:해당 제품군에 직접 부과할 수 있는 물류비를 식별 한다.

④ **물류의 원가동인 식별**:물류활동을 실시하고 물류코스트를 발생시키는 사상을 식 별한다. 원가 계산상의 원가배부기준에 해당하는 것으로 재료(재고보관 단위수), 재료공급망(구입처, 소재지수), 완성품 유통망(소재지수) 등이 사례에 속한다.

⑤ **물류원가동인에 관한 자료수집**:물류의 원가작용동인에 관한 실적·예산·실측 또 는 견적에 관한 자료를 수집하고 각 활동이 어떻게 경영자원을 소비하고 있는지 를 명확히 한다.

⑥ **물류활동 원가계산**:물류원가 작용동인 1단위당 물류비에 기초하여 물류 1단위당 간접물류비를 집계하고, 직접물류비를 가산하여 총 물류비를 계산한다.

〈표 9-4〉 자원 풀과 동인의 예

자 원 풀	작용 동인	배부기준설명
건물임대료	건물면적	실측면적(도면을 이용)
창고운반비	총 작업시간(창고운반)	운반이 포함된 활동의 작업시간
사무용품비	사원+외주작업시간(사무용품)	
인 건 비	사원 작업시간	사원이 행한 각활동의 작업시간
차량용품비	직접부과	
용차외주비	직접부과	
외주작업비	외주 작업시간	외주작업자가 작업한 활동작업시간
판매지원비	총 작업시간	영업활동에 대한 활동의 작업시간

⑦ **자본 타임 코스트 산정**:제품군 및 유통군별로 계산한다. 변수가 되는 것은 동일회 사의 자본원가, 사이클 타임, 제품원가이다.

⑧ **제품별 물류비 계산**:물류원가 작용동인 및 물류활동에 근거하여 제품별로 물류비 를 구하고 이것을 매출총이익에서 마이너스하여 물류이익을 산출하고 전통적인

원가계산의 경우와 비교한다.

이 같은 물류원가흐름모형에 의하여 활동기준원가계산을 하면,

- 전통적인 원가계산방식의 결과와 비교할 수 있다.
- 공급망관리에 있어서 제품의 흐름으로 발생하는 총 물류비를 구할 수 있다.

(4) 물류 코스트 테이블 (작성 및) 활용

가. 작성방법

기본적인 작성방법은 〈표 9-2〉에 나타나 있으며 설명을 추가하면, 〈표 9-3〉에서 고정비는 1건의 수주가 있으나 품목수와 수량에 관계없이 필요한 코스트이다. 변동비는 오더 중에서 품목수와 수량 등과 비례하여 변동하는 코스트이다.

코스트 테이블은 단위당 코스트 표와 비례상수로 나타내는 것과 납품패턴이 단순한 경우 실수로 표시하는 것이 있다.

나. 수주 로트(Lot)가 작거나 긴급오더의 경우 작성, 활용방법

변동적이지만 추적 불가능한 것은 제외하고 계산한다. 이 경우는 원가관리 목적으로 파악하는 것이므로 증가분은 변동간접비의 합리적인 견적액으로 보충한다.

통상 로트 이하의 소량 다빈도품의 주문에도 현금지불분의 증가뿐만 아니라, 이 주문에 소비되는 자원의 전부를 파악하는 것이 중요하다.

제품은 증분액을 회수하지만, 기회원가를 회수하지 못하고 가격을 설정할 수 있기 때문이다. 한번으로 끝나는 수주의 결정사항에 대해서도 기업의 물류자원을 구속하기 때문에 장기적인 관점에서 계산해야 하며 단위원가의 변동성으로 계산해서는 안 된다.

다. 제품원가에 활용

원가시스템의 가장 중요한 목표 중의 하나는 각 제품의 원가를 견적하는 것이며 물류비도 높은 관련이 있다. 대부분 제품의 생산완료부터 납품까지 원가를 보면, 직접비는 적으며 이 계산 단계는 [그림 9-5]와 같다.

문제는 원가작용동인의 식별과 간접비를 코스트 센터로 배부하는 것이다. 전자는 앞서 설명한 바와 같고, 간접비의 경우 예를 들면 스탭 부서의 인건비를 어떻게 배부하는가 하는 것이다. 스탭 부서인원의 시간과 업무에 주의를 기울여 인터뷰 등으로 추정한다. 만일

사고와 클레임 처리가 대부분의 업무라면 트러블수가 원가작용동인이 된다. Johnson and Kaplan에 의하면[2], 원가 작용동인의 수는 물류량과 생산량이 아니라 거래행위가 규정한다. 이들은 거래를 조달, 균형, 품질, 교환으로 구분하고 있는데, 이 기준에 따르면 물류업무의 대부분은 조달이 된다.

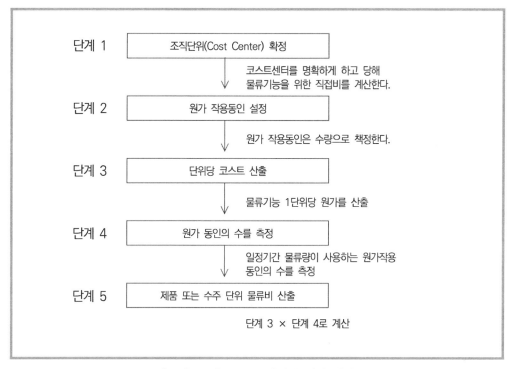

단계 1 ── 조직단위(Cost Center) 확정
    코스트센터를 명확하게 하고 당해 물류기능을 위한 직접비를 계산한다.

단계 2 ── 원가 작용동인 설정
    원가 작용동인은 수량으로 책정한다.

단계 3 ── 단위당 코스트 산출
    물류기능 1단위당 원가를 산출

단계 4 ── 원가 동인의 수를 측정
    일정기간 물류량이 사용하는 원가작용 동인의 수를 측정

단계 5 ── 제품 또는 수주 단위 물류비 산출
    단계 3 × 단계 4로 계산

[그림 9-5] 코스트 테이블 계산 단계

거래의 분류가 아니라 그 자체의 수를 줄이는 것이다. 하주 입장에서는 다단계의 재고를 줄일 수 있도록 직송을 증가시키거나 납입 로트상의 대량화를 추진하는 것이 수주 당 물류비를 감소시키게 된다. 이 같은 제품원가계산 시스템은 모든 코스트를 추적하고 광범위한 배부를 동반하며, 주관적인 판단이 유입된다. 이러한 원가정보를 년 1회 계산하고 장기적으로 보완해 나가야 한다.

---

2) H. Thomas Johnson, Robert S. Kaplan(1997), "RELEVANCE Lost-The Rise and Fall of Management Accounting", HARVARD BUSINESS SCHOOL PRESS.

라. 물류센터 성과관리에 활용

물류센터 관리에는 조직단위 식별을 통하여 산출량을 만드는 데 소요되는 시간을 계산한다. 수주처리를 컴퓨터로 하는 경우 재고의 목록, 피킹 리스트, 납품서, 청구서의 작성 등은 주문품목수와 다르면 주문서를 발행하지 않도록 한다.

원가작용농인은 송래의 배부기준과 비슷한 개념으로 산출량의 변화에 따라서 원가가 변동하는 것을 설명한다.

① 정 보 처 리 …… 수주처리 건수, 질문처리 건수

② 물류센터내하역 …… 출하수, 품목수

③ 주 행 …… 납품건수, ton-km

④ 유 통 가 공 …… 출하수

⑤ 포 장 …… 출하수

물류센터 업적평가에서 물류비는 조직단위별로 관리 가능비를 집계한다. 코스트센터에서 실시한 작업을 측정할 수 있는 비용으로 하며, 추적 불가능 코스트는 배부하지 않는다. 예를 들어 전력비는 전력계가 각 코스트센터에 부착되어 있으면 관리 가능하지만 그렇지 않으면 추적할 수 없다.

같은 이유에서 담당자의 인건비는 집계하지만 건물 감가상각비와 보험료는 제외한다. 관리 가능비는 고정비와 변동비를 구분한다. 물류기능별 코스트는 매월 계산하고 예산관리를 통하여 차이분석도 한다.

물류센터는 기업의 이익 창출을 위한 원가절감을 위하여 노력하여야 하므로 업적측정과 그 향상이 중요하다.

참고문헌

국토해양부(2008), 기업 물류비산정 지침.

산업자원부(2007), 물질흐름원가회계도입을 위한 가이드라인.

서현진(1995), 기업물류비의 전략적 관리, (주)비북스.

육근효(1998), 물류원가관리의 혁신, 풀빛.

박석하(2004), 제조기업의 물류비관리방법에 관한 연구, 박석하, 해운 물류 연구, 제43호.

박석하(2007), 환경물류비계산과 성과지표 활용에 관한 사례연구, 해운물류연구 52호.

윤문규(2002), 물류총론, 도서출판 범한.

이순룡(2012), 현대품질경영, 법문사.

임병선, 박승욱(2014), MFCA를 적용한 환경부하 및 발전원가 분석 연구 석탄화력발전소
　　　중심으로, 대한안전경영과학회지.

한국교통연구원(2015), 2015년도 기업물류비 조사 보고서.

한국무역협회(각 년도), 기업물류비 실태조사 보고서.

한국생산성본부(2017), 구매원가계산 및 분석, KPC.

한국표준협회(2017), 품질코스트 절감실무, 한국표준협회.

환경부(2004), 환경 원가회계 가이드라인, 환경부.

국가통계포털(기업물류비)http://www.kosis.kr, 2022. 3.30.

Barrett, T.(1982), "Mission Costing : A new Approach to logistics Analysis",
　　　*International Journal of Physical Distribution and Materials
　　　Management*, Vol. 12, No 7.

Christopher, M.(1985), "The Strategy of Distribution Management", Gower.

Christopher, M.(1971), "Total Distribution : A Framework for Analysis, Costing
　　　and Control", Gower.

IMA(Institute of Management Accounting, 1992), "Cost Management of
　　　logistics", Statement(SMA) Number 4-P, IMA.

Shillinglaw, G.(1963), "The Concept of Attributable Cost", *Journal of*

Accounting Research, Vol. 1, No. 1.

H. Thomas Johnson, Robert S. Kaplan(1997), "RELEVANCE Lost-The Rise and Fall of Management Accounting", HARVARD BUSINESS SCHOOL PRESS.

Christopher, M.(1985), "*The Strategy of Distribution Management*", Gower.

Groocock, J. M.(1986), hain of quality: *Market Dominance Through Product Superiority*, Jhon Wiley & Sons.

Crosby, P. B.(1979), Quality is Free, New American Library.

Feigenbaum, A. V.(1961), *Total Quality Control* 2nd ed., McGraw-Hill.

Juran, J. M., & F. M., Gryna(1980), *Quality Planning and Analysis*, 2nd ed., McGraw-Hill, Book.

Juran, J. M., & F. M., Gryna(1993), *Quality Planning and Analysis*, 3nd ed., McGraw-Hill, Book.

http://www.apics.org

http://www.ascm.org

http://www.canon.co.jp

http://www.cscmp.org

http://www.establishinc.com, 2022, 3,30

http://www.iso.org

http://www.logispark.com

http://www.logistics.or.jp

http://www.omron.co.jp

https://standard.go.kr

03

원가혁신

생산판매량(조업도), 원가, 이익의 관계를 수식화 하여 손익분기점 등을 분석하는 방법으로 이익계획, 가격 결정, 설비투자, 원가관리 등의 의사결정에 널리 활용되고 있다.

손익분기점은 수입과 비용이 같은 점으로 손익분기점 매출은 이익도 손실도 없는 매출액을 말한다.

정확한 손익분기점을 산출하기 위해서는 발생한 총비용을 변동비와 고정비로 구분한다.

| 2 | 생산량과 원가 |

1) 조업도와 원가

고정비와 변동비가 원가에 미치는 영향이 생산수량에 따라 제품의 원가는 어떻게 변하는 지를 알아보면, 고정비가 매월 8,000만원씩 소요되는 기업에서 제품을 만들어 판매하고 있다. 개당 변동비가 1,000원일 경우 제품 1개당 원가는 어떻게 변할까?

제품가격이 2,000원일 경우 생산량 변화에 따라 이익이 어떻게 변하는 가는 〈표 10-1〉과 같이 나타낼 수 있다.

〈표 10-1〉 조업도와 원가

생산수량(개)		4만	6만	8만	10만	12만
제품 원가 (원)	고정비/개	2,000	1,333	1,000	800	667
	변동비/개	1,000	1,000	1,000	1,000	1,000
	합　계	3,000	2,333	2,000	1,800	1,667
개당이익		−1,000	−333	0	200	333
월 이익		−4천만원	−2천만원	0	2천만원	4천만원

원가는 조업도에 따라 변화하는데, 이는 조업도가 증가함으로써 생산량이 증가하게 되고 제품 1개당 부과되는 고정비가 감소하여 원가는 줄어들게 된다.

2) 생산능력과 고정비

생산수량이 증가함에 따라 제품 1개당 고정비가 적어져 제품원가가 싸진다는 것은 알았다. 많이 생산할수록 단위 제품당 원가는 낮아지지만, 생산능력의 한계로 인하여 무한하게 싸지지는 않는다.

〈표 10-1〉에서 생산능력이 10만개이며 11만개까지 생산능력을 향상시키는 데 고정비가 추가로 2천만원이 소요된다고 하자([그림 10-1] 참조). 만약 10만개의 제품을 생산한다면 제품개당 고정비는 800원이지만 11만개를 생산하면, 제품개당 고정비는 909원이 되어 오히려 원가가 증가하게 된다.

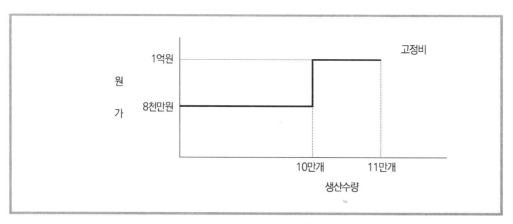

[그림 10-1] 생산수량과 원가의 관계

생산수량을 증가시켜서 원가를 절감하는 데는 생산능력이라는 요소가 관계되므로 이의 관련성을 파악하는 것이 필요하다.

3 고정비와 변동비의 구분

고정비와 변동비는 조업도(생산수량, 작업시간 등)의 변화에 따라 비용 발생이 변화하느냐 여부에 따라 분류하는 방법으로 손익분기점 산출이나 이익계획 수립할 때 필요하다.

1) 고정비

매출액이나 조업도의 증감변화에 관계없이 고정적으로 발생하는 비용을 말한다. 감가상각비, 고정자산의 보험료, 부동산 임차료, 직원의 급료 등으로 기간총액으로 고정적인 비용이며 제품 단위당 매출액 규모에 따라 변동하는 것으로 〈표 10-1〉과 같다.

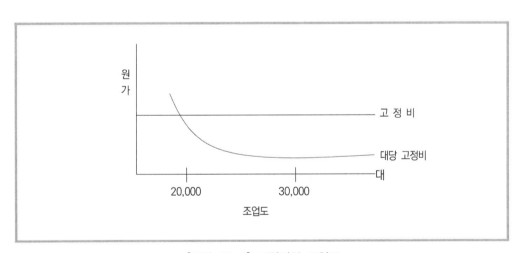

[그림 10-2] 고정비와 조업도

일정기간 중 생산된 생산수량이 많으면 제품 1 단위에 부과되는 고정비는 적어지고 생산수량이 적으면 제품 1단위에 부과되는 고정비는 많아진다([그림 10-2]).

2) 변동비

매출액이나 조업도의 증감변화에 따라 비례해서 변동되는 비용을 말한다. 재료비, 외주가공비, 운반비, 포장비 등으로 기간총액으로 매출액의 증감에 비례하여 증감하는 비용이다.

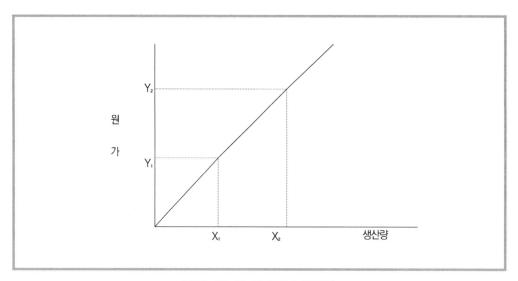

[그림 10-3] 생산량과 변동비

3) 구분, 집계 방법

(1) 계정과목 분류법

손익계산서 및 제조 원가명세서 상의 계정과목 별로 일일이 검토하여 과목의 성질상 고정비와 변동비로 분해하고자 하는 것이며 비교적 정확한 편이어서 실무상 많이 활용되고 있다.

수학적 기초지식을 필요로 하지 않기 때문에 비교적 간단하고 정확한 분해가 가능하다.

(2) 총 비용법

기간 총액에 대하여 수학적, 통계적 방법을 사용하여 분해하는 방법으로 변동비율법, 산포도법, 최소자승법 등이 있다. 〈표 10-2〉는 변동비와 고정비를 구분하는 방법 중 구분이 어려운 계정과목에 대하여 생산공수와 비용을 최소자승법으로 풀이한 예제이다. 최소자승법을 활용하여 변동비와 고정비를 구분하는 경우에는 경비항목별로 실시하여야 한다.

〈표 10-2〉 최소자승법을 활용한 변동비 / 고정비 구분

월	생산 공수(X)	비용(Y)	$X_i - \bar{X} = X$	$Y_i - \bar{Y} = Y$	X·Y	X^2
'16. 1	20,000	3,000,000	−2,389	−318,889	761,790,123	5,706,790
'16. 2	15,000	2,800,000	−7,389	−518,889	3,834,012,346	54,595,679
'16. 3	25,000	3,250,000	2,611	−68,889	−179,876,543	6,817,901
'16. 4	24,000	3,600,000	1,611	281,111	452,901,235	2,595,679
'16. 5	22,000	3,200,000	−389	−118,889	46,234,568	151,235
'16. 6	22,500	3,350,000	111	31,111	3,456,790	12,346
'16. 7	23,000	3,400,000	611	81,111	49,567,901	373,457
'16. 8	24,000	3,520,000	1,611	201,111	324,012,346	2,595,679
'16. 9	26,000	3,750,000	3,611	431,111	1,556,790,123	13,040,123
계	201,500	29,870,000			6,848,888,889	85,888,889
평 균	22,389	3,318,889			760,987,654	9,543,210

(변동비율)

$$v = \frac{\Sigma X \cdot Y}{\Sigma X^2} = \qquad 79.74 \qquad\qquad\qquad (식\ 10\text{-}1)$$

(고 정 비)

$$f = Y - v * X \qquad 1,533,571 \qquad\qquad\qquad (식\ 10\text{-}2)$$

(변 동 비)

$$v = Y - f \qquad 1,785,318 \qquad\qquad\qquad (식\ 10\text{-}3)$$

(3) 산업별 비용분해의 일반적인 기준

계정과목을 기준으로 산업별 변동비와 고정비 분해의 일반적인 기준을 나타내면 〈표 10-3〉과 같다.

〈표 10-3〉 산업별 고정비와 변동비 분류 사례

구 분	고 정 비	변 동 비
제조업	제조원가 　직접노무비, 간접노무비, 복리후생비 　임차료, 보험료, 감가상각비 　특허권료 판매, 일반관리비 　임원 급여, 상여, 복리후생비 　소모품비, 여비교통비, 통신비 　감가상각비, 세금과 공과, 잡비 　수도광열비 등	제조원가 　직접재료비, 간접재료비, 시간외 근무수당, 　외주가공비, 전력비, 수선비, 연료비, 　수도광열비, 운반비, 검사료 등 판매, 일반관리비 　운반비, 광고선전비, 판매수수료, 대손상각
건설업	노무관리비, 복리후생비, 임차료 보험료, 감가상각비, 세금과 공과 지급이자와 할인료 등	재료비, 노무비, 외주비, 가설경비 운반비, 설계비 등
도·소매업	인건비, 복리후생비, 감가상각비 임차료, 수도광열비, 세금과 공과 여비교통비, 통신비, 차량유지비 보험료, 지급이자와 할인료 등	당기제품 매입원가, 운반비, 포장비 포장재료비, 차량유지비 등
서비스업	인건비, 복리후생비, 감가상각비 임차료, 세금과 공과, 보험료 지급이자와 할인료 등	직접재료비, 외주비 등

4) 손익분기점 산출의 활용

손익분기점을 업무에 활용할 수 있는 대표적인 경우는 다음과 같다.

① 목표 이익을 달성하기 위한 매출 목표 금액을 알 수 있다.

② 적자를 탈출하기 위한 매출액을 쉽게 파악할 수 있다.

③ 매출의 증감이 기업이익에 어떤 영향을 미치는지 분석이 가능하다.

④ 고정비와 변동비의 증감이 이익에 어떠한 변화를 주는지 알 수 있다.

4 손익분기점 산출

1) 공식에 의한 손익분기점 계산

매출액은 조업도에 따라 고정비와 변동비 구분할 수 있다.

$$\text{매출액 = 고정비 + 변동비} \qquad \text{(식 10-4)}$$

(식 10-4)을 손익분기점 매출액을 위하여 정리하면,

$$\text{판매가격} \times \text{손익 분기 매출량} = \text{고정비용} + \text{단위당 변동비용}$$
$$\times \text{손익 분기 매출량} \qquad \text{(식 10-5)}$$

기업의 고정비와 변동비 조건이 다음과 같을 때 풀어보자.

[조건] A회사는 단위당 변동비용이 400원, 월 고정비용이 50,000원, 판매가격이 600원일 때 손익분기 매출량은? (Y는 매출량을 나타낸다)

(식 10-5)를 적용하여 계산하면,

600원 × Y = 50,000원 + 400 × Y

200원 × Y = 50,000원

Y = 250단위가 된다.

---

2) 단위당 공헌이익법

단위당 공헌이익법으로 계산하기 위하여 먼저 (식 10-5)를 공헌이익을 기준으로 정리하면 (식 10-6)과 같이 된다.

$$\text{단위당 공헌이익} \times \text{손익 분기 매출량} = \text{고정비용} \qquad \text{(식 10-6)}$$

(식 10-6)을 손익분기점 매출을 위하여 (식 10-7)과 같이 정리할 수 있다.

$$손익분기 \ 매출량 = 고정비용 \div 단위당 \ 공헌이익 \qquad (식 \ 10\text{-}7)$$

(식 10-7)를 앞서 문제를 예로 풀어보면 다음과 같다.

단위당 공헌이익 = 매출수익 - 변동비용 = (600원 - 400원) = 200원이므로

손익분기 매출량 = 50,000원 ÷ 200원 = 250단위

매출액 = 고정비 + (변동비율 × 매출액)

매출액(1 - 변동비율) = 고정비

매출액 = 고정비 ÷ (1 - 변동비율)

= 50,000원 ÷ (1 - 0.67)

= 151,515원

3) 도표에 의한 손익분기점 산출방법

[그림 10-4]는 도표에 의해 손익 분기점, 원가-조업도-이익의 관계를 나타낸 것으로, 손익 분기점은 수익선과 비용선의 교차점이 된다.

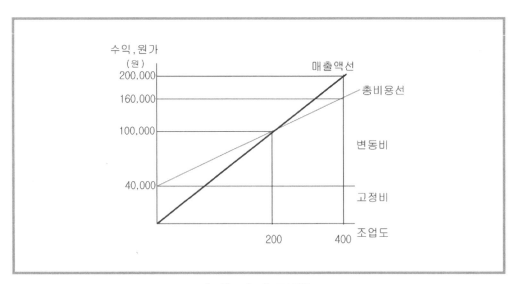

[그림 10-4] 도표법

도표작성 방법은,

조업도 400단위를 임의로 정하고 매출단가를 500원, 변동비를 300원, 고정비를 40,000원이라고 하면,

① 이 조업도에 해당하는 매출액 = 400 × 500원 = 200,000원

② 변동비 400단위 × 300원 = 120,000원

고정비 + 변동비 = 40,000 + 120,000 = 160,000

400단위와 160,000원이 만나는 점과 고정비의 절편 점을 연결한 직선이 총 비용선이다.

③ 손익 분기점은 매출액선과 총 비용선이 만나는 지점으로 200단위, 100,000원이 된다.

4) 손익분기점의 유용성과 문제점

(1) 유용성

기업의 수익성을 판단하는 수단으로,

① 장래 일정기간동안의 예산통제 수단

② 목표이익 설정과 경영계획을 추진하는 데 유용한 자료

③ 생산, 판매 등 경영정책 수립, 운용시 응용할 수 있다.

(2) 문제점

① 단위당 판매가격이 일정하고 단위당 변동비가 불변한다는 전제조건이 필요하며

② 총 비용을 고정비와 변동비로 구분하는 데, 실제로 명백한 구분이 어렵다.

③ 여러 품목 생산에 공동으로 쓰인 제비용을 구분하여 계산할 수 있는 방법을 정리하여야 한다.

④ 과거의 기업환경에 근거한 수치이므로 변화된 현재 상태의 분석자료로는 적합하지 않을 수 있다.

5 공헌이익과 가격결정

1) 공헌이익

매출수익에서 변동비용을 차감한 후의 금액에 추적가능한 간접비를 제외한 고정비용 회수 외 기간 이익 획득에 이바지하는 이익을 말한다.

$$공헌이익 = 매출액 - 변동비 - 추적가능한\ 고정비 \qquad (식\ 10\text{-}8)$$

공헌이익률을 높이는 방법은 변동비율을 낮추는 방법이라고 할 수 있다.
① 원재료비 또는 상품 구입액 절감
② 공헌이익률이 높은 제품구성 방법으로 변경
③ 원재료비 이외의 변동비 절감
④ 판매 단가의 인상

2) 손익분기분석에 의한 가격결정

원가를 변동비와 고정비로 분해하고 손익분기점 분석을 통하여 가격을 결정하는 방법이다.

(1) 장점

① 제품단위 원가를 계산할 필요가 없다.
② 손익분기점 분석에 숙달된 경영자가 이해하기 쉽다.
　제품을 통하여 모든 원가를 회수하는 것이 아니라 각 제품의 공헌이익(매출액 - 변동매출원가)으로 고정비 총액을 회수한다.

(2) 단점

① 각 제품별 수요곡선을 예측하기 어렵다.
② 시행착오적 방법에 의존하게 된다.

(3) 공식

가격결정을 위하여 기업의 희망 목표이익을 정하고 이를 (식 10-7)에 반영하여 나타내면 (식 10-9)와 같이 나타낼 수 있다.

$$\text{목표이익매출} = \frac{\text{고정비} + \text{목표이익}}{1 - \dfrac{\text{변동비}}{\text{매출액}}} \qquad \text{(식 10-9)}$$

「문제」 공식에 의한 손익분기점에 나온 문제조건에서 목표이익이 손익매출의 약 10%에 해당하는 15,000원이라고 한다면, 목표이익매출은 얼마로 계산되는지 각자 계산해 봅시다.

「풀이」

제11장 VE 활동

1 AVE(Advanced Value Engineering)

1) VE의 탄생

1947년 미국의 General Electric(GE)사에 의해서 VA가 탄생되었고, GE사의 구매부문 매니저 이든 마일즈에 의해서 고안되었다.

VA의 탄생 계기는 잘 알려진 "석면 사건"이다. 마일즈씨는 당시 구매를 담당했고, 도장공장에서 사용되고 있는 석면시트를 구입하려고 하였다. 그때만 해도 1947년 제2차 세계대전의 직후로 물자가 부족한 시대여서, 구입처에 구매하고 싶다는 취지를 전달했지만 목적으로 한 석면은 품절이 되어 다른 어떤 회사에 문의를 해도 구입하기가 어려웠다.

이때 어떤 메이커로부터 "그런데 그 석면은 무엇 때문에 사용하는 것입니까?"라는 질문을 받았다. 처음에 마일즈는 단지 석면만을 요구했지만 그 질문에 대답할 수 있는 목적을 다시 정리해 보았다. "마루에 깔아 도장시 도료 흘림을 흡수하고 또 화재시의 연소를 방지"하기 위함이었다. "그렇다면 이외에도 여러 가지 재료가 있다."라고 하는 답이 되돌아 왔다. 그것에 의해서 한 개의 기능(목적)을 달성하는 데에는 여러 가지의 수단이 있다는 사실과 그 실현을 위해서는 전문가의 지식을 활용하고, 종래의 습관 및 상식을 깨뜨리는 것이 필요하다는 것을 깨달았다. 이 "석면사건"의 교훈을 기초로 마일즈는 목적사고의 가치분석 시스템을 한 개의 기법으로 묶어 VA(Value Analysis)라고 명명했었다. 이 기법은 많은 성과를 올려서 1952년 미국의 국방성이 GE사에 조사단을 보내 그 기법의 유효성을 확인

했다.

1954년에 VE(Value Engineering)로 칭하고 정식으로 도입을 시작하여 2년만에 3군(육·해·공군)에 전파시켰다.

2) VE의 발달

VE는 미국의 군수산업을 중심으로 확대되고, 민간기업에서도 제품개발과 자재조달에 활용되었으며, 1959년 미국 VE협회(SAVE)가 결성되면서 일반에 보급 정착되었다.

1961년 미 국방성은 비용절감 프로그램을 신설하여 국방조달품에 VE적용을 의무화했고, 1971년에는 단순한 가치분석이 아닌 목표 비용에 합치된 제품설계 프로그램인 D.T.C (Design To Cost)를 개발하고, 설계단계부터 강력하게 적용하였다.

일본은 1960년 제조메이커의 자재 부분에 도입되어 코스트 절감의 도구로 보급되었으며, 현재는 상품기획, 개발, 설계, 물류, 제조, 사무, 건설, 서비스 등으로 확대되어 전 산업체에 활용되고 있다. 일본의 VE기법은 D.T.C에 가깝다고 볼 수 있으며 현재 넓게 활용되고 있다.

한국에서는 1967년 도입되어 자동차·전자·제조메이커·건설 등에 확대 보급되고 있다.

3) VE의 개념

(1) VE 방정식

VE는 가치를 평가하고 개선이 진행되면서 가치향상이 증진된다.

$$V = \frac{F}{C}$$

V(Value) = 가치의 정도
F(Function) = 효용의 정도
C(Cost) = 투입한 비용 총액

(2) 가치향상의 패턴

V = F/C 식에서 F가 크게 되던가, C가 작게 되던지, 모두 변화해서 C의 변화량이 작아지면 V는 향상된다.

VE에서는 다음의 4가지 패턴에 의한 가치향상을 VE 활동의 성과라고 말한다.

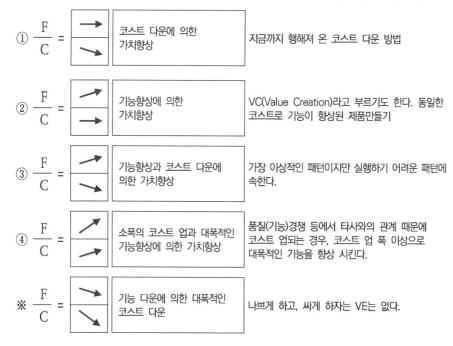

4) VE 활동의 정의

가치공학(VE)의 정의와 이에 대하여 부분별로 나누어 해설하면 다음과 같다. 미 국방성의 가치공학핸드북(Value Engineering Hand Book)에서는 "VE(Value Engineering)란 최저의 총원가로 필요한 기능을 확실히 수행하기 위하여 제품이나 서비스의 기능적 연구에 쏟는 조직적인 노력이다."라고 정의하고 있다.

(1) 최저의 총원가

제품이 개발되어 소비자의 손으로 넘어가 기대되는 작용을 달성하고 폐기될 때까지 소요되는 모든 비용을 최저로 한다.

(2) 필요한 기능

고객이 제품에 기대하는 모든 작용 요소로서 제품이 개발되어 사용된 후 폐기될 때까지 전 과정에서 필요한 신뢰성, 보전성, 디자인 등 모든 것이 포함된다.

VE는 고객이 필요로 하는 제품의 라이프 사이클 동안의 기능을 가장 값싸고 확실하게 달성하는 것을 추구하는 것이다.

(3) 제품이나 서비스

VE의 사고방식과 절차는 가치향상을 목적으로 하는 기술로 제품뿐만 아니라 절차·공정·서비스 등 어떤 변환 기능에 의하여 입력되어 가치가 부가되어 출력되는 것은 모두 VE의 분석대상이 될 수 있다.

(4) 기능적 연구

기능을 중심으로 공정설계에 관하여 의사결정을 내리는 것으로 VE기법의 중심을 이루는 스텝을 말한다.

(5) 조직적인 노력

가치향상에 필요한 모든 요소(경험·지식·정보·인적노력 등)를 조직적으로 활용하여 팀 디자인을 하는 것이다.

5) VE의 특징

(1) 기능본위의 사고방식

석면사건에서, "그것은 무엇 때문에?"라는 질문이 나오는 데, 일에는 어떤 경우든 목적이 존재한다. VE에서는 이 목적을 기능으로 놓고 끝까지 목적을 달성하여야 한다고 말하고 있다. 기능을 만족하는 가장 좋은 수단을 생각하는 것이 VE이다.

(2) 직무계획(잡 플랜 : JOP PLAN)

기능중심으로 사물을 발상하는 데에는 효율이 좋고, 이상적인 것에 근접한 쉬운 작업이 필요하며, 경험을 통해서 얻어진 작업순서를 말한다. 일단 긴 시간을 요하지만 이 계획을 놓고 해석해 가면, 기대된 값이 도출된다.

(3) 팀 단위 접근(TEAM DESIGN)

정보, 재료, 공법, 시장의 문제 등 다방면에 걸쳐서 수집하고, 아이디어발상과 개선안 수립 과정에서도 각 전문가가 필요하다.

(4) 창조력을 강화하는 활동

과거에도 기존 제품과 서비스에서 여러 가지 노력을 기울였다. 다방면의 전문가들로 팀을 만들어 필요기능을 만족하는 수단으로, 많은 아이디어 발상법을 구사해서 도출해 낸다. 이런 창조력도 VE의 특징이다.

창조력이 약하면 개선 폭도 좁아지고 좋은 대안을 도출하는 일이 불가능하게 된다.

(5) 정보의 효과적인 활용

기대 이상의 좋은 결론을 도출하는 데에는 사전에 여러 요구의 정보밀도와 아이디어를 구체화해 나가는 과정에서 평가재료로 사용된 정보밀도에 의한 것이다. 팀 디자인에서 각 분야 사람으로 구성된 VE 활동은 정보도 수집하기 쉬워, 그것만으로도 산출물의 내용이 충실하게 되는 것이다.

6) 단계별 VE 활동

[그림 11-1]에서 볼 수 있듯이 개발이 진행될수록 VE 기대효과가 떨어지기 때문에 초기 단계부터 VE 활동을 실시할수록 기대효과가 극대화 될 수 있다.

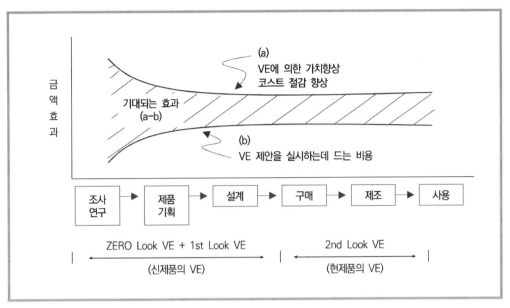

[그림 11-1] VE 도입기별 기대효과

(1) ZERO LOOK VE

마케팅 VE라고도 하며 상품 기획단계를 대상으로 하는 VE 활동이다. 소비자가 상품에 기대하는 최저한의 기능인 기본기능에 추가해서 해당 상품에 대하여 고객이 기대하는 여러 가지 기능을 파악해서 각 기능 중 고객이 어느 기능을 중시하는가를 다양한 방법에 의해 확인해 나가는 활동이다.

(2) 1st LOOK VE

개발 VE라고 하며 설계단계에서의 VE 활동이다. 세분하면 설계구상단계·시작설계단계·양산설계단계의 VE 활동을 말한다.

(3) 2nd LOOK VE

제품 VE라고 하며 제품의 양산 개시 후 실시되는 VE 활동이다. 제품 VE는 양산 후 실시하기 때문에 부품·작업방법·가공방법 등 대상이 명확하기 때문에 VE 활동을 전개하기 쉽다.

7) VE 활동의 중요 요소

(1) VE의 대상 분야

VE의 대상은 제품뿐만 아니라 [그림 11-2]와 같이 제품 이외의 부분까지 VE의 대상분야가 확대되었다.

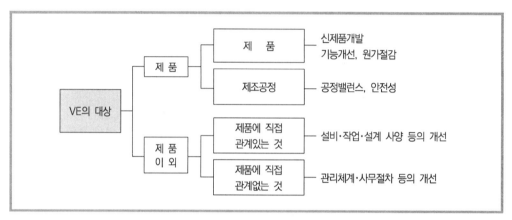

[그림 11-2] VE의 대상 분야

(2) VE의 기본 원칙

VE에는 다음 5가지 원칙이 있다.

 ① **제1원칙:사용자 우선의 법칙**
  • 이상적 고객의 입장에서 사용목적부터 생각
 ② **제2원칙:기능본위의 원칙**
  • 기능본위의 사고방식을 철저히 견지
 ③ **제3원칙:창조에 의한 변경의 원칙**
  • "정보 × 팀웍 × 창조력 × VE기법"으로 변화를 창조
 ④ **제4원칙:팀 디자인의 원칙**
  • 최선의 기술집약으로 최대의 결과를 획득
 ⑤ **가치향상의 원칙**
  • 항상 기능과 코스트 양면에서 추구
  • 위의 원칙을 성실히 추구함으로써 가치를 향상

(3) VE의 조직적 노력

가. 조직적 노력 필요성

테마에 관련되는 각 부문의 우수한 멤버가 참여하여 설계변경, 구매재료, 부품의 선택, 공정개선, 유통개선, 외주개선 등의 활동을 전개하여 보다 혁신적 방법을 찾아내는 것이다. 조직적 노력의 특징은 다음과 같다.

    ① 테마에 관련되는 각 부문의 멤버를 구성하는 횡적조직이다.

    ② 각 부문의 정보와 지혜를 총집결함으로써 기회손실을 없앤다.

    ③ 근본적 대책, 다양한 방법(아이디어)를 단기간에 모은다.

    ④ 종전과는 다른 철저한 조사, 분석, 발상, 시험을 할 수 있다.

    ⑤ 경험하지 못한 노력과정에서 큰 성과를 얻는다.

    ⑥ 조직은 활성화되고 멤버 개개인은 새로운 자기의 능력을 확인한다.

나. 팀웍의 중요성

좋은 성과는 그냥 얻어지는 것이 아니다. 팀웍이 중요하며 활동멤버만의 팀웍이 아니라 이들을 둘러싸고 있는 관리층, 경영층과의 일체가 요망된다.

팀웍이 잘 되기 위해서는 명확한 방향, 목표의 설정으로 벡터(Vector)를 정하여 의욕을 높이고, 능숙한 테크닉을 구사함으로써 원하는 성과를 얻게 된다. 이러한 역할은 리더십에 달려 있으며, 조직적인 노력활동에서 중요한 것은 리더의 역할이라 할 수 있다.

(4) VE 프로젝트·리더의 역할

프로젝트·리더는 프로젝트 팀의 관리자이며, 다음의 임무를 수행한다.

    ① 프로젝트 멤버에 대한 동기부여 및 문제의 명확화

    ② 팀의 의사통일

    ③ 실시 순서 일정계획의 입안

    ④ 잡 플랜(JOB PLAN)의 실시 통제

    ⑤ 진도상황의 확인 및 지연대책

    ⑥ 출결상황의 확인과 기록

    ⑦ 각 회합의 진행과 사회

⑧ 각 회합의 팀 활동의 정리

⑨ 각 회합의 소요시간의 기록

⑩ 팀웍을 높일 수 있게 노력한다.

(5) VE 활동에 대한 참가자의 마음가짐

① 결석·지각을 하지 않을 것

② 실시계획의 각 단계를 착실하게 밟을 것

③ 많은 정보를 시간 내에 수집할 것

④ 자유분방하게 많은 아이디어를 내게끔 유인할 것

⑤ 각종 장애를 돌파하는 노력을 할 것

⑥ 각자의 전문지식을 충분히 발휘할 것

⑦ 유연한 사고를 가지고 적극적으로 행동할 것

⑧ 의사결정·태도의 변혁을 하고 사물의 관찰방법을 바꾸도록 유의할 것

⑨ 팀웍을 높일 수 있도록 전원이 노력할 것

⑩ '반드시 성과를 이룩한다!' 라는 신념으로 긴박감을 가질 것

9) AVE 활동전개

VE의 추진 방법이나 추진 단계는 대부분 "계획수립 → 정보수집 → 기능정의 → 기능평가 → 아이디어발상 → 구체화 → 제안 → FOLLOW UP"의 JOB STEP이 전개된다. 개선된 VE 방법은 [그림 11-3]처럼 단계를 크게 4단계로 나누어 현상분석 단계에서 집중적으로 원가절감 포인트를 발굴하여 적용하는 방법으로 짧은 시간에 많은 개선안을 도출하여 적용할 수 있다는 장점이 있다.

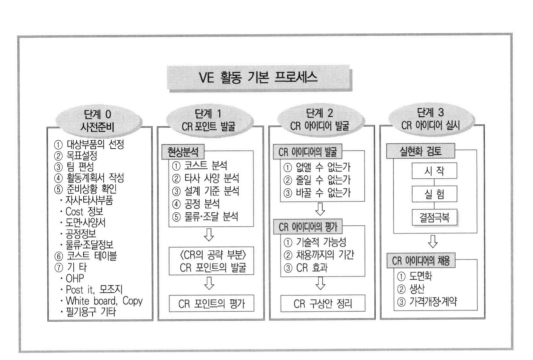

[그림 11-3] AVE 활동 기본 프로세스

(1) 단계 0 : 사전준비

본격적인 VE 활동 전개 전 사전에 준비하는 초기단계가 VE 활동으로 제일 중요한 단계이다.

가. 대상부품의 선정

VE 대상품목 선정사유는 앞서 설명한 바와 같으며 전체 아이디어를 100% 로 보았을 때 VE 대상부품으로 선정되는 과정에서 개선 아이디어의 5% 정도 발생된다.

나. 목표설정

VE 활동의 목표를 설정할 때 너무 목표를 적게 설정하면 혁신적인 아이디어가 잘 나오지 않고 미미한 변경정도의 개선 제안으로 그칠 수 있다. 따라서, VE 활동 절감목표는 의욕적으로 설정하여야 한다.

다. 팀 편성

VE는 혼자서가 아니라 반드시 팀을 편성하여 실천하지 않으면 안 된다. 대상 테마에 따라 다소 차이는 있지만 보통 5~8명 정도의 인원이 좋다. 대상 테마의 가치향상 능력이 팀원에게 있는지를 확인하기 위하여 〈표 11-1〉처럼 "Skill Inventory"를 만들어, 그 결과 팀 능력이 대상테마에 대하여 부족하거나 치우침이 있다면 팀을 새편성한다. 팀 편성방법이 VE의 효과를 크게 좌우하기 때문이다.

적절한 팀이 편성되었다고 해도 팀원 자신이 가진 지혜나 지식을 적극적으로 발휘하지 않으면 의미가 없다.

〈표 11-1〉 Skill Inventory

성명 \ Skill	기획	설계	생산기술	품질관리	원가관리	자재	
A 씨	5년	3					경험연수를 기입
B 씨		10					
C 씨			3	3			
D 씨		6					
E 씨					13		
F 씨		3	4			7	
G 씨				8			
합 계	5	22	7	11	13	7	

라. 활동계획서 작성

VE팀 활동을 효율적으로 전개하려면, 명확한 목표·확실한 계획이 필요하다. "왜 계획을 수립하는 가?"는 VE 활동이 기업의 목적에 따른 활동이라면 그것은 업무이고 당연히 계획을 수립하여 실시하여야 한다. VE 활동계획은 각각의 업무를 확실히 실시하기 위한 것이므로 업무가 낭비없이 수행된다.

VE 활동계획은 Job plan의 각 단계에 며칠, 몇 시간이 걸리는 가, 결과는 어느 정도의 기간으로 확보할 수 있는가를 작성하는 것이 기본이 된다.

〈표 11-2〉의 프로젝트 계획서의 각 단계별 목표 수립시 제1단계 정리단계에서는 1.5~2.0배, 제2단계 발굴시점에서는 목표의 2.0~3.0배, 제2단계 전체 원가절감(Cost Reduction) 구상단계에서는 목표의 1.5~2.0배, 제3단계 정리단계에서 목표의 1.2~1.0배가 되어야 목표를 달성할 수 있다.

〈표 11-2〉 프로젝트 계획서

활동명:VE ACADEMY   작성자:

TEAM 명칭		Member	Leader : Member : 부품 Maker :
대상모델			
대상부품	· 부품명칭 · 대상범위(부품구성의 범위 및 Type 등)		
현상 COST	(/ 계약치)	수량	개/월 (평균치)
CR 목표치	·율 % (원/개) ·액 원/년		

중간목표치 설정

| | 목표 | | 실적 |

C R 율				
3배				
2배	목표의 1.5배~2.0배	목표의 2.0배~3.0배	목표의 1.5배~2.0배	목표의 1.2배~1.0배
1배	〈경험치〉			
	제1STEP 정리	제2STEP 발굴시점	제2STEP 전체구상	제3STEP 정리
	〈CR Point〉	〈CR Idea〉	〈전체 CR 구상〉	

CR 목표치
에 대한 배율

마. 준비상황 확인

VE 활동 추진 전에 사전준비 자료 확인이 필요하다(〈표 11-3〉 참조). 예를 들어 자사 및 타사부품·원가 정보·도면 및 사양서·공정정보·물류 및 조달정보 등이 필요하다. 사전 준비자료 체크 리스트를 작성하여 항목별로 준비자료와 담당자를 정하여 빠짐없이 각종 필요 정보를 준비한다.

〈표 11-3〉 사전 준비자료 체크 리스트

항 목	준비자료	담당자 (팀/업체명)	준 비				비 고
			완료	미흡	미수행	보완 일정	
사양정보	- 구성 부품 LIST(EPL..)						
	- 설계구상성						
	- 도면(ASS'Y, 구성부품)						
	- 대상 부품						
	- 경쟁사 사양분석 SHEET (국내, 외)						
	- 자사 제품간 사양분석 SHEET						
제조/공정 정보	- 제조 공정도(해당 업체별)						- 장비명/인원수/공수
	- 제조 품질 현황 (불량율, REWORK 지수 등..)						
원가정보	- 내, 외작 구분 LIST(업체별)						
	- 부품 원가 계산서						- 2차 VENDOR 포함
	- 표준원가 분석계산서						
	- CR IDEA BANK						기적용, 기검토, 추진 중인 CR IDEA 현황 LIST
제약조건 정보	- 법규/TEST SPEC						
	- 과거 품질이력/검사기준						

바. 코스트 테이블

원가 분석시 필요한 견적서·원가계산서, 원가계산기준, 코스트 테이블 등의 원가 관련자료를 준비한다.

(2) 단계 1 : 원가절감(Cost Reduction) 포인트 발굴

사전 준비자료를 기초로 원가 분석·타사 사양분석·설계기준분석·공정분석·물류 및 조달분석 등을 통하여 원가절감 포인트를 발굴하고, 원가절감 포인트를 평가하는 단계이다.

가. 원가 분석

원가 분석시 구성부품을 어디까지 분해할 것인가?(예 : 1차 메이커 구입단위 또는 2차 메이커 레벨까지 분해)

정리순서는 Sub Ass'y별·조립 순으로 기입하는 것이 좋다. 비목별 원가는 재료비·부품

비·가공비·조립비 등으로 구분하여 기재한다.

〈표 11-4〉에서처럼 원가절감 포인트의 발굴은 구성부품 중에서 원가가 높은 부품은 어느 것인가? 이들 부품의 어느 비목이 높은가? 이들 비용의 발생요인은 무엇인가? 등을 통해 원가절감 포인트를 발굴한다.

〈표 11-4〉 구성부품 및 원가 일람표

활 동 명   부품번호   부품명칭 :
작성년월일   작 성 자

약도 생략	약도 NO	내외	재료비		가공비		금형비	이 익 관리비	합계
			재료	부품		공정			
	1	외		60				9	69
	2	내	30		60	INJ	10	14	114
	3	외		10				2	12
	4	외		1					1
	5	내	35		34	INJ	6	10	85
	6	외		7				1	8
	7	외		38				6	44
	8	외		26				4	30
	9	내	60		72	INJ	8	20	160
	10	내	42		51	INJ	7	14	114
	11	외		45				7	52
	12	외		1					1
	13	외		23				3	26
	14	외		59				9	68
	15	외		5				1	6
	Ass'y	내			226	공수4분		34	260
	합 계		167	275	443		31	134	1050

원가절감 Point 1. Ass'y비가 높다.(20%) … OTR Case Ass'y의 부품 점수 삭감, 부품의 일체화
                     2. OTR LID의 가공비가 높다 … Cycle Time의 단축

나. 타사 사양분석

타사 제품과 당사 제품의 대상부품을 비교 분석하여, 원가의 수준차이·과잉사양 등의 차이를 분석하여 대상부품의 원가절감 포인트를 찾는다. 타사 부품원가 추정시에는 〈표 11-5〉와 같이 자사기준의 원가계산기준 및 코스트 테이블을 활용하는 것이 바람직하다.

〈표 11-5〉 타사부품 사양 비교표

활 동 명 :　　　　　　　　부품번호 :　　　　　　　　부품명칭 :

작성년월일 :　　　　　　　작 성 자 :

약도 생략						

시　　점		자사상품		타사상품			CR POINT
		A 모델		B 모델			
조건·성능		약50,000 Kcal		약54,500 Kcal			
방　　식		f/p1.4㎜ 0.184m^2		f/p1.7㎜ 0.181m^2			
구　　조		RAD치 부여		좌동			
재　　질		Cu		Al			
표면처리		흑색도장		도장 無			
공　　법		In/Out Pipe 납땜		좌동			
중　　량		2.2kg		1.9kg			
부품점수		63점		51점			
COST				견적	견적	견적	견적
상품가치 (판매가격)							

다. 설계기준 분석

　　대상부품의 설계기준 적정화 여지(과부족)을 파악하여, 원가개선의 포인트를 발굴한다. 설계기준 분석은 〈표 11-6〉과 같은 방법을 들 수 있으며, 작성하는 방법은 요구항목 부위별(Sub Ass'y)로 세분화하고, 사양서에 따라서 요구항목을 분류한다. 기준은 가급적 정량치로 기입한다. 기준명은 인용한 기준서명·규격번호를 기입한다. 기준의 설정배경 및 이유는 요구항목의 기준을 설정한 경위 등을 상세히 기입한다. 요구도란의 "MUST"는 절대적으로 변경 불가능한 사항에 대해 "M"으로 표시하고, "WANT"는 높지만 변경이 가능한 사항에 대해서는 "W"로 표시한다. 실력치는 현 시점에서의 실험치를 기입하며, 실력치가 기준보다 수준이 높은 차이와 이유도 기입한다. 요구사항에 과잉항목은 없는가?, 출처가 불명한 기준 중 불필요한 부분은 없는가?, 타사와 비교하여 과잉부분은 없는가? MUST의 이유로 납득할 수 있는가?, WANT의 기준을 없애거나 레벨 다운을 할 수는 없는가? 등의 분석을 통하여 원가절감 포인트를 발굴한다.

〈표 11-6〉 설계기준분석표

요구항목	기 준	기준의 출 처	기준설정의 배경·이유	요구도 (W·M)	실력치	CR 포인트
설계기준서나 사양서에 의해 요구 항목을 정리	요구항목의 수치화	기준의 유무	· 과거 실적 · 법규 · 실험 데이터	Must Want	실험치 측정치	
소음, 진동 성능 판두께	1.4	無				

· 과잉항목은 없는가
· 현실의 기준에 맞는가
· 타사와 비교해서 기준이 과잉은 아닌가
· 출처 불명한 기준은 없는가
					· '실력치〉기준치'는 없는가
					  고(高) 등급 재료의 사용
					  생산의 산포가 큼
					  품질불량의 증대
					  공법·공정이 과잉	

활 동 명   부품번호   부품명칭   PAN OIL
작성년월일   작 성 자

요구항목	기 준	기준의 출 처	기준설정의 배경·이유	요구도 (W·M)	실력치	CR Point
맞춤면 실성 평면도 판두께	0.05이하 1.4	無	과거 실적 과거 실적	W W	0.07 이하 1.6	
소음, 진동 성능 판두께 저면 비드	1.4 有	無	과거 실적 과거 실적	W W	1.6 비드 無	
Oil Level Oil 흐름 청유	Baffle 설정	無	불합리한 대책	M	Baffle 無	

라. 공정 분석

공정 프로세스 차트 분석 〈표 11-8〉을 실시하여 대상부품의 구성부품이나 Sub Ass'y가 어떠한 가공 및 조립을 거쳐서 생산되고 있는가, 원가를 발생시키는 요인과 원단위의 실태는 어떠한가를 파악하여 원가절감 포인트 발굴에 도움을 준다(〈표 11-7〉 참조).

〈표 11-7〉 원가절감 포인트(예)

원가 발생		원가절감 포인트
공정순서가 복잡하다.	→	공정순서 통합 및 변경
물류가 복잡하다.	→	○○부품 운반거리 단축
공정수가 많다.	→	공정수 삭감
공법이 과도하다.	→	타공법으로 변경
네크 공정이 많다.	→	네크 공정 개선
인원이 많다.	→	인원삭감
설비비가 높다.	→	범용화, 소형화

〈표 11-8〉 공정 프로세스 챠트

활 동 명   부품번호   부품명칭   BRKT Ass'y
작성년월일   작 성 자

배치인원	Main Line 설비 등	공정명칭	Sub Line(1)	Sub Line(2)	Sub Line(3)
1명	0.3분* 1명	세정	0.3분* 1명 ○ Press가공		
	30분 │ *2명	용접		○ 가공 ∘ 운반 ▽ 정체 □ 검사	
2명			현장에서의 분석	중점 분석	
1명	5.0분 │ * 1명	Ass'y	공정순서 복잡(내, 외작 포함) 물류가 복잡	1. 네크 공정이다. 2. 공수가 걸리고 있다.	
1명	0.5분 │ * 1명		공정수가 많다.	3. 싸이클 타임이 길다. 4. 공정수가 많다. 5. 검사 공정에 시간이 걸리고 있다.	

현장에서의 분석
공정순서 복잡(내, 외작 포함)
물류가 복잡

공정수가 많다.
공법이 적절하지 않다.
재공, 재고가 많다.

공정간 거리가 길다.
네크 공정이 많다.
형 교체 회수 시간이 많다.
인원이 많다.
작업에 낭비가 있다.
포장이 나쁘다.
설비비가 높다.

중점 분석
1. 네크 공정이다.
2. 공수가 걸리고 있다.
3. 싸이클 타임이 길다.
4. 공정수가 많다.
5. 검사 공정에 시간이 걸리고 있다.

CR Point 안
1. Ass'y 공정의 시간이 길다.
2. 용접 공정의 공수가 많다.
3. - - - - -

공정 순서			내 작	내 작
내용	공정시간		35.3분	0.3분
	인 원		5명	1명
	가공비	노무비 200원/분	좌동	
		경 비 100원/분	좌동	
	재료수율, 불량율		수율 : 71%	

마. 물류 및 조달 분석

제품 제조과정에서 금형교체시간·설비종합효율 등을 분석해 보고, 금형교체 시간은 단축하는 방법이나 설비종합효율을 향상할 수 있는 방법이 없는지 원가절감 포인트를 발굴한다. 물류 관련하여 납입하는 방법·포장하는 방법 등을 분석하여 원가 개선점을 찾아본다 (〈표 11-9〉 참조). 재료조달 방법이나 조달 메이커 등을 분석해 보고 원가절감 포인트를 발굴한다.

〈표 11-9〉 부품물류 및 조달분석표

활 동 명   부품번호   부품명칭   BRKT Ass'y
작성년월일   작 성 자

구 분	항 목	분 석 항 목	CR Point
제 조	금형교체시간 설비가동율	· 금형교체시간 : · 설비부하율(생산량/능률) : · 설비고장율 : · 설비종합효율 :	
물 류	납입방법	· Pallet : · 골판지 : · 전용(Pallet, 대차) : · 기타	

	운반, 납입	· Truck에서의 운반상황 :
		  * Truck Ton 수 :
		  * 개수/회 :
		  * 운반거리 :
		· 납입방법 :
		  * Truck ~ Line(현장)
		  * Truck ~ 대차 ~ Line(현장)	

	포장방법	· 부대(개별포장) : · 개별포장+골판지 : · 기타	

조 달	재료조달	· 재료조달방법
		  * 부품Maker 자기조달
		  * 집중구매	

	조달 Maker	· 재료조달 Maker
		  * 현상 Maker :
		  * 경합타사 Maker :
		· 표준·기능부품 Maker
		  * 현상 Maker :
		  * 경합타사 Maker :	

바. 원가절감 포인트 정리표

현상분석 단계에서 코스트 분석·타사 사양 분석·설계기준 분석·공정분석·물류 및 조달 분석 등을 통하여 발굴된 주요 부품별 원가절감 포인트 〈표 11-10〉를 전지에 포스트 잇 (Post-it)을 사용하여 붙여 가면서 정리한다.

정보시스템을 활용할 경우에는 지식경영(Knowledge Management) 시스템에 동시 접 속하여 아이디어를 내는 순서대로 작성될 수 있도록 한다.

〈표 11-10〉 원가절감 포인트 일람표

주요부품	구성부품 Cost 분석	타사 사양 비교	설계 기준 분석	공정 분석
●●부품 Ass'y	●●부품의 Ass'y비 (전체의 25%)가 높다.	○○부품의 부품점수(25점)가 많다.	●●부품의 요구기능이 과잉이다.(법규)	●●부품의 Ass'y 공수 (6분)가 길다.
	△△부품의 Sub Ass'y 비(전체의 15%)가 높다.	AB부품의 분할은 과잉이다.		●●부품의 검사가 과잉이다.
○○부품	○○부품의 재료비가 높다. (전체의 30%)	○○부품재질(ABS)이 과잉이다.		○○부품의 수율 (60%)이 낮다.
	○○부품의 가공비가 높다. (전체의 20%)	○○부품의 중량(3kg)이 많다.		○○부품의 불량(9%) 이 많다.
	○○부품의 금형비가 높다. (전체의 5%)	○○부품의 Press공법이 과잉이다.		○○부품의 Cycle Time(1.0분)이 길다.
××부품				

사. 원가절감 포인트 발굴 체크 리스트

사양 및 제품제조와 관련하여 시점별 질문사항을 체크해 가며 원가절감 포인트 발굴을 하면 〈표 11-11, 표 11-12, 표 11-13, 표 11-14〉에서처럼 원가절감 포인트 발굴시 많은 도움이 된다.

〈표 11-11〉 원가절감 포인트 발굴 체크 리스트(사양관련 ①)

시 점		질 문	Check
기능구성	과잉기능의 배제	과잉기능은 없는가(잉여·무용·중복)	
		User의 가치평가와 실제의 코스트 배분이 일치하는가	
		다른 시스템과의 기능통합을 할 수 있는가	
		다른 시스템과의 기능분할을 할 수 있는가	

시 점		질 문	Check
원리·방식	원리·방식의 변경	원리나 방식을 변경할 수 있는가	
		타사 방식에 비해 뒤떨어지지 않았는가	
		자사제품의 타 방식은 채용할 수 없는가	
		다른 업종 제품에서 응용할 수 있는 방식은 없는가	
		특수한 방식을 채용하고 있지 않은가	
조 건	설계·실험기준의 적정화	설계기준의 설정은 과잉으로 되어 있지 않은가	
		실험기준의 설정은 과잉으로 되어 있지 않은가	
		안전율을 필요이상으로 취하고 있지 않은가	
		타사제품과 비교해서 과잉이 아닌가	
	과잉 품질 적정화	실험기준은 시장의 요구수준에 맞는가	
		검사기준은 과잉으로 되어 있지 않은가	
		외관품질기준이 과잉으로 되어 있지 않은가	
		강도기준을 재검토할 수 없는가	
		불구합 대책·저소음 대책이 Minimum으로 되어있는가	
부품구성·배치	부품구성의 최적화	부품구성은 적절한가	
	배치의 최적화	부품의 위치는 최적인가	
		부품의 배열은 최적인가	
		부품간 거리는 최적인가	
		부품의 방향은 최적인가	
구 조	소형화	전체를 소형화할 수 있는가	
	구조의 간소화	전체를 단순한 형상으로 할 수 있는가	
		구조를 간소화 할 수 있는가	
	분할위치의 최적화	분할위치는 적절한가	
	가공성 향상	가공성을 고려한 구조로 되어 있는가	
	조립성 향상	특수공구가 필요한 구조로 되어 있는가	
공용화·표준화	부품의 공용화·표준화	부품종류를 줄일 수 없는가	
		부품의 방향성(좌우등)을 없애 공용화할 수 있는가	
		타제품을 유용할 수 있는가	
		표준품을 사용할 수 있는가	
부품점수	부품의 폐지	부품의 폐지를 할 수 있는가	
		Spacer 등을 없앨 수 없는가	
		부품식별을 위한 Name Plate은 없앨 수 없는가	
	부품점수의 삭감	부품점수의 삭감을 할 수 없는가	
	부품의 일체화	복수의 부품을 일체화 할 수 있는가	
	결합 개소의 삭감	결합 개소를 줄일 수 없는가	

〈표 11-12〉 원가절감 포인트 체크 리스트(사양관련 ②)

시 점		질 문	Check
결합방식	결합방식의 변경	결합방식을 바꿀 수 없는가	
		결합방법은 변경할 수 없는가	
		결합에 관한 부품점수를 줄일 수 없는가	
		결합부품을 소형화 할 수 있는가	
		결합방법을 원터치화 할 수 있는가	
재 료	재료의 삭감	재료의 투입양을 줄일 수 없는가	
	재료의 변경	가공·표면처리를 하지 않는 재료는 사용할 수 없는가	
		가공의 곤란한 재료를 사용하고 있지 않은가	
		재료의 수율을 향상 할 수 없는가	
		염가재로 바꿀 수 없는가	
		범용재·표준재로 바꿀 수 없는가	
		보이지 안는 부품의 수지를 칼라화 하고 있지 않은가	
형 상	형상의 변경	형상을 단순화 할 수 없는가	
		중공(中空)으로 할 수 없는가	
		두께를 줄일 수 없는가	
		가공·조립의 곤란한 형상으로 되어 있지 않은가	
		동시가공 할 수 있는 형상으로 되어 있는가	
치수·정도	치수의 변경	판 두께를 얇게 할 수 없는가	
		길이·높이·폭을 작게 할 수 없는가	
	정도의 완화	공차정도를 완화시킬 수 없는가	
		표면정도는 필요한 부문에만 설정되어 있는가	
		Grade관리에서 조합에 의해 NG품을 구할 수 없는가	
		무리한 정도를 지시하고 있지 않은가	
가공부분	가공의 폐지	면취 제거는 필요한가	
		보이지 않는 부분의 사상을 폐지할 수 없는가	
		접촉하지 않는 면까지 연마하고 있지 않은가	
	가공부의 삭감	과잉 가공지시는 없는가	
		소재 치수가 커서 낭비 가공을 하고 있지 않은가	
	가공의 변경	각(角) R·모퉁이 R은 적정한가	
열 처 리	처리의 폐지	재질을 바꾸어서 폐지할 수 있는가	
	방법의 변경	다른 열처리 방법은 없는가	
	조건의 변경	경도·깊이는 완화할 수 있는가	
	범위의 변경	열처리 범위는 적정한가	

시 점		질 문	Check
표면처리	처리의 폐지	표면처리를 없앨 수 없는가	
		상도·하도는 적정한가	
		Oil 도포가 되는 부품에 도금하고 있지 않은가	
	방법의 변경	표면처리방법에 과잉은 없는가	
		다른 표면처리로 바꿀 수 없는가	
	조건의 변경	도금두께는 변경할 수 없는가	
		더블코팅은 필요한가	
	범위의 변경	내면까지 도장하고 있지 않은가	
공 법	공법의 변경	생산량에 맞춘 공법인가	
		저 Cost 공법으로 변경할 수 없는가	

〈표 11-13〉 원가절감 포인트 체크 리스트(제조관련 ①)

시 점	질 문	Check
공법, 생산방식	부품사양에 맞는 공법인가	
	생산량에 맞는 공법인가	
	저 Cost 공법으로 되어 있는가	
	한 개 흐름으로 되어 있는가	
	U자 Line으로 되어 있는가	
공정순서 공정설정	내작화 할 수 없는가(외작화 할 수 없는가)	
	공정의 순서는 적절한가	
	공정의 분할은 적절한가	
	Line Balance는 적절한가(대기작업은 발생하고 있지 않은가)	
설 비	생산량에 맞는 설비로 되어 있는가	
	필요가 없는 기능은 장착되어져 있지 않은가	
	설비고장은 많지 않은가	
	생산체제(1직, 2직, 3직)는 적정한가	
형, 치공구	형, 치공구를 공통화 하여 교환회수를 적게 할 수는 없는가	
	필요 없는 곳까지 가공하고 있지 않은가	
	생산량에 맞는 형, 치공구로 되어 있는가	
금형교체 시간	형, 치공구의 취부시의 조정에 시간이 걸리고 있지 않은가	
	형, 치공구의 점검에 시간이 걸리고 있지 않은가	
	형, 치공구의 청소에 시간이 걸리고 있지 않은가	
	형, 치공구의 운반에 시간이 걸리고 있지 않은가	

시 점	질 문	Check
	공구의 준비, 장착, 탈착에 시간이 걸리고 있지 않은가	
	형, 치공구의 취부 방법·회수는 적절한가	
	사전준비로 변경할 수 있는 작업은 없는가	
환 경	환경은 적절한가(조명, 냄새, 안전 등)	
	5S는 실시하고 있는가	
	공정 간격이 너무 떨어져 있지는 않은가	
	공정 간격이 너무 좁아 작업추진이 어렵게 되어있지 않은가	
Lay Out	Line이 역류하거나, 꾸불꾸불하게 되어있지 않은가	
	인당 많은 장비를 보유할 수 있는 Lay Out으로 되어져 있지 않은가	
	제품, 부품의 장착, 탈착이 쉽게 되어 있는가	
	소재의 형상을 바꾸어 가공대를 줄일 수 없는가	
	부품의 착탈은 원터치로 되어져 있는가	
	모서리 가공은 적정한가	
	절삭속도, 이송량, 절삭량은 적절한가	
	공절삭은 없앨 수 없는가	
가공작업방법	감시시간을 없앨 수 없는가	
	불량의 재작업수는 없앨 수 없는가	
	Scrap은 회수하고 있는가	
	공구의 선택은 적정한가	
	절삭공구는 적정한가	
	가공의 순서는 적정한가	

〈표 11-14〉 원가절감 포인트 체크 리스트(제조관련 ②)

시 점	질 문	Check
	부품의 장착, 탈착은 1회로 가능한가	
	부품의 운반변경이 발생하고 있지 않은가	
	부품의 임시보관이 발생하고 있지 않은가	
	양손을 활용하고 있는가	
조립작업방법	기조립 작업이 발생하고 있지 않은가	
	부품을 고르거나, 찾고 있지는 않은가	
	부품의 보관유지 작업이 발생하고 있지 않은가	
	부품의 위치결정이 한번으로 가능한가	
	조립의 순서가 적절한가	

시 점	질 문	Check
	자동기기의 감시는 없앨 수 없는가	
	보행거리는 최적인가	
	무리한 작업자세가 발생하고 있지 않은가	
	검사작업(무가치작업)을 줄일 수 없는가	
	공정내 검사를 할 수 있는가	
	전수검사로 되어져 있지 않은가	
	자동검사를 할 수 있는가	
	검사기준은 적절한가	
	한도견본은 설정되어져 있는가	
부품공급방법	부품의 공급방법은 적절한가	
	부품의 공급을 자동화할 수 없는가	
	부품공급의 회수기준, 수량기준은 정해져 있는가	
	선입선출이 이루어지고 있는가	
구내 운반	운반작업(무가치작업)을 없앨 수 없는가	
	간단한 방법으로 운반할 수 없는가	
	부품의 임시보관, 보관변경을 없앨 수 있는가	
	운반회수, 인원은 적정한가	
	운반거리는 최단인가	
	하역작업의 회수를 줄일 수 없는가	
재 고	재료의 납입 LOT를 작게 할 수 있는가	
	재공품의 재고를 줄일 수 없는가	
	완성품의 재고를 줄일 수 없는가	
물 류	생산량에 맞는 납입 회수, 납입 LOT로 되어 있는가	
	포장재는 적절한가	
	납입장소는 적절한가	
조 달	자체생산이 가능한 저가의 작업까지 외주화을 하고 있지 않은가	
	좀 더 싼 외주 처는 없는가	

아. 원가절감 포인트 일람표

단계 1에서 완성한 각 장표에서 발굴된 원가절감 포인트를 일람표 〈표 11-15〉로 정리하여 원가절감 포인트 단계에서 원가절감 목표 달성 상황을 확인하며, 단계 2에서 실시하는 원가절감 아이디어 발굴의 기초자료로 활용한다.

① **원가절감 포인트를 공략한다.**

- 제1단계에서 작성한 현상분석의 장표별로 작성자가 원가절감 포인트를 설명하고 활동 멤버가 의논한 후, 채택할 것인지 아닌지 결정한다.
- 채택하기로 결정한 원가절감 포인트를 장표별로 일람표에 기재한다.

② **원가 절감 효과를 파악하여 우선순위를 결정한다.**

- 장표간에 원가절감 포인트가 중복되어 있는 것은 W를 표시하여 한쪽을 평가에서 제외
- 장표별로 원가절감 포인트의 우선순위를 부여한 후, 전체에서의 우선순위를 결정한다.

③ **목표달성 상황을 확인한다.**

- 집계효과가 목표절감액을 미달할 경우는 원가절감 포인트를 추가로 검토한다.

〈표 11-15〉 원가절감 포인트 일람표

활 동 명   부품번호   부품명칭   Ass'y-Side
작성년월일   작 성 자

제1단계의 정리				
장 표 명	**CR Point**	**Cost 평가**	**우선순위**	
			장표	**전체**
구성부품 Cost 일람표	* 부품점수가 많다.(34점) * 조립비가 많다.(전체의 30%) 개략적으로 작성 * ○○부품의 재료비가 높다.(전체의 15%) * 제표의 종류가 많다.	100 30 50 5	1 3 2 4	3 8 5 20
타사 사양 비교표	* Case Vent Side의 재료 ABS는 비싸다. * Fin Vent Side의 재료 ABS는 비싸다. * 부품점수가 많다. W는 제외	300 500 W	1 2	1 3
설계기준 분석표	·각 장표의 CR Point를 채택할 것인가를 활동 Member가 결정한다. ·CR Point별 Cost를 개략 평가하여, CR Idea 발굴의 우선순위를 결정한다. ·개략 평가한 Cost를 집계하여 목표액에 미달되는 경우에는 CR Point를 추가 발굴한다.			
공정분석표	* Ass'y 외주 Maker에서 낭비가 있다.	200	1	2
합 계		₩2,500 (CR30%)		

(3) 단계 2 : CR 아이디어 발굴

가. 원가절감 구상안 정리

단계 1에서 발굴된 원가절감 포인트를 가지고 "폐지해도 되는지?" "감소시킬 수는 없는지?" "변경시킬 수는 없는지?"를 팀원들과 협의하면서 원가절감 구상안을 정리한다. 팀원들의 참여 활성화와 의견을 집중하기 위해서는 〈표 11-16〉과 같이 벽면에 전지를 붙여놓고 그 위에 원가절감 구상안을 포스트 잇(point-it)으로 붙여 나가면 효과적이다. 지식경영시스템이 구축되어 있는 기업은 컴퓨터로 의견을 올려 같이 판단하도록 한다,

〈표 11-16〉 원가절감 구상안 정리표

우선 순위	CR Point	폐지(N) 1 안	감소(H) 2 안	변경(K) 3 안	기 타 4 안
1	○○부품의 재료비가 높다(전체의 30%).	부품을 폐지한다.	판두께를 절감한다. (1.6t ⇒ 1.2t)	재질을 변경한다. (냉 ⇒ 열연강판)	
			재료수율의 향상	재료의 구매방법을 집중구매로 한다.	
			불량률을 절감한다.	해외에서 구입한다.	
				공법을 변경한다. (Press ⇒ 수지)	
2	××부품의 가공비가 높다(전체의 20%).	부품을 폐지한다.	부품의 종류를 삭감한다.	A부품과 B부품을 일체화한다.	
			가공부위, 공정수를 삭감한다.	공정편성을 바꾼다. (편성 Loss)	
			Cycle Time을 짧게 한다.	자동화한다.	

나. 원가절감 구상안 체계표 작성

원가절감 아이디어를 평가하여 기술적 가능성·채택까지의 기간·원가절감 효과 등을 평가하여 원가절감 구상안 체계표를 〈표 11-17〉처럼 작성한다.

〈표 11-17〉 원가절감 구상안 체계표

활 동 명　　　　　　　　　　　　부품번호　　　　　　　　　　부품명칭
작성년월일　　　　　　　　　　　작 성 자

NO		NO	CR구상안	기술적 가능성		Cost 효과	종합 평가	검토과제
				Rank	시기			
○○부품의 재료비가 높다. (전체의 30%) ○○부품의 가공비가 높다. (전체의 20%)			1. ○○부품을 폐지한다. 2. ○○부품의 판두께를 절감한다. (1.6t→1.2t) 3. ○○부품의 수지화(냉연강판⇒PP화) 4. ○○부품의 수율은 향상한다.	C A B A	III I II I	800 100 300 80	○ ○ ○ ○	· 차체와의 부착 강성의 확인 · 충돌강성의 확인

CR Idea의 평가기준

기술적 성립성(가능성)	채용 시기	경제성(CR)	종합 평가
A : 즉시 채택 B : 시작, 실험 필요 C : 기술개발 필요 D : 불명 E : 불가	현제품, 신제품, 장기개발테마를 기본으로 하지만, 각 Project의 요망에 맞추어 설정한다. 〈A, B, C만〉	기술적으로 성립하는 〈A, B, C〉의 Idea에 대하여 개략 CR액을 산출한다.	○ : 상세검토 Idea 기술적으로 성립하고, CR효과가 있는 Idea 전부 × : 불채용 Idea

합　　계	CR액 CR율	2.500 (63%)	

다. 테마별 원가절감 구상안 제안서 작성

개별 원가절감 안건을 테마별 개선구상안화하여 개선점, 제안의 근거, 과제, 원가절감 효과, 조사 및 검토 항목을 기재한다. 테마별 원가절감 구상안 제안서 〈표 11-18〉는 단계 3 원가절감 아이디어 실시 단계에서 관련부서 전개자료로 활용한다.

제안의 근거에는 개선안의 배경 및 타 제품에서 채용사례 등을 기재한다. 과제 란에는 개선안을 채용하기까지 극복해야 할 항목을 기재한다. 원가 효과란에는 비목별(재료비, 가공비, 부품비 등) 해당 항목을 현상과 구상안으로 기재한다. 조사검토 일정에는 항목별로 확인 스케줄과 맞추어 기입한다.

〈표 11-18〉 테마별 원가절감 구상 제안서

활 동 명　　　　　　　　　　　부품번호　　　　　　　　　부품명칭
작성년월일　　　　　　　　　　작 성 자

구상안 명칭	FIN 재질변경		구상안 NO			채용 시기	(Ⅰ) 현행	(Ⅱ) 신차	(Ⅲ) 장기

현상		구상안		C O S T 효 과	부품·비목	현상	구상안	CR효과
					재료비	85	70	15
					가공비	45	45	0
					도장비	40	0	40
					계	170	115	55

판단부서	설계담당과
검토결과	채택　검토　불채택

제안의 근거		기술적 가능성 A·B·C	이유

과제	* 외관 확인 * 내열의 확인	

조사 검토 일정	항 목	담당부서 담당자	일　　　정
	* 수지색외관 확인 * 내열확인	담당 설계 실험과	부품제작　　　　외관확인 6/말　　　　7/말 부품제작　　　　내열시험 6/말　　　　8/말

라. 전체 원가절감 구상안 작성

　전체 원가절감 구상안은 그 부품으로서 성립하는 원가절감 아이디어별 원가절감 구상안 〈표 11-19〉, 〈표 11-20〉을 조합하여 작성한다. 상반되는 원가절감 구상안이 있을 경우는 원가 효과가 가장 큰 원가절감 아이디어로 전체 구상안을 작성한다. 채택시기별 원가절감 구상안은 각 사의 상황에 맞추어 작성한다.

〈표 11-19〉 작성할 전체 구상안

부 품 명	NO	CR Idea	Cost 효과	작성할 전체 구상안			
				Ⅰ안		Ⅱ안	
				A	B	A	B
부품 A	1	부품 A를 삭제한다.	400		400	400	400
	2	부품 A를 소형화한다.	50	50			
	3	부품 A의 재질을 변경한다.	100	100			
	4	부품 A의 판두께를 절감한다.	80	80			
부품 B	5	부품 B를 삭제한다.	500				400
	6	부품 B의 재질을 변경한다.	80	80	80	80	
	7	부품 B의 판두께를 절감한다.	50			50	
부품 C	8		30		30	30	30
	9		20			20	20
CR 효과 합계				310	510	580	950

〈표 11-20〉 전체 원가절감 구상안

	No	채택한 Theme명	기술적 가능성	Cost 효과
현제품(Ⅰ) 신제품(Ⅱ) 장기 (Ⅲ)	1	Center Chamber의 폐지	B	900
	2	Tube 전 Flange의 폐지	A	550
	3	Reso Pipe의 폐지	C	285
	4	Tube 후 Flange의 폐지	A	120
	5	…	B	100
	6	…	A	0
	7	…	C	75
	8	…	B	63
	9	…	C	55
달성 CR액 의 산출방법	10	검사·포장작업의 간소화	C	70
기술적 가능성 × Cost 효과 A 90% 750 B 70% 1,063 C 50% 485	11			

달성 상황	목표CR액	1,500	달성CR액	1,662	합 계(누계치)	2,298
	목표CR율	30%	달성CR율	36.9%		(%)

마. 동류 부품 전개

원가절감 구상안이 자사 타 제품에 확대 적용여부를 확인하여 적용이 가능한 제품은 개선안을 적용하여 원가절감 효과를 극대화한다(〈표 11-21〉 참조).

〈표 11-21〉 같은종류 부품으로 확산

활 동 명 　　　　　　　　　　부품번호 　　　　　　　　　　부품명칭　　VENT GRILL
작성년월일 　　　　　　　　　　작 성 자

NO	CR 구상안	Cost 효과액	기술적 가능성	채택 시기	개선안 적용 타 상품 A차	B차	C차	D차	E차	비고
1	차종간 공용으로 금형비의 절감	190	C	I	○	채택가능 ○	○	○	○	
2	Case 일체 수지 Clip화	60	B	II	○	채택완료 ●	○	○	○	
3	FIN 재질 PPC화 도장 폐지	40	B	II	○	채택완료 ×		○	○	
4	풍향조정 Knob의 Rubber 폐지	30	A	III	×	○	○	○		
5	Shut Valve의 Seal 폐지	30	A	I	○		○	○		
6	Shut 표시 Mark의 금형제작 인쇄 폐지	25	C	II	○	○	○	○	○	
7	Shut 조작을 Knob 방식으로 변경	20	C	II	○	○	○	○	○	
8	Case 판두께를 얇게 한다.	10	B	II	○	○	○		○	
9	Case의 Silicon 도포 폐지	5	B	II	○		○			
10	Case의 금형제작 공정 삭감	2	B	III	○	○	○		○	
					효과액은 A : 90%, B : 70%, C : 50%로 산출					
효과액 합계 (년)	57,698천원/년	적용효과액(/개)			192	169	187	198	174	
		생 산 수 량(개/월)			8000	2000	6000	3000	7000	
		연간효과액(/천원)			18432	4058	13464	7128	14616	

바. 원가절감 구상안 실행 계획서

〈표 11-22〉에서 처럼 발굴된 원가절감 구상안을 담당자별로 업무를 분장하여 전체 실행일정을 확정하면, 단계 2의 원가절감 아이디어 발굴활동이 끝난다.

〈표 11-22〉 원가절감 구상안 실행 계획서

활 동 명　　　　　　　　　　　　부품번호　　　　　　　　　부품명칭　 GRILL
작성년월일　　　　　　　　　　　작 성 자

NO	CR 구상안	Cost 효과액	기술적 가능성	채택 시기	담당 부서	담당 자	2011	2012	2013
							시작·실험확인·채불 판단 일정		
1	차종간 공용으로 금형비의 절감	190	C	I	설계		검토 판단 ○━━● (조형의 자유도)		
2	Case 일체 수지 Clip화	60	B	II	설계		○─●		
3	FIN 재질 PPC화 도장 폐지	40	B	II	설계		내후성확인 ○━━━━● (PM과 공동판단 …외관검토)		
4	풍향조정 Knob의 Rubber 폐지	30	A	III	설계		○─● 조작성 확인		
5	Shut Value의 Seal 폐지	30	A	I	설계		○─● 기준의 재검토		
6	Shut 표시 Mark의 금형제작 인쇄 폐지	25	C	II	설계		○━━● 외관…PM과 공동판단		
7	Shut 조작을 Knob 방식으로 변경	20	C	II	설계		구조의 방침 정리 ○━━━● (조작성 확인)		
8	Case 판두께를 얇게 한다.	10	B	II	설계		금형 Test ○─●		
9	Case의 Silicon 도포 폐지	5	B	II	설계		Sample ○─●		
10	Case의 금형제작 공정 삭감	2	B	III	설계		○─● (Maker 검토)		

(4) 단계 3 : 원가절감 아이디어 실시

단계 2까지 VE팀 활동을 통해 원가절감 구상안 정리가 끝났다. 원가절감 구상안은 실현화 검토를 위하여 개선 샘플을 만들고 테스트를 한다. 테스트 과정시 결점이 발생하면 결점을 극복할 수 있는 안을 만든다.

원가절감 아이디어를 최종 채용하기 위해서는 개선안을 도면에 반영하고, 개선안 기준으로 가격을 재결정하여야 한다.

2 Tear Down VE 활동 추진 사례

1) Tear Down 활동의 정의

분해된 장치나 부품, 데이터를 나열하여 눈으로 보는 것에 따라 비교분석 대조법으로 자사제품과 국내외 타사제품을 분해하여 부품을 기능적으로 비교, 검토하여 기회손실을 줄이고 현 제품의 개선·차기 개발제품에 반영·기술의 신규개발에 투입하는 방법으로 GM에서 개발한 기법으로 일본에서는 자동차업계를 중심으로 보급되었다.

2) Tear Down 활동의 목적

① 신제품 목표가 달성을 위한 원가절감 아이디어 발굴
② 당사 대 경쟁사 부품과의 성능 및 가격수준 비교
③ 경쟁사 부품의 사양 및 제조공법 등 자료 확보

3) Tear Down의 종류

(1) 매트릭스 Tear Down

유사부품의 성능, 사양을 횡적으로 나열하여 비교 분석하여 제품 또는 구성부품의 공용화를 꾀한다.

(2) 프로세스 Tear Down

유사공정을 갖는 제품 또는 구성부품의 공정비교를 통하여 공용화, 표준화를 추구하여 품질, 생산성, 설비의 공용화를 꾀한다.

(3) 다이나믹 Tear Down

타사제품을 자사 조립라인을 이용하여 분해 조립 시간계측을 실시하여 자사제품과 조립공수를 비교하여 차이가 나는 원인을 분석하여 공수절감을 시도한다.

(4) 코스트 Tear Down

개선의 대상과 경쟁품을 분해하여 부분 부분의 코스트 비교에 의해 차이요인을 추출하고 코스트가 높은 요인은 원가절감 아이디어로 낮은 요인을 기능향상 아이디어로 활용한다.

(5) 재료 Tear Down

경쟁품의 재질이나 표면처리, 열처리 등의 비교에 의한 재료비 절감을 꾀한다.

(6) 스테이틱(STAIC) Tear Down

개선대상과 경쟁품의 차이에 대하여 제품 및 분석결과를 전시하여 관계자 사이에 자사 제품의 가격 기능 품질의 경쟁력에 대한 방향을 정리한다.

4) Tear Down 비교항목

(1) 상품의 가치비교(제품인 경우)

① 외관, 기능, 내구성
② 성능
③ 판매가, 세일즈 포인트 등

(2) 장치의 가치 비교

① 제품 기능과의 비교
② 제품 성능과의 비교
③ 중량의 비교
④ 재료, 구조의 비교
⑤ 원가 또는 원가 파라미터(부품점수, 부품중량, 재질, 조립성, 정비성 등)
⑥ 내구성 등

(3) 부품가치 비교

① 장치 기능과 관련된 부품가치 비교
② 장치 성능과 관련된 부품 가치 비교
③ 중량, 재질, 부품 공용화
④ 원가 또는 원가 파라미터(부품점수, 부품중량, 재질, 조립성, 정비성 등)

5) 추진절차 개념도

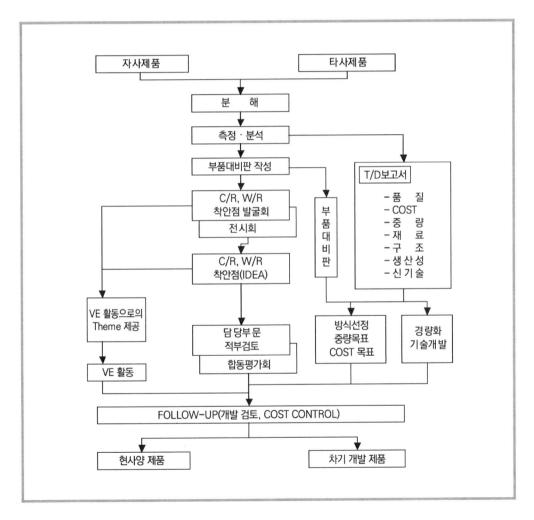

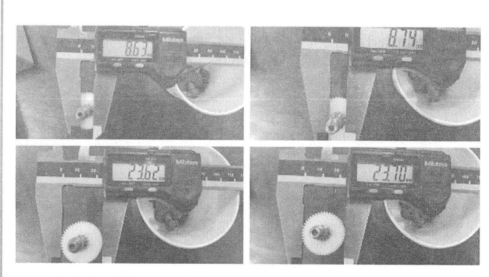

피니온 길이를 제외한 모든 치수 값이 유사하며 재질은 동일한 것으로 사료됨.
길이부분이 당사가 길은 이유는 메탈부위와 접촉을 많이 주기 위해 치수를 키움
원판소재비 : ∮25 X 1,000 = 4,400원 짜투리 50mm, 절단 4mm
　　　　　　950/8.5 = 111개, 4,400원/111개 = 40원
피니온소재비 : ∮10 X 3,000 = 1.84Kg, Kg당 단가 : 1,430원, 자투리 200mm
　　　　　　2,800/37.8 = 74개(절단3mm), 2,627원/74 =35.5원

[그림 11-5] Tear Down(Gear) 사례

제12장 부품 반감화 기법

1) 원가결정 및 절감활동 프로세스

원가결정 프로세스에서 자사가 요구하는 사양에 맞추어 부품을 조달하는 경우 부품원가는 도면, 사양서의 내용수준에 절대적으로 영향을 받는다. 이것은 도면, 사양서가 결정된 단계에서 원가의 80% 정도가 결정되기 때문이다([그림 12-1] 참조).

2) 부품반감화(VRP: Variety Reduction Program)란?

(1) VRP(Variety Reduction Program)의 의미

고객의 다양한 니즈(NEEDS)에 효율적으로 대응하기 위하여 제품, 부품, 설비, 공정 등의 공용화, 제품수 삭감·단순화 모듈 등으로 적은 일손과 대폭적인 원가절감을 도모하는 기법이다.

V(Variety)	:	다품종, 다부품, 다공정에서 코스트 발생요인 종류와 수의 합
R(Reduction)	:	코스트 발생요인의 철저한 삭감
P(Program)	:	추진방법과 테크닉

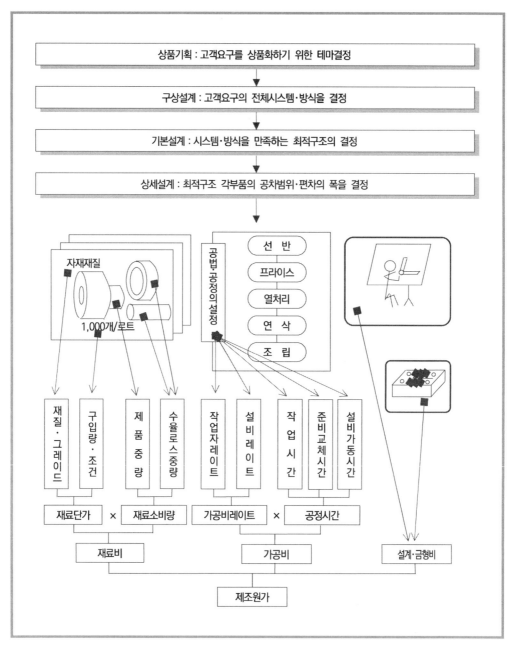

[그림 12-1] 원가 결정 프로세스

(2) VRP의 배경

시장은 점점 상품의 다양화를 요구하고 있으나 기업은 가능한 한 적은 인원과 공정으로, 효율적으로 대응하고 경쟁요인을 확보해야 하므로,

① 제품다양화와 제품수명 단축화

② 코스트 상승과 생산효율 저하

등의 문제를 해결하기 위하여 시장의 요구로부터 제품의 다품종, 다양화 대책을 세운다. 또한 제품을 구성하는 부품점수와 생산 공정수를 줄임으로써 대폭적인 코스트 다운을 꾀한다. 다양화에 대응하면서 "생산성이 높은 제품, 생산시스템을 구현"하는 수법이다.

(3) 부품 반감화(VRP)에 대한 개선 사고

제품다양화에 대응한 코스트 다운과 생산 효율 향상을 도모하기 위해서는, 제품과 생산시스템 2가지 면에서 개선을 접근한다. 기본 컨셉과 개선의 관점은 다음과 같다.

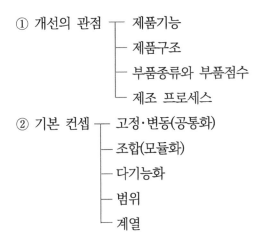

① 개선의 관점 ┬ 제품기능
　　　　　　　├ 제품구조
　　　　　　　├ 부품종류와 부품점수
　　　　　　　└ 제조 프로세스

② 기본 컨셉 ┬ 고정·변동(공통화)
　　　　　　　├ 조합(모듈화)
　　　　　　　├ 다기능화
　　　　　　　├ 범위
　　　　　　　└ 계열

(4) 부품 반감화(VRP)를 도입해야 하는 기업

① 신제품개발이 이어져 잔업이 많다.

② 설계도면 매수가 점점 증가하여 부품의 컴퓨터·입력작업이 바쁘다.

③ 부품 수배에 쫓기고 있다.

④ 금형이 계속 필요하지만 제품수명이 짧아져 코스트가 증가하고 있다.

⑤ 공구의 종류가 너무 많아 관리가 힘들다.

⑥ 생산공정이 복잡하여 흐름을 파악할 수 없다.

⑦ 부품교체가 많아서 준비교체가 힘들다.

⑧ 창고에 불용품이 쌓이기 시작했다.

⑨ 제품의 종류가 다양해져 서비스 부품이 늘어나고 있다.

⑩ 제품종류에 비해 매출이 증가하지 않고 이익도 늘어나지 않는다.

(5) 부품 반감화의 파급효과

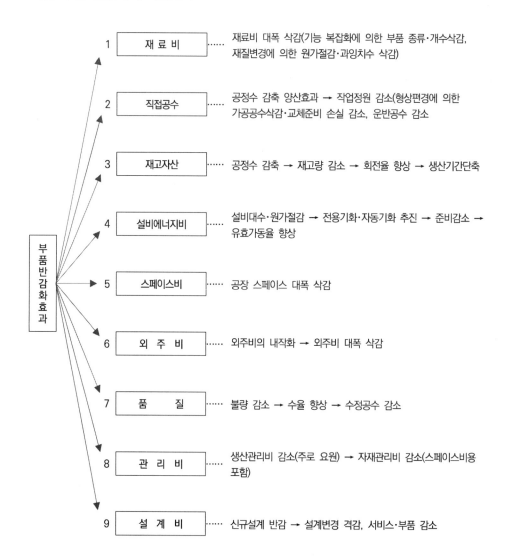

3) 부품 반감화의 5가지 개념

(1) 고정 – 변동

① 제품을 구성하는 블록이나 부품에서 기종이 다르더라도 공통으로 사용될 수 있는 것을 고정이라고 하고, 각 기종 고유의 것을 변동이라고 한다.
② 고정은 설계·생산니즈에 의한 것과 시장니즈에 의한 것으로 나눌 수 있다.
③ 변동은 시장니즈의 대응에 따른 것이 많다.
④ 고정을 늘리고 변동을 억제하는 것은 다양화를 감소시키는 것이다.
⑤ 기법으로써 고정·변동분석이 있다.
 • 변동을 고정으로 하기 위한 대책을 검토한다.
 • 유니트 레벨에서는 변동이었으나, 부품 레벨에서는 고정인 것이 있다.

【고정변동분석】

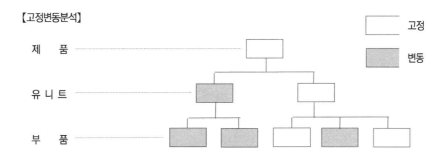

(2) 조합

① 제품 다양화에 대응하는 수단이 될 수 있으며,
② 부품이나 블록의 조합으로 원하는 제품을 개발한다.
③ 블럭구조와 호환성이 있는 부품이나 블록이 필요하다.

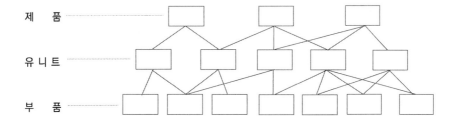

(3) 다기능화

부품, 블록의 다기능화로 구조를 간소화하며 다기능화 순서는 다음과 같다.
① 기능전개(기능정의, 기능정리, 기능평가)
② 기능, 구조매트릭스
③ 개선의 4원칙(ECRS) 적용

(4) 범위(Range)

한 개의 부품이 커버하는 성능 범위의 최대값을 고려하여 부품의 종류·치수·금형·치공구를 줄인다.

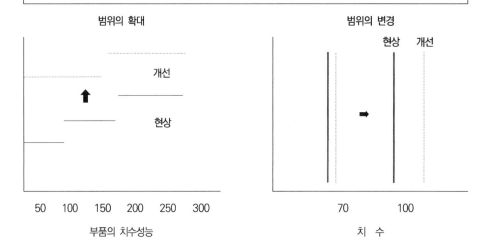

(5) 계열

제품, 부품에 요구되는 성능, 기능, 치수 등을 정리하고 일정한 법칙을 지키도록 한다.
① 변동하는 법칙을 수열에 적용
② 성능, 치수의 등차화, 등비화

4) 부품 반감화의 추진단계

부품 반감화 추진을 위하여 추진단계와 단계별 내용을 개념상 [그림 12-2]와 같이 설명할 수 있다.

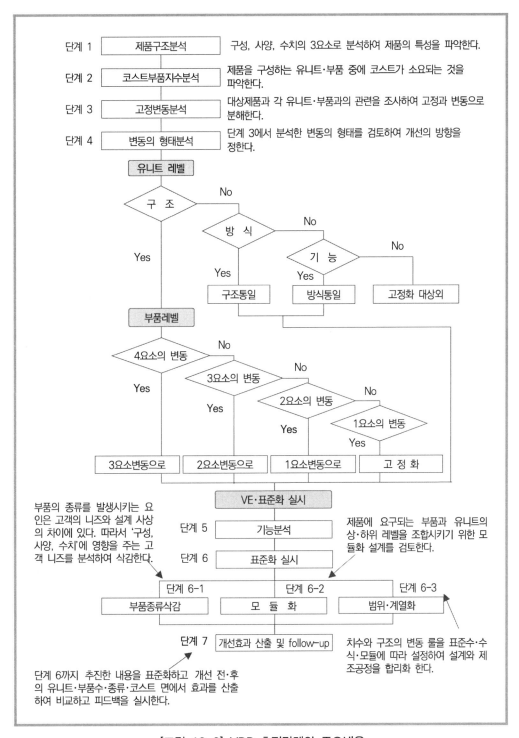

[그림 12-2] VRP 추진단계와 주요내용

2 부품 반감화 추진 절차

1) 부품 반감화 추진

(1) VRP 추진 이유

양산 제품의 거품을 완전히 제거하여 개발제품의 설계시에 공용화, 단순화 등을 최대한 활용하여 개발비용, 개발시간, 품질 등을 조기에 확보하여 원가 경쟁력 기반을 구축하는 데 있다. VRP의 추진은 다음과 같은 효과를 거둘 수 있다.

① 기업의 수익성 확보 및 원가 경쟁력 향상
② 낮은 조업도에 견딜 수 있는 생산 체질 개선
③ 다양화된 제품, 생산 등의 불필요한 거품 제거

(2) 기업 도입시 추진절차 사례

기업에서 부품 반감화 추진은 대체로 5단계로 개선활동을 추진하고 있으며 단계별 추진 내용과 사용한 양식의 사례는 다음과 같다.

1단계:원가절감 활동을 위한 기획서 작성(양식1) ⇒ 목표전개(양식2) ⇒
활동계획 수립(양식3)

2단계:코스트량 분석(양식4) ⇒ 구조 분석(양식5) ⇒ 기능분석도(양식6)

3단계:기능 및 구조관련 분석(양식7) ⇒ 제품 분석(양식8) ⇒ 부품 분석(양식9)

4단계:코스트 다운 방안(양식10) ⇒ 생산구조 분석(양식11) ⇒ Variety 공정분석
(양식12) ⇒ 작업동작 분석(양식13) ⇒ Variety 작업 분석(양식14)

5단계:코스트 다운안 도출(양식15) ⇒ 아이디어 요약(양식16) ⇒ 결과 정리(양식17)

2) 개선활동 단계별 양식

원가절감(Cost Reduction) 기획서

활동팀명:　　　　　　　　　　　　　　　　　　　　　　　　　　　　　　　　　　양식#1

Cost Reduction 활동 방향

1. 배　　경

2. 목　　표

3. 기　　법

4. 기　　준

5. 대　　상

6. 일　　정

NO	추진항목	일　　정	내　　　　용	비　고
1	준비단계		·일정 전개 및 활동계획	
2	기능/구조 분석		·Cost량 분석, 구조 분석 ·Tear Down(경쟁제품)	VE
3	공용화안 작성 (C/D 효과)		·제품 Tear Down Variety 분석 ·부품 Variety 분석 ·VRP 기법에 따른 공용화 ·Cost Reduction 효과 산출	VRP
4	생산분석		·생산 공정 분석 ·작업 방법 ·작업 공수	IE
5	개선안 작성		·제품 개선안 ·Cost Reduction(안) 산출 ·추진 계획서	종합

7. 활동 체제

양식#2

구 분	목 표 전 개	비 고
재료비 C/D 목표액	1. TEAR DOWN (제품 기능분석, 제품 부품분석) 　－ 제품간/부품간 비교분석 　－ SPEC 조사 　　시험방법, 특허 / 인증 2. COST REDUCTION FACTOR 분석 　－ 재질, 두께, 표면처리, 형상, 공법 　－ 내제품, 외주품 　－ 부품수 　－ 재질단가 3. 절감 IDEA 발굴 및 적용	
가공비 C/D 목표액	1. 불량율, 수율 분석 2. 공법 분석 　－ 장비관련 : 자동, 반자동, 수동 3. 투입인원 및 CYCLE TIME 분석 4. LINE BALANCE, 기계 SPEED UP	

양식#3

PART NAME :

활동팀명 :
활동담당 :

활 동 계 획

구분	항목		일정 (월/일)	담당자	비 고
		계획/실행	사전준비 (PHASE 1) · 자사 재료비 검토(TEAR DOWN) (PHASE 2) · 외주 기공비 검토 (PHASE 3) 3 5 7 9 11 13 15 17 19 21 23 25 27 29 31 / 1 3 5 8 10 13 15 17 20 22 24 27 29 / 1 4 6 8 11 13 15		1. 목표 2. 활동기간 3. 활동장소
제품분석	자료수집	계획 / 실행			
	활동계획	계획 / 실행			
	COST량 분석	계획 / 실행			
	구조분석	계획 / 실행			
부품분석	기능분석	계획 / 실행			
	기능 및 구조관련 분석	계획 / 실행			
	VARIETY 제품분석	계획 / 실행			
	VARIETY 부품분석	계획 / 실행			
	재료비, C/D안 작성	계획 / 실행			
생산분석	생산구조분석	계획 / 실행			
	VARIETY 공정분석	계획 / 실행			
	작업동작분석	계획 / 실행			
	VARIETY 작업분석	계획 / 실행			
	노무비, C/D안 작성	계획 / 실행			
종합	추진계획서 작성	계획 / 실행			
	보고서 작성	계획 / 실행			팀장/담당팀장 보고

코스트량 분석

1. 제품별 코스트

제품종류	MODEL	P-NO	단가 (원/EA)	년생산량 (대/년)	순위	총생산금액 (백만)	단가구분	비 고

2. P-Q 분석(생산량과 점유율)

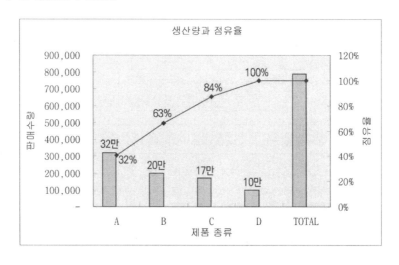

양식#5

비 고		
구 조 부 품		
제 품	구조 방식	

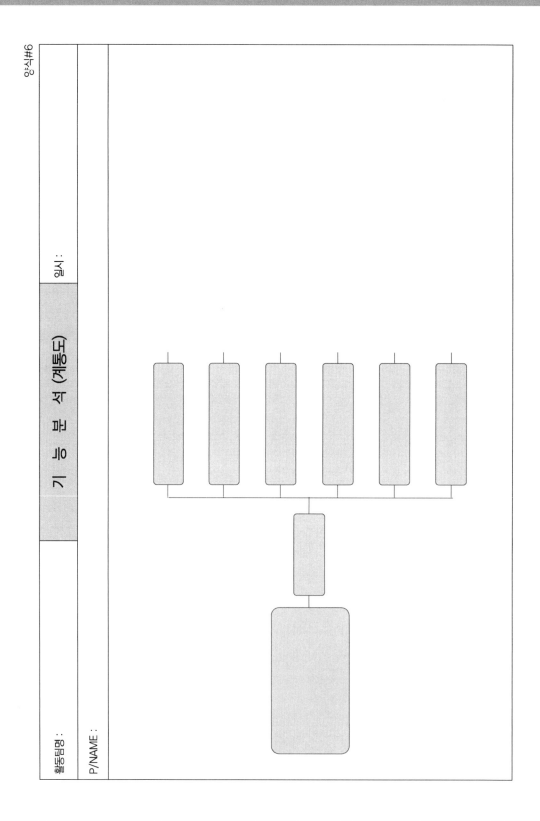

기 능 분 석 (계통도)

공차NO : 9

일시 :

활동팀명 :

P/NAME :

양식#7

기능 및 구조 관련 분석

일시 :

활동팀명 :

기능

품명

구조

TOTAL COST (₩/EA)

양식#8

제 품 분 석

개략도	검토제품 / 구성부	자사제품				경쟁사 제품			
	1								
	2								
	3								
	4								
	5								
	6								
	7								
	8								
	9								
	10								
	총 부품수 (EA)								
	[고찰/개선 POINT]								

양식#10

			원가절감 방안(재료비)				
NO	P/NAME	SUB-PART	COST DOWN 내역	적용여부	적용여부	절감금액 (₩/VEH)	비 고
	제품별 제안 건수 (건)					TOTAL	
	총 절감 금액 (₩/VEH)					TOTAL	

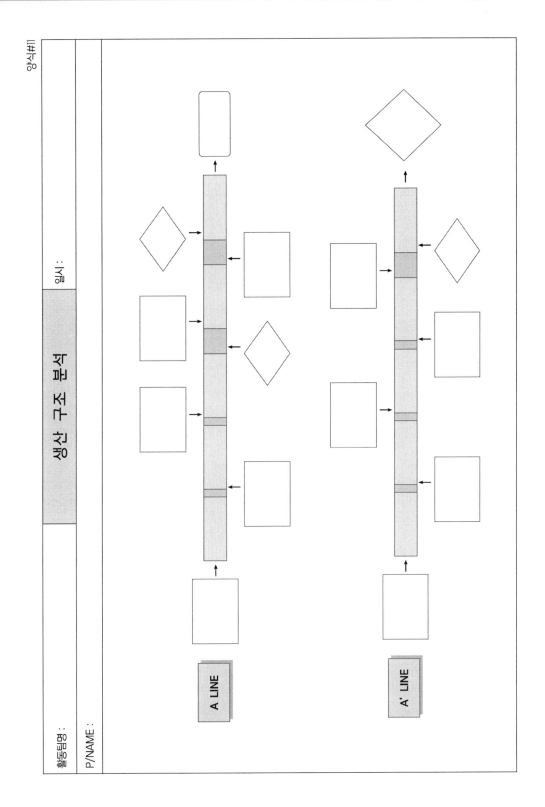

양식#1

활동팀명 :

P/NAME :

생산 구조 분석

일시 :

A LINE

A' LINE

양식#12

활동팀명 :	VARIETY 공정 분석	일시 :
P/NAME :		담당자 :

A LINE

공정명	
ASS'Y 부품명	
기계명	
인원	공수

SUB 공정	MAIN 공정	SUB 공정

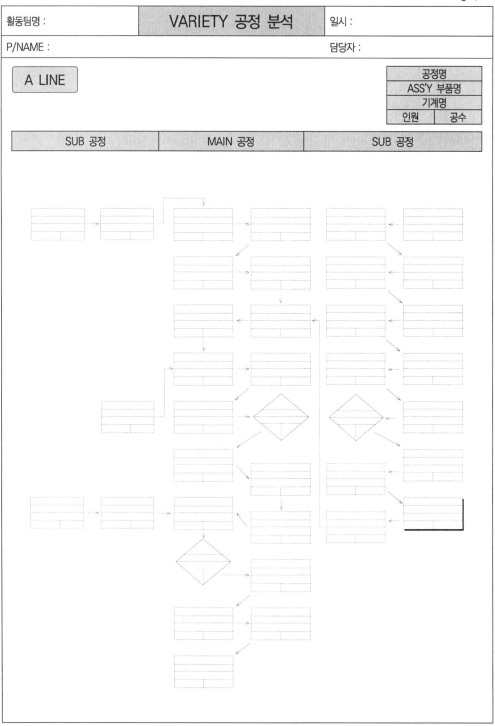

양식#13

** 작업동작분석 **

P/NAME :   (A LINE)

PROCESS	ACTION	C/T (SEC)	비 고
TOTAL CYCLE TIME			

양식#14

활동팀명 :	VARIETY 작업 분석	일시 :

P/NAME :

1. 목적 : 제품의 ASS'Y공수, 작업자의 작업방법 및 동작, LINE 배치의 분석을 통한 작업효율성 증대 및 가공비의 절감

2. 작업분석 : 생산 구조 분석 SHEET 참조

구　분	A LINE	B LINE
공 정 수		
공정순서		
작업동작		
준비동작		
TOTAL C/T		

3. 차이요인분석
   1)
   2)
   3)
   4)

4. 요인 개선안
   1)
   2)
   3)
   4)

5. 개선안 검토
   1)
   2)
   3)
   4)

6. 작업공정

양식#15

C/R 안 도출 (가공비)

활동팀명 :

일시 :

A 부 품					B 부 품				
ASS'Y LEVEL	QTY 인원	사양 변동 (원가절감 사항)	절감 금액	총 금액	ASS'Y LEVEL	QTY 인원	사양 변동 (원가절감 사항)	절감 금액	총 금액
TOTAL DOWN COST									

양식#16

VRP 활동 결과 요약

활동팀명 :

(대상품 :)

NO	PART NAME	개선 IDEA	절감금액 (원/대당)	적용가능성 검토						특이사항(제약조건)
				단기 적용		검증 필요		차기 모델		
1										
2										
3										
4										
5										
6										
7										
8										
9										
10										
11										
12										
13										
14										
15										
16										
17										
18										
절감 IDEA 도출 금액(대당)										

양식#7

활동 결과(재료비/가공비)

1) 코스트 다운 (₩/VEH)

구 분				
NEGO가(₩)				
절감액(₩) - 재료비				
절감액(₩) - 가공비				
생산대수(年)				
총 절감액(₩/EA)				

2) 부품수 다운 및 공용화 안 (ITEM수/VEH)

구 분	개선전	개선후	개선전	개선후	개선전	개선후	공용화 안
총 부품수							

3) 향후 방향
- IDEA 타당성, 적합성 SE적 평가에 의한 구성안 작성
- IDEA 적용 구성안 FOLLOW UP 활동
- 협력업체와 협의/협조 사항 등

제13장 목표가 관리

1 목표원가 관리 개요

1) 목표원가 관리 목적

기업이 이익을 확보하는 방법으로 목표원가를 설정하고, 이를 달성하는 조직과 업무의 유기적인 시스템 구축이 필요하다. 목표원가를 관리하는 목적은 고객이 원하는 품질·납기·가격을 만족시키면서 목표이익을 확보하기 위하여 제품개발 초기단계부터 목표재료비를 설정 및 배분하여 목표재료비, 목표가공비에 적합한 설계를 하도록 부문간 역할과 책임을 명확하게 하는 데 있다.

2) 목표원가 관리 및 달성을 위한 요건

목표원가 관리를 효율적으로 하기 위해서는 공급업체 및 수요기업의 설계·구매·개발 직원들이 원가계산에 대한 기초적인 실력을 갖추고 있어야 한다. 목표원가를 달성하기 위해서는,

첫째, 최고경영자가 강한 의지를 가지고 목표재료비 관리활동을 체크하고 정기적으로 활동방향, 내용, 성과를 보고 받아 목표달성 대책을 강구하도록 지시하고 확인한다.

둘째, 직제상의 조직을 구성하고, 목표재료비 달성활동 기능이 잘 발휘하기 쉬운 곳에 설치한다. 목표원가 관리 활동에 관여하는 부문이 많으므로 연관관계를 명확하게 규정하고 권한과 책임을 명확하게 한다.

셋째, 목표원가 달성활동을 강력히 추진하기 위해서는 이를 지원하고 추진하는 전담스탭이 필요하다. 전담스탭은 설계·생산기술·개발·구매·VE 등 경험과 지식이 풍부한 인재를 선정하여 목표원가 달성을 위한 교육·VE 활동 및 코스트 테이블 등의 정보 정비와 제공, 관련 부서간 조정을 하면서 적극적으로 추진한다.

넷째, 목표원가 달성활동의 실시 결과를 측정하고, 대응할 시스템이 필요하다.

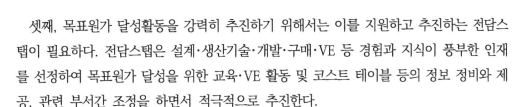

2 목표원가 설정 방법

1) 목표원가 설정 정의

신제품의 목표 판매가격은 시장가격 및 경쟁사 동향 등에 의해 일반적으로 정해지고, 제품수명주기 동안 목표 이익을 위해 달성하여야 할 원가를 목표원가라 한다.

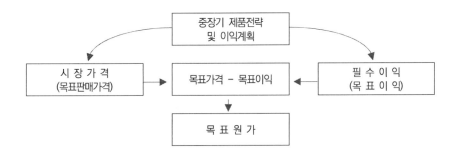

2) 목표원가 설정 방법

목표원가를 설정하는 방법은 공제법과 가산법이 있으며 이익계획과 기술성을 종합적으로 고려하여 목표가를 설정하는 통합법(공제법+가산법)이 있다.

(1) 공제법

이익계획에 기초로 한 목표원가 설정방법으로 경쟁사 및 자사의 유사제품의 판매가를 참고로 희망 판매가격을 예측하고 일정의 필요 이익을 공제해서 목표원가를 설정하는 방법이 공제법이다.

$$목표원가 = 희망 판매가격 - 목표이익$$

(2) 가산법

헌 제품원가를 기초로 추가되거나 삭제되는 기능과 사양 등을 고려하여 추정원가를 산출하고, 이익개선 목표액을 공제하여 목표원가를 산정하는 방법을 가산법이라고 하며 누적법이라 부르기도 한다.

$$목표원가 = 추정원가 - 이익개선 목표액$$

가. 가산법 산정 단계

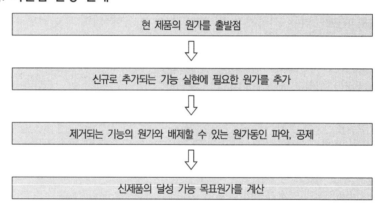

나. 가산법 산정시 주의사항
① 현 제품에서 원가상승 요인은 어떤 것이 있으며, 어느 정도의 원가상승과 영향이이 있는 지를 합리적으로 견적하는 것이 중요
② 현 제품이 신제품의 개발 환경과 다르다는 것을 충분히 인식
③ 환경변화가 원가상승과 원가인하에 어떻게 영향을 미치는가를 분석

(3) 통합법

공제법과 가산법을 병용하여 목표원가를 설정하는 방법을 통합법이라 하며 절충법이라고도 부른다.

3 목표원가의 배분

1) 목표원가 배분

목표원가가 산정되면 세분화할 필요가 발생한다. 단순히 목표원가를 총괄해서 관리하는 것만으로는 실제로 목표원가를 달성하는 것은 불가능하다. 목표원가는 우선적으로 각 제품별로 목표원가를 분해하여 기능별·부문별·구조별·원가요소별·개별 및 설계담당자별로 배분한다.

목표원가를 달성하기 위하여 달성목표를 가능한 한 구체적으로 부품 각각까지 목표원가를 할당한다. 원가기획을 도입하고 있는 기업의 80%는 어떠한 형태로든 목표원가를 할당하고 있다. 부품까지 세부적으로 배분할 경우에는 개발설계할 제품의 크기·신규성·특성 등의 항목을 고려하여야 한다. 해당제품을 개발 설계하는 담당 그룹 또는 담당자의 분담을 어느 정도 세분화할 것인 지도 고려한다.

2) 기능별 목표원가 배분방법

목표원가를 해당제품을 구성하는 각 기능별로 세분하여 할당하는 방법이 기능별 목표원가 배분방법이며, 복잡한 신규부품 등에 적용하고 있다. 배분순서는 〈표 13-1〉과 같다.

〈표 13-1〉 기능별 목표원가 배분 순서

기능별 목표원가 배분시 유의사항은 아래와 같다.

첫째, 목표원가 배분을 위한 기능분야를 명확히 한다.

둘째, 정책적 수정을 가한 평가치를 기초로 목표원가를 배분한다.

셋째, 기능평가를 할 경우 사용자 입장에 서서 고객 지향의 평가를 실시한다.

기능별 목표원가를 할당하기 위해서는 VE 기능체계도 작성이 필요하며 이러한 VE 단계를 통해 사양을 최적화시킬 수도 있다.

4 목표원가 실적관리 및 평가

제품의 목표가를 달성하기 위해서는 제품양산 전까지는 목표원가 달성도의 실적관리를 한다. 제품양산 후에는 목표원가 관리활동 실적을 평가하여 개선점을 차기 제품 개발시 반영하여 제품의 가격 경쟁력을 지속적으로 확보해 나간다.

1) 제품 양산전 목표원가 관리

목표원가가 팀별·시스템별·부품별로 설정된 후 설계사양 진행에 따라 코스트를 산출하여 목표원가 달성도를 점검한다. 개선활동의 진행 여부를 결정하여 목표원가를 달성하기 위해 목표원가 달성도 실적관리를 지속적이며 체계적으로 실시한다.

2) 제품 양산후 목표원가 관리활동의 실적평가

제품이 양산에 들어가면 제조나 구매활동이 이루어진 단계에서 실적을 측정하여 목표원가 달성 활동의 결과나 과정을 평가한다.

"개발일정에 따라 시의 적절하게 활동했는가?"

"활동방법은 적절했는가?" 등을 반성하고, 그 평가 결과를 차기 제품에 반영한다.

3) 목표원가 관리활동의 실적평가 예

(1) 신제품 개발시 목표원가 달성활동 평가

① 목표원가 달성활동이 설계자 중심의 활동이 되었기 때문에 전사적으로 계획적인

활동이 전개되고 있는 지 여부

② 목표원가의 부품별 전개시기가 늦고, 금액 지시로만 그치고 실질적인 절감 활동 으로 이어지고 있는 지

③ 설계팀이 도면을 작성할 때 어느 공정에서 제조할 수 있는가, 원가는 얼마나 되는가 등에 대한 충분한 평가가 되지 않고, 목표원가를 도면을 기초로 산출하지 않았다.

(2) 차기 신제품에 반영할 내용

① 전사적이고 체계적인 상세한 계획을 조기에 전개한다.

② 목표원가의 팀별·시스템별·부품별 전개시기를 앞당긴다.

③ 부품별 목표원가를 도면을 기초로 산출한다.

④ 제품개발 중 원가 상승을 초래하는 설계변경이 이루어지므로 설계변경의 원가 상승을 상쇄할 수 있는 VE 활동을 철저히 한다.

5 목표원가 달성 활동 도구

상품기획부터 제품양산까지 수요기업 관련부문은 물론이고 공급업체까지 협력체제를 구축한다. 원류관리의 중요성 인식과 VE적 사고를 가지고 원가개선 활동을 추진하여 목표원가를 달성한다.

1) VE 활동

VE의 정의는 "최저의 라이프 사이클 코스트로 필요한 기능을 확실하게 달성하기 위하여 제품 또는 서비스의 기능분석에 기울이는 조직적 노력이다"라고 한다. 목표가 달성을 위한 수단으로 VE는 불필요한 기능을 명확히 하고 이것을 제거해 나감으로서 목적을 달성한다.

VE는 적용단계별로 [그림 13-1]처럼 3가지 VE 활동으로 구분할 수 있으며 내용은 제11장, 제12장을 참조하여 수행한다.

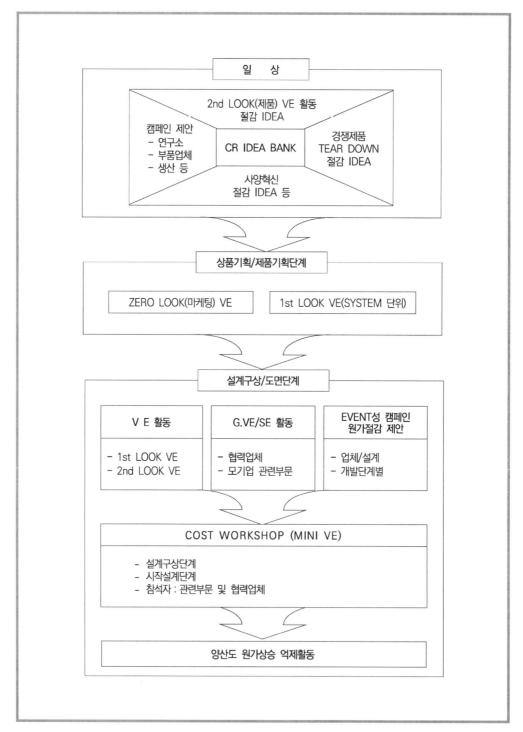

[그림 13-1] 원가개선 활동 연관도

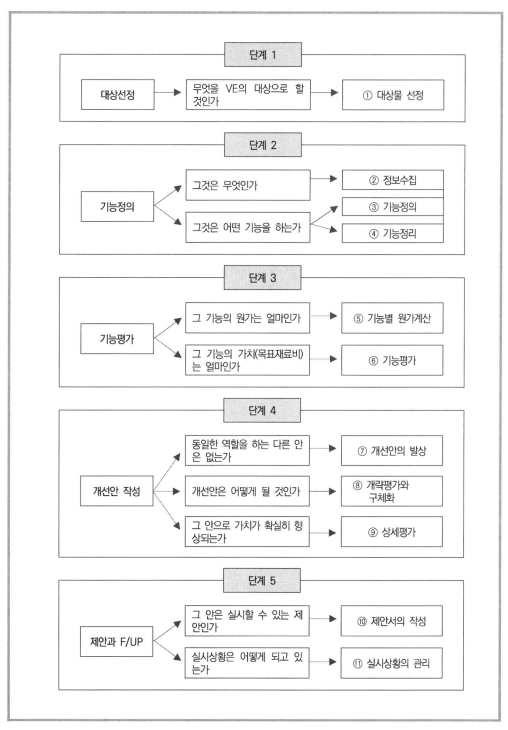

[그림 13-2] VE 직무계획

추진하는 방법은 [그림 13-2]과 같이 나타낼 수 있으며, 1단계에서는 추진하는 대상을 선정하는 것이다. 기능이란 제품의 사용목직, 역힐, 성능을 말한다. 제품에는 흔히 고객이 요구하는 정도 이상의 기능들이 있는 점을 고려하여 2단계에서는 정확한 정의가 필요하다.

3단계에서는 기능을 평가하게 되는 데, VE는 기능분석에 의하여 제품의 가치를 추구하고 불빌요한 기능을 제거해 가는 기술이므로 VE 활동을 추진하어 제품의 가치를 높여 가려고 할 때, 현제품의 가치가 어느 정도이며 가치개선의 가능성이 어느 정도인가를 파악할 필요가 있다. 이 가치를 평가하는 것이다. 4단계에서 개선안을 작성하는 데 평가는 비교에 의한 방법에 초점을 맞춰라. 다른 사람은 그것을 어떻게 행하고 있는 지, 그리고 상대적인 코스트는 얼마인 지?를 명확하게 할 필요가 있다. 5 단계를 거쳐서 결과보고를 하는 중에 좀 더 보완 가능한 아쉬운 점이나 또 다른 아이디어가 본건과 연계되어 나오기가 쉽다. 이러한 부분을 기록해 두고 차기 테마로 선정하면 차기 테마 해결이 한결 쉬워지고 효과도 더 크게 나타날 것이다.

2) Group VE 활동

G.VE란 세계 일류제품과 당사 제품과의 비교 분석결과에서 기회손실을 찾아내고 자체 신기술을 발굴 축적하여, 그 데이터베이스를 개발 초기 신제품에 제공하여 원류단계부터 대폭적인 원가혁신이 가능하도록 하는 종합적 VE 활동이다.

제품개발 초기부터 부품업체를 참여시킴으로서 귀중한 절감 아이디어를 제공받을 수 있고, 부품업체와 동일한 정보를 공유하면서 "처음에 일을 제대로 함"이라는 공동목표를 향한 업무추진으로 개발 리드타임의 단축 부품수 감소, 비부가가치 활동 제거, 품질향상, 조립용이성 제고, 제조능력향상 등을 통하여 원가혁신이 가능하다.

GE 활동은 주요 단계를 3단계로 나눌 수 있다. 1단계에서는 '원가조사(COST SURVEY)' 단계로 수요기업이 부품업체에게 각 부품의 원가수준에 대한 문의를 하는 단계이다. 이때 부품업체는 자사의 개선안을 제안한다.

다음 2단계에서는 수요기업의 부품별 목표원가를 부품업체에 제시하고, 부품업체는 이를 참조하여 부품업체의 내구성품별 자사의 목표원가를 설정한다.

3단계에서는 2단계에서 세워진 목표원가를 VE 활동에 의하여 달성하는 활동 단계이다.

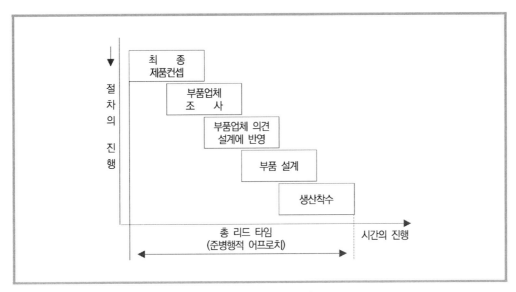

[그림 13-3] GE 개념도

3) 원가혁신 아이디어 뱅크

VE 활동 및 이벤트성 캠페인 제안활동, 경쟁사 제품 티어다운 벤치마킹 결과, 코스트 워크샵 활동 등에서 도출된 원가혁신 아이디어를 정보시스템에 입력하여 데이터베이스를 구축함으로서 설계자들이 설계사양 결정시 원가절감 아이디어를 항상 볼 수 있도록 하는 것이 원가혁신 아이디어 은행이다.

4) 원가혁신 워크샵

목표가 달성 개선활동기법이 각각 수행되어지고 각 개선활동 기법에 참석자도 한정되어 있다. 아울러 개선활동이 적극적으로 활동되는 부품이 있는가 하면 그렇지 않은 부품이 있을 수 있다. 이와 같은 문제점을 해결하고자 모기업의 기술연구소, 구매, 생산, 품질, A/S 등이 참여하고 부품업체의 개발, 기술연구소 등의 관련자가 한 자리에 모여서 설계사양을 설명함은 물론 문제점을 토론하고 원가절감 개선안을 도출하는 활동의 장을 마련해 주는 것이다.

이를 위해 정식문서로 활동날짜와 참석자를 지정한다. 이렇게 개선활동을 정형화함으로서 도출된 원가절감안과 문제점의 공식화로 책임과 역할이 명확해지고 문제해결 및 원가절감안의 적용률을 향상시킬 수 있다.

원가혁신 워크샵 활동은 설계구상단계와 시작설계단계에서 본격적인 활동이 이루어진다.

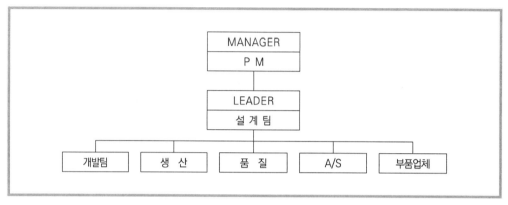

[그림 13-4] 원가혁신 워크샵 활동조직

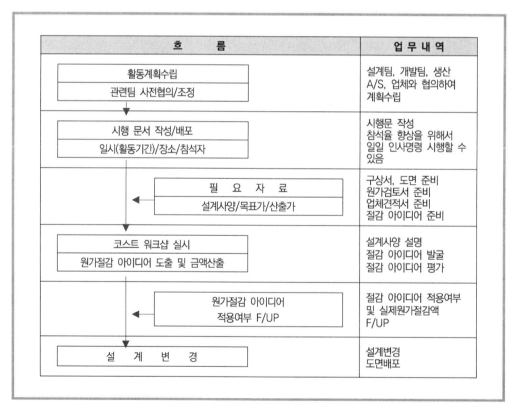

[그림 13-5] 코스트 워크샵 업무 흐름

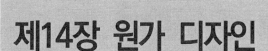

제14장 원가 디자인

1 최적 원가는 저원가

　기업의 공장관리에서 원류관리를 잘해야 좋은 품질의 제품을 만들 수 있다고 한다. 최종 공정에서 아무리 점검을 잘하여도 체크만 할 수 있을 뿐 좋은 품질의 제품을 만들 수 없기 때문이다. 원가도 단순히 공정에서 계산되는 것이 아니라 회사 경영 활동전반에서 결정되는 점에서는 품질과 같다.　이런 면에서 최적 원가는 '없앨 수 있는 한 최저의 상태로 절감 원가'라는 개념으로 이해하여야 한다. 기업의 생산활동인 품질(Quality), 원가(Cost), 납기(Delivery)를 경쟁요인으로 '만들어야 한다'는 사고가 있어야 한다.

　원가는 '0'이 되지 않기 때문에 품질 목표처럼 최적 원가를 금액으로 나타내는 것은 쉽지 않다.

　그러나 지향해야 할 목표 측면에서는 '최적 원가 개념'은 필요하다. 기업의 저원가 체질을 구축하는 과정을 설명할 때 개발·설계부문의 역할이 강조되고 있다([그림 14-1] 참조).

　원가절감은 전사적으로 추진하는 것으로, 일방적으로 설계부문에 요구하면 원가는 최적이 될지 모르지만 품질이 최적이 되지 않을 위험성을 내포하고 있다. 기업에서 총원가 절감을 추구하는 과정을 보면 시장조사(0 Look VE), 개발·설계(1st Look VE), 생산공정(2nd Look VE)으로 이어져 전사적으로 간접부문의 원가절감을 추진하는 순서로 진행되며, 사내 전체의 행동을 통일하고 집중하여 원가절감 업무에 집중하기 위해서는 원가에 대한 공통된 인식이 있어야 한다.

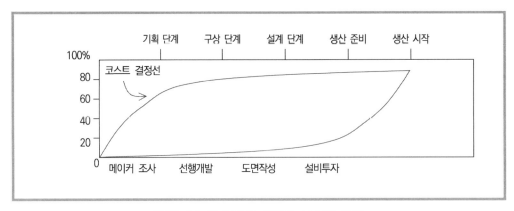

[그림 14-1] 코스트 결정과 코스트 발생

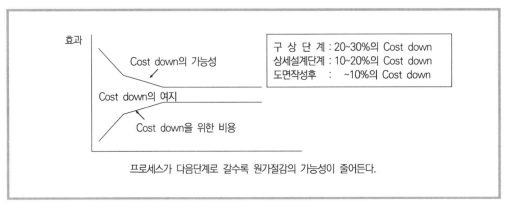

[그림 14-2] 원가절감의 여지

2 개발·설계 단계의 베스트 코스트

원가를 '만들어야 한다'고 하면 생산부문에 해당하는 것으로 생각하기 쉬운데 베스트 코스트를 만드는 것은 개발·설계 부문이 중심이다.

코스트를 결정하는 요인의 크기를 나타내는 값은 업종별로 다르다. 원가 자체가 많은 요인으로 구성되어 있고 제품의 종류와 생산방법에 따라서 요인의 비중이 변하기 때문이다.

예를 들면 장치형 소재 산업의 반복대량생산은 생산단계에서 원가가 확정되는 요인은

적다. 개발·설계단계에서 대부분이 만들어져야 저원가를 달성할 수 있기 때문이다. 조립형 산업의 비반복 생산품의 경우(예를 들면 무선통신의 기지국 조립) 충분한 설계가 이루어지지 않고 생산으로 이행되는 경우도 있다. 개발의 완성도가 낮은 상태에서 생산으로 이동하게 되면 원가결정이 제품 완성 단계로 이동하게 된다.

즉, 프로세스가 다음 단계로 가면 갈수록 원가는 증가하게 되고 이를 줄이는 데 보다 많은 정력과 시간을 소비하게 된다([그림 14-2] 참조). 개발·설계 부서에서는 "신제품 개발에 전력을 경주하므로 코스트 다운까지 신경 쓸 시간이 없다"는 이야기가 나온다. 최고 경영진에서도 원가를 생각하면서 제품개발을 하면 '스케일(Scale)이 작은 신제품 밖에 나오지 않는다'고 생각하는 회사도 있다.

많이 판매되는 신제품은 우수한 품질을 가지고 있으며 그 품질이 적정한 가격으로 경쟁 회사 제품과 차별화 할 수 있다. 타사제품과 차별화 할 수 있는 요소인 품질과 적정가격의 원천이 되는 원가는 개발·설계 단계에서 이루어진다.

시장의 요구는 값싼 상품을 원하고 있으며 최적 원가를 만들어 내는 것은 개발업무에 제약 조건이 증가되지만 개발·설계 업무 그 자체로 인식하여야 한다. 개발·설계 부문의 기술자는 〈표 14-1〉처럼 이익 창출의 근원이 되는 임무를 부여받고 있다. 부서간 입장에 따라서 역할은 다르지만 전사적인 노력을 기울이는 가운데 자기 부문의 임무를 인식하여야 한다.

〈표 14-1〉 최적 원가를 달성하기 위한 프로세스별 역할의 예

원가계획	원가 설계			원가절감·유지
상품기획	개발·설계			생산활동
목표설정	원가구상	설계작업	생산조건설정	원가발생
개발목표 (신상품 이미지) - 기능 - 성능 - 사양 - 디자인	신상품 이미지를 달성하는 데 필요한 원가의 구상	기본설계 → 임시설계 → 시작품 → TEST → 상세설계 → 시작품 완성	코스트의 현실적인 발생에 대비하여 최적 생산조건을 정비한다.	생산조건의 - 신소재 - 신기술 - 시장상황의 변화에 적응
시장조건 (목표시장) - 판매수량 - 예정판매가 - 공헙이익 - 판매기간	적상 방식 분할 방식 원가구상에 근거 코스트 테이블 작성	전단계의 코스트 테이블에 추가, 삽입, 삭제 정정 등의 수정을 하면서 시작품의 코스트 테이블을 완료	생산조건 - 생산 로트수 - 공장·설비 - 자재조달 방법 - 내작·외주 - 작업자 교육	현장개선 - 신설비 - 신 가공법 - 작업습도 - 생산보전활동 - Pull생산방식

3 품질수준을 유지하기 위한 원가

시장에서 적정가격에 해당하는 적정원가는 '일정한 수준의 품질을 유지하는 데 필요한 현실적인 원가의 최저 수준'이라고 할 수 있다. 품질과 코스트의 관계는 〈표 14-2〉처럼 VE는 C, P를 내릴 수 없어도 F와 Q를 올리면 가치 V가 커지게 된다.

최적 원가는 특정 수준을 유지하는 특정한 품질에 존재하는 적정원가보다 낮은 수준으로 존재한다. 경쟁사 제품에 비해 품질수준은 높지만, 간접비는 적정수준이라고 하더라도 상대적으로 높으면 경쟁에서 밀리게 된다. 적정한 총원가가 생존경쟁의 중요한 요소가 된다.

적정한 원가로 일정한 품질을 만들 수 있다는 조건하에 최상원가를 지향하여야 한다.

〈표 14-2〉 VE, QC에서 본 최적 원가

$$V = \frac{F}{C}$$ (F : 기능, C : 코스트, Q : 품질, P : 가격)
; 적정 코스트의 절감에 의한 가치증가

$$V = \frac{P}{Q}$$; 품질의 향상에 의한 가치증가

적정원가 > 최적원가

4 과잉품질이 원가에 끼치는 영향

품질과 원가 관계에서 논의되는 것 중의 하나가 과잉품질이다. 당연히 품질이 과잉이면 원가도 과잉이 된다. 고객에게 제공하는 상품과 서비스의 품질의 구성 요소는 〈표 14-3〉과 같이 나타낼 수 있다.

과잉품질은 현실적으로 시장의 요구수준을 기준으로 할 수밖에 없다. 예를 들어 도장은 '부식으로 부터 내용물을 보호한다'고 하는 기능품질과 '아름다움을 느끼게 한다'는 관능품질을 동시에 가지고 있다.

　어느 한쪽의 품질이 불필요 하더라도 다른 쪽의 품질향상을 목적으로 작업하는 경우도 있다. 관능품질은 높은 재질의 도료와 전문 인력으로 횟수를 증가시켜 높일 수 있으나 원가가 상대적으로 높아진다. 원가를 내리면 품위가 떨어지는 것처럼 보여 품질이 떨어지는 것처럼 보일 수 있다.

　'현미경으로 도장 불량을 찾는다' 식의 품질관리는 원가가 상승하게 된다. 검사자체가 과잉품질이 아니라 작업 표준으로 정해진 검사방법이 원가 상승을 초래하는 것이다.

　소비자 니즈라면 검사 방법을 바꿀 수 없다. 이처럼 품질관리에서는 기준 설정이 어렵고 종종 과잉으로 행하는 요소가 존재한다. 품질이 과잉인지 여부는 시장의 요구수준으로 정하게 되며 품질과잉부문은 상품기획과 개발·설계의 전 단계에서 제거해야 한다. 그 기초가 되는 것이 이 임무를 담당하는 개발·설계 담당자의 '품질과 원가'에 대한 인식이다.

<표 14-3> 품질의 구성요소

| 설계
품질 | - 성능, 규격, 사양의 우수성
- 기능성과 재현성
- 의장디자인 |
| --- | --- |

| 품질 | 증감
요인 | 설계품질 | 기능성
경제성 —의 우위
디자인 | | 제조품질

불량품이 나오지 않고, 고장이 없고, 규격을 벗어나지 않고, 결함이 없는 등의 절대적인 품질요소 |
| | | 제조품질 | 규격, 사양
균일성
성능의 유지 | | |
| | 유용성 | 시장품질 | 효능
편리성 —을 만족
쾌적성 | | |

| 시장
품질 | - 사용하기 좋고 편리하고 서비스가 좋은 상품
- 부작용이 적고 고객의 주관적 요소를 만족시키는 상품 |
| --- | --- |

설계품질 ≥ 제조품질 ≥ 시장품질

제15장 원가 예측

1 원가 예측의 의의

생산량과 판매량의 증감에 따른 원가정보의 변화를 예측할 수 있으면 경쟁요인의 큰 요소가 될 수 있을 것이다. 원가 예측은 표준원가관리에서 원가표준으로 사용할 수 있고, 경영자의 잘못된 의사결정을 내릴 오류를 최소화 할 수 있다. 이에는 IE기법과 실적자료에 의한 예측법으로 나눌 수 있다.

1) IE(Industrial Engineering)법

과거의 원가발생 사실보다 현재와 미래의 공정상태를 고려하여 원가를 추정하는 방법으로 투입량과 산출량의 기술적인 관계에 의하여 발생할 원가를 예측하는 방법이다.

2) 실적 자료법

실적 자료에 따라 예측을 하는 경우에는 첫째, 실적 자료에 관리회계 방침으로 인한 오류가 있는지 여부, 둘째, 실적자료가 동일한 조건 상황 하에서 발생한 것인지, 셋째, 원가발생액과 이 변화를 설명하는 독립변수(직접 작업시간, 기계 작업시간 등)가 합리적인가 하는 점을 유의하여 다루어야 한다.

이러한 방법 중에서 어떤 방법은 개략적이며 주관적이지만 어떤 방법은 치밀하고 과학적이다. 각 방법은 나름대로의 장·단점을 가지고 있으므로 원가정보의 요구목적에 맞게 선

택하여야 한다.

① 계정분석법

② 고저점법

③ 산포도법

④ 회귀분석법

2 예측방법의 종류

1) IE(Industrial Engineering)법에 의한 원가 예측

이 방법은 실적 자료법보다는 기법적으로 정확하다. 작업연구·동작연구·작업측정 등의 과학적인 방법을 통하여 투입-산출 관계를 예측하고 가격요소를 감안하여 원가함수를 예측한다. 직접재료원가나 직접노무비 등 명확한 투입·산출의 관계가 명확한 원가에만 적용할 수 있으며 간접적이고 애매하여 관측이 곤란한 원가에는 바람직하지 않다.

장점으로서는 동작연구나 시간연구를 통하여 투입량과 산출량과의 최적관계에 따라서 원가 발생정도를 예측할 수 있다. 투입량과 산출량의 인과관계가 직접적으로 추적되는 직접재료비나 직접노무비의 예측에 효과가 있다. 간접비 예측의 경우 예를 들면 간접부서 인원의 급여를 예측하기 위해서는 먼저 직무분석을 하고 각 직무별 작업량을 측정한 다음 관리요소단위로 변환한다. 다음에는 조업도가 0(Zero)일 때 필요 부서원의 급여에서 시작하여 1명씩 증가할 때마다 사무작업량과 급여를 예측한다. 그러나 인과관계의 파악이 어려운 경우 효과 파악이 곤란하고 많은 업무량과 비용을 필요로 하는 단점이 있다.

2) 실적자료법

실적자료를 이용하는 방법은 과거의 조업도와 원가 사이의 관계를 이용하여 미래에도 같은 추세로 원가가 발생할 것이라는 가정하에 원가를 예측하는 방법이다. 실적자료가 적절하게 산출되지 않으면 예측값도 적절하지 못하게 된다. 따라서, 과거의 실적자료에 대하여 다음과 같은 점이 검토되어야 한다.

① **관측값의 범위**:원가 예측에 이용되는 범위를 벗어나면 예측된 원가함수는 신뢰성이 없게 된다. 조업도 수준을 가능한 한 범위가 넓어야 한다.

② **관측값의 수**:원가함수를 추정하거나 확률적인 통계 모형을 설명하기 위해서는 가능한 한 많은 수의 관측값이 정확도를 높여 준다.

③ **원가요소간의 대응**:관측값에서 원가와 조업도의 대응관계가 정확해야 한다.

④ **관측시간**:시간이 길수록 조업도는 평준화할 수 있으며 많은 관측값을 얻을 수 있다.

⑤ **기술의 변화**:시간의 경과에 따라 기술적인 변화가 발생한 경우 원가형태가 달라지므로 원가 예측에 있어서는 기술변화 이후의 관측값만 분석에 포함한다.

⑥ **비정상적 작업상황**:원가 예측은 작업상황에서 기대되는 원가를 예측하는 것이므로 비정상적인 작업상황하에서 발생한 관측값은 제외한다.

⑦ **가격변동**:예측에 이용되는 관측값은 일정한 가격을 기준으로 하여야 한다. 다른 가격수준에서 원가를 관측한다면 오류를 범하게 되므로 물가수준에 따라 원가를 수정하여야 한다.

(1) 계정분석법

과거의 경험으로 비용항목을 분류하고 항목별로 변동비, 고정비를 구분하여 예측하게 된다. 방법이 간단하여 실무적으로 많이 사용되고 있으나 고정비와 변동비의 분류가 주관적이고, 또 변동성과 고정성을 같이 가지고 있는 항목을 어느 한쪽으로 분류하게 되면 신뢰성이 결여된다. 이 방법은 항목별 성격이 명확한 것부터 먼저 선정하고 다른 방법을 사용하여 원가 분해를 필요로 하는 항목으로 분류하는 방법을 사용하는 것이 좋다.

장점은 많은 자료가 필요 없이 전문가의 판단을 활용할 수 있으므로 신제품·기술·가격의 변동이 심한 경우에는 효과적으로 적용할 수 없다. 단점은 주관성에 의존하며 단 기간의 자료를 이용하므로 비정상적 상황, 비효율적 작업이 반영되므로 원가 예측이 달라질 수 있다.

(2) 고저점법

실적자료를 기준으로 최고의 업무량일 때와 최저 업무량일 때를 직선으로 연결하여 원가 직선의 기울기와 종축의 교차점을 계산하는 방법이다. 이 방법은 2점으로 전체의 원가추이를 파악하는 것으로 예측오차가 크며 정상조업도의 최고점과 최저점은 이상치일 가능성이 크므로 무리가 있다.

$$\text{단위당 변동원가} = \frac{\text{두 관측값의 조업도 차이}}{\text{두 관측값의 원가차이}}$$

이 방법은 두 조업도가 정상적 범위에 속하지 않을 때는 부적절한 원가함수를 예측하게 된다.

(3) 산포도법

원가의 실적자료를 그래프에 기록하고 이 점들의 중간점을 통과하는 직선을 찾는 방법이다. 간단하고 모든 실적자료를 이용하여 원가직선을 결정하는 장점이 있는 반면에 개략적으로 결정하기 때문에 객관성이 없다는 단점을 가지고 있다.

이 방법은 독자적으로 원가함수를 도출하기 위하여 예비적 방법으로 이용하거나 조업도와 원가간의 관계를 파악하는 데 효과적으로 사용할 수 있다.

3) 회귀분석법

(1) 단순회귀와 다중회귀분석

회귀분석법은 통계적 방법을 이용하여 원가를 추정하고 검증을 함으로써 다른 방법에 비해 보다 객관적이고 신뢰할 수 있다. 이 방법에는 단순회귀분석과 다중회귀분석이 있다. 단순회귀분석은 원가의 추이를 하나의 독립변수의 변화에 관계되는 직선 또는 곡선을 최소자승법에 의하여 표본자료의 회귀직선을 구하는 것이다.

$$y = a + bx + u$$

    y : 종속변수(예 : 재료비),   x : 독립변수(예 : 직접작업시간),

    (a+bx) : 체계적 부분   u : 확률적 부분(잔차 항)

다중회귀분석은 원가추세를 두 개 이상의 독립변수에 의하여 설명한다.

$$Y = a + bx_1 + cx_2 + dx_3 + \ldots + u$$

    x_1, x_2, x_3... 독립변수

    (예 : x_1 = 직접 작업시간, x_2 = 제품 수량, x_3 =기계 작업시간)

        u : 확률적 부분(잔차 항)

그러나 중회귀 분석에는 시간과 비용이 많이 소요되며 독립변수가 많아지면 실제 적용상에 문제가 있다.

(2) 최소자승법

산포도법에서 n개 실적자료를 그래프에 플롯하고 이 중간을 통과하는 원가의 평균선을 계산해서 구하는 것이 회귀분석법이며 이 계산방법이 최소자승법이다.

4) 학습곡선

(1) 학습곡선의 의의

학습곡선이란 생산량이 증가함에 따라 단위당 평균원가가 체계적으로 감소하는 현상을 말한다. 학습곡선은 복잡한 생산공정을 가진 작업환경에서 발생하며 일반적으로 생산요소를 적재적소에 배치하는 경영자의 능력과 할당된 작업을 수행하는 노동자의 숙련도가 높아지기 때문에 나타난다. 학습곡선은 정부 및 기업의 입찰계약, 표준원가의 설정과 분석, 재무계획수립 등에 이용되고 있다. 학습곡선은 미국의 항공산업에서 시작되었는데 비행기 한 대 생산에 소요되는 직접작업시간이 생산량이 증가함에 따라 체계적으로 감소한다는 사실을 발견하였다.

(2) 학습곡선의 원가행태

학습곡선의 모형에는 두 가지가 있으며 하나는 생산량이 증가함에 따라 증분원가가 감소하는 모형과 또 하나는 생산량이 증가함에 따라 단위당 평균원가가 감소하는 모형이다.

여기에서 말하는 평균원가는 생산량이 2배 증가할 때마다 누적단위당 평균원가가 일정한 비율로 감소하는 현상을 말한다.

F : 최초 제품생산 비용(원가)
N : 생산된 제품수
Yn : N 제품 단위당 원가
r : 학습률

$$Y_n = FN^r$$

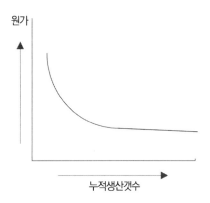

참고문헌

백태영(2015), 관리회계, 신영사.

유영권(1999), VE-실전 MANUAL, TPC.

조규호 역서(1997), 현장의 VE 활동, 현대경영기술연구소.

중소기업진흥공단(1994), 제품개선기법 VE, 중소기업진흥공단.

최창규 역(1995), TP 매니지먼트의 추진 방법, KMAC.

한국생산성본부(1992), 장·단기 경영계획 작성법, KPC.

한국생산성본부(1996), VRP 부품반감화계획, KPC.

한국표준협회(1999), 개발설계VE, KSA.

山崎登志雄(2005), コストデザインの構築と實踐, がき出版.

04

부록

(계약예규) 예정가격작성기준

[시행 2021.12.1] [기획재정부계약예규 제577호, 2021.12.1, 일부개정]

기획재정부(계약정책과), 044-215-5212, 5217, 5218

제1장 총칙

제1조(목적) 이 예규는 「국가를 당사자로 하는 계약에 관한 법률 시행령」(이하 "시행령"이라 한다) 제9조제1항제2호 및 「국가를 당사자로 하는 계약에 관한 법률 시행규칙」(이하 "시행규칙"이라 한다) 제6조에 의한 원가계산에 의한 예정가격 작성, 시행령 제9조제1항제3호 및 시행규칙 제5조제2항에 의한 표준시장단가에 의한 예정가격 작성 및 시행규칙 제5조에 의한 전문가격조사기관(이하 "조사기관"이라 한다.)의 등록 등에 있어 적용하여야 할 기준을 정함을 목적으로 한다.〈개정 2015. 3. 1.〉

제2조(계약담당공무원의 주의사항) ① 계약담당공무원(각 중앙관서의 장이 계약에 관한 사무를 그 소속공무원에게 위임하지 아니하고 직접 처리하는 경우에는 이를 계약담당공무원으로 본다. 이하 같다)은 예정가격 작성등과 관련하여 이 예규에 정한 사항에 따라 업무를 처리한다.

② 계약담당공무원은 이 예규에 따라 예정가격 작성시에 표준품셈에 정해진 물량, 관련 법령에 따른 기준가격 및 비용 등을 부당하게 감액하거나 과잉 계상되지 않도록 하여야 하며, 불가피한 사유로 가격을 조정한 경우에는 조정사유를 예정가격조서에 명시하여야 한다.〈개정 2014. 1. 10., 2015. 9. 21.〉

③ 계약담당공무원은 「부가가치세법」에 따른 면세사업자와 수의계약을 체결하려는 경우에는 부가가치세를 제외하고 예정가격을 작성할 수 있으며, 이 경우 예정가격 조서에

그 사유를 명시하여야 한다.

④ 계약담당공무원은 공사원가계산에 있어서 공종의 단가를 세부내역별로 분류하여 작성하기 어려운 경우 이외에는 총계방식(이하 "1식단가"라 한다)으로 특정공종의 예정가격을 작성하여서는 아니된다.〈신설 2019. 12. 18.〉

제2장 원가계산에 의한 예정가격 작성

제1절 총칙

제3조(원가계산의 구분) 원가계산은 제조원가계산과 공사원가계산 및 용역원가계산으로 구분하되, 용역원가계산에 관하여는 제4절 및 제5절에 의한다.

제4조(원가계산의 비목) 원가는 재료비, 노무비, 경비, 일반관리비 및 이윤으로 구분하여 작성한다.

제5조(비목별 가격결정의 원칙) ① 재료비, 노무비, 경비는 각각 아래에서 정한 산식에 따른다.

ㅇ 재료비 = 재료량 × 단위당가격

ㅇ 노무비 = 노무량 × 단위당가격

ㅇ 경 비 = 소요(소비)량 × 단위당 가격

② 재료비, 노무비, 경비의 각 세비목별 단위당가격은 시행규칙 제7조에 따라 계산한다.

③ 계약담당공무원은 재료비, 노무비, 경비의 각 세비목 및 그 물량(재료량, 노무량, 소요량) 산출은 계약목적물에 대한 규격서, 설계서 등에 의하거나 제34조에 의한 원가계산 자료를 근거로 하여 산정하여야 하며, 일정률로 계상하는 일반관리비, 간접노무비 등에 대해서는 사전 공고한 공사원가 제비율을 준수하여야 한다.〈개정 2014. 1. 10.〉

④ 계약담당공무원은 제3항의 각 세비목 및 그 물량산출은 계약목적물의 내용 및 특성 등을 고려하여 그 완성에 적합하다고 인정되는 합리적인 방법으로 작성하여야 한다.

⑤ 공사계약의 원가계산에 있어 기 체결한 물품제조·구매계약(국가기관·지방자치단체·공공기관이 발주한 계약을 말한다. 이하 이조에서 같다.)의 내역을 재료비의 단위당 가격으로 활용하려는 경우에는 해당물품의 예정가격 또는 계약예규「예정가격작성기준」제44조의3에 따른 기초가격을 재료비의 단위당 가격으로 적용하며, 물품제조·구매계약의 계약금액은 시행규칙 제7조에 따른 거래실례가격으로 보지 아니한다.〈신설 2020. 6. 19.〉

제6조(원가계산에 의한 예정가격 작성시 주의사항) ① 계약담당공무원은 원가계산방법으로

예정가격을 작성할 때에는 계약수량, 이행의 전망, 이행기간, 수급상황, 계약조건 기타 제반여건을 고려하여야 한다.

② 계약담당공무원은 표준품셈을 이용하여 원가계산을 하는 경우에는 가장 최근의 표준품셈을 이용하여야 한다.〈신설 2012. 4. 2.〉

③ 계약담당공무원은 원가계산의 단위당 가격을 산정함에 있어 소요물량·거래조건 등 제반사정을 고려하여 객관적으로 단가를 산정하여야 한다.

제2절 제조원가계산

제7조(제조원가) 제조원가라 함은 제조과정에서 발생한 재료비, 노무비, 경비의 합계액을 말한다.

제8조(작성방법) 계약담당공무원은 제조원가를 계산 하고자 할 때에는 별표1의 제조원가계산서를 작성하고 비목별 산출근거를 명시한 기초계산서를 첨부하여야 한다. 이 경우에 재료비, 노무비, 경비 중 일부를 별표1의 제조원가계산서상 일반관리비 또는 이윤 다음 비목으로 계상하여서는 아니된다.

제9조(재료비) 재료비는 제조원가를 구성하는 다음 내용의 직접재료비, 간접재료비로 한다.

① 직접재료비는 계약목적물의 실체를 형성하는 물품의 가치로서 다음 각호를 말한다. 〈개정 2015. 9. 21.〉

1. 주요재료비

계약목적물의 기본적 구성형태를 이루는 물품의 가치

2. 부분품비

계약목적물에 원형대로 부착되어 그 조성부분이 되는 매입부품·수입부품·외장재료 및 제11조제3항제13호 규정에 의한 경비로 계상되는 것을 제외한 외주품의 가치

② 간접재료비는 계약목적물의 실체를 형성하지는 않으나 제조에 보조적으로 소비되는 물품의 가치로서 다음 각호를 말한다.

1. 소모재료비

기계오일, 접착제, 용접가스, 장갑, 연마재등 소모성 물품의 가치

2. 소모공구·기구·비품비

내용년수 1년미만으로서 구입단가가 「법인세법」 또는 「소득세법」 규정에 의한 상당금액이하인 감가상각대상에서 제외되는 소모성 공구·기구·비품의 가치

3. 포장재료비

제품포장에 소요되는 재료의 가치

③ 재료의 구입과정에서 해당재료에 직접 관련되어 발생하는 운임, 보험료, 보관비 등의 부대비용은 재료비에 계상한다. 다만, 재료구입 후 발생되는 부대비용은 경비의 각 비목으로 계상한다.

④ 계약목적물의 제조 중에 발생되는 작업설, 부산품, 연산품 등은 그 매각액 또는 이용가치를 추산하여 재료비에서 공제하여야 한다.

제10조(노무비) 노무비는 제조원가를 구성하는 다음 내용의 직접노무비, 간접노무비를 말한다.

① 직접노무비는 제조현장에서 계약목적물을 완성하기 위하여 직접작업에 종사하는 종업원 및 노무자에 의하여 제공되는 노동력의 대가로서 다음 각호의 합계액으로 한다. 다만, 상여금은 기본급의 년 400%, 제수당, 퇴직급여충당금은 「근로기준법」상 인정되는 범위를 초과하여 계상할 수 없다.

1. 기본급(「통계법」 제15조의 규정에 의한 지정기관이 조사·공표한 단위당가격 또는 기획재정부장관이 결정·고시하는 단위당가격으로서 동단가에는 기본급의 성격을 갖는 정근수당·가족수당·위험수당 등이 포함된다)

2. 제수당(기본급의 성격을 가지지 않는 시간외 수당·야간수당·휴일수당·주휴수당 등 작업상 통상적으로 지급되는 금액을 말한다)〈개정 2015. 9. 21.〉

3. 상여금

4. 퇴직급여충당금

② 간접노무비는 직접 제조작업에 종사하지는 않으나, 작업현장에서 보조작업에 종사하는 노무자, 종업원과 현장감독자 등의 기본급과 제수당, 상여금, 퇴직급여충당금의 합계액으로 한다. 이 경우에는 제1항 각호 및 단서를 준용한다.

③ 제1항의 직접노무비는 제조공정별로 작업인원, 작업시간, 제조수량을 기준으로 계약목적물의 제조에 소요되는 노무량을 산정하고 노무비 단가를 곱하여 계산한다.

④ 제2항의 간접노무비는 제34조에 의한 원가계산자료를 활용하여 직접노무비에 대하여 간접노무비율(간접노무비/직접노무비)을 곱하여 계산한다.

⑤ 제4항의 간접노무비는 제3항의 직접노무비를 초과하여 계상할 수 없다. 다만, 작업현장의 기계화, 자동화 등으로 인하여 불가피하게 간접노무비가 직접노무비를 초과하는 경우에는 증빙자료에 의하여 초과 계상할 수 있다.

제11조(경비) ① 경비는 제품의 제조를 위하여 소비된 제조원가중 재료비, 노무비를 제외한

원가를 말하며 기업의 유지를 위한 관리활동부문에서 발생하는 일반관리비와 구분된다.

② 경비는 해당 계약목적물 제조기간의 소요(소비)량을 측정하거나 제34조에 의한 원가계산자료나 계약서, 영수증 등을 근거로 하여 산출하여야 한다.〈개정 2015. 9. 21.〉

③ 경비의 세비목은 다음 각호의 것으로 한다.

1. 전력비, 수도광열비는 계약목적물을 제조하는데 직접 소요되는 해당 비용을 말한다.〈개정 2015. 9. 21.〉

2. 운반비는 재료비에 포함되지 않는 운반비로서 원재료 또는 완제품의 운송비, 하역비, 상하차비, 조작비등을 말한다.

3. 감가상각비는 제품생산에 직접 사용되는 건물, 기계장치 등 유형고정자산에 대하여 세법에서 정한 감가상각방식에 따라 계산한다. 다만, 세법에서 정한 내용년수의 적용이 불합리하다고 인정된 때에는 해당 계약목적물에 직접 사용되는 전용기기에 한하여 그 내용년수를 별도로 정하거나 특별상각할 수 있다.

4. 수리수선비는 계약목적물을 제조하는데 직접 사용되거나 제공되고 있는 건물, 기계장치, 구축물, 선박차량 등 운반구, 내구성공구, 기구제품의 수리수선비로서 해당 목적물의 제조과정에서 그 원인이 발생될 것으로 예견되는 것에 한한다. 다만, 자본적 지출에 해당하는 대수리 수선비는 제외한다.

5. 특허권사용료는 계약목적물이 특허품이거나 또는 그 제조과정의 일부가 특허의 대상이 되어 특허권 사용계약에 의하여 제조하고 있는 경우의 사용료로서 그 사용비례에 따라 계산한다.

6. 기술료는 해당 계약목적물을 제조하는데 직접 필요한 노하우(Know-how) 및 동 부대비용으로서 외부에 지급하는 비용을 말하며 「법인세법」상의 시험연구비 등에서 정한 바에 따라 계상하여 사업년도로부터 이연상각하되 그 적용비례를 기준하여 배분 계산한다.

7. 연구개발비는 해당 계약목적물을 제조하는데 직접 필요한 기술개발 및 연구비로서 시험 및 시범제작에 소요된 비용 또는 연구기관에 의뢰한 기술개발용역비와 법령에 의한 기술개발촉진비 및 직업훈련비를 말하며 「법인세법」상의 시험연구비 등에서 정한 바에 따라 이연상각하되 그 생산수량에 비례하여 배분 계산한다. 다만, 연구개발비 중 장래 계속생산으로의 연결이 불확실하여 미래수익의 증가와 관련이 없는 비용은 특별상각할 수 있다.

8. 시험검사비는 해당 계약의 이행을 위한 직접적인 시험검사비로서 외부에 이를 의

뢰하는 경우의 비용을 말한다. 다만, 자체시험검사비는 법령이나 계약조건에 의하여 내부검사가 요구되는 경우에 계상할 수 있다.

9. 지급임차료는 계약목적물을 제조하는데 직접 사용되거나 제공되는 토지, 건물, 기술, 기구 등의 사용료로서 해당 계약 물품의 생산기간에 따라 계산한다.

10. 보험료는 산업재해보험, 고용보험, 국민건강보험 및 국민연금보험 등 법령이나 계약조건에 의하여 의무적으로 가입이 요구되는 보험의 보험료를 말하며 재료비에 계상되는 것은 제외한다.

11. 복리후생비는 계약목적물의 제조작업에 종사하고 있는 노무자, 종업원등의 의료위생약품대, 공상치료비, 지급피복비, 건강진단비, 급식비("중식 및 간식제공을 위한 비용을 말한다."이하 같다)등 작업조건유지에 직접 관련되는 복리후생비를 말한다.

12. 보관비는 계약목적물의 제조에 소요되는 재료, 기자재 등의 창고 사용료로서 외부에 지급되는 경우의 비용만을 계상하여야 하며 이중에서 재료비에 계상되는 것은 제외한다.

13. 외주가공비는 재료를 외부에 가공시키는 실가공비용을 말하며 부분품의 가치로서 재료비에 계상되는 것은 제외한다.

14. 산업안전보건관리비는 작업현장에서 산업재해 및 건강장해예방을 위하여 법령에 따라 요구되는 비용을 말한다.

15. 소모품비는 작업현장에서 발생되는 문방구, 장부대 등 소모품 구입비용을 말하며 보조재료로서 재료비에 계상되는 것은 제외한다.

16. 여비·교통비·통신비는 작업현장에서 직접 소요되는 여비 및 차량유지비와 전신전화사용료, 우편료를 말한다.

17. 세금과 공과는 해당 제조와 직접 관련되어 부담하여야 할 재산세, 차량세 등의 세금 및 공공단체에 납부하는 공과금을 말한다.

18. 폐기물처리비는 계약목적물의 제조와 관련하여 발생되는 오물, 잔재물, 폐유, 폐알칼리, 폐고무, 폐합성수지등 공해유발물질을 법령에 따라 처리하기 위하여 소요되는 비용을 말한다.

19. 도서인쇄비는 계약목적물의 제조를 위한 참고서적구입비, 각종 인쇄비, 사진제작비(VTR제작비를 포함한다)등을 말한다

20. 지급수수료는 법령에 규정되어 있거나 의무지워진 수수료에 한하며, 다른 비목에 계상되지 않는 수수료를 말한다.

21. 법정부담금은 관련법령에 따라 해당 제조와 직접 관련하여 의무적으로 부담하여야 할 부담금을 말한다.〈신설 2019. 12. 18.〉

22. 기타 법정경비는 위에서 열거한 이외의 것으로서 법령에 규정되어 있거나 의무지워진 경비를 말한다.

23. 품질관리비는 해당 계약목적물의 품질관리를 위하여 관련 법령 및 계약조건에 의하여 요구되는 비용(품질시험 인건비를 포함한다)을 말하며, 간접노무비에 계상되는 것은 제외한다.〈신설 2021. 12. 1.〉

24. 안전관리비는 제조현장의 안전관리를 위하여 관계법령에 의하여 요구되는 비용을 말한다.〈신설 2021. 12. 1.〉

제12조(일반관리비의 내용) 일반관리비는 기업의 유지를 위한 관리활동부문에서 발생하는 제비용으로서 제조원가에 속하지 아니하는 모든 영업비용중 판매비 등을 제외한 다음의 비용, 즉, 임원급료, 사무실직원의 급료, 제수당, 퇴직급여충당금, 복리후생비, 여비, 교통·통신비, 수도광열비, 세금과 공과, 지급임차료, 감가상각비, 운반비, 차량비, 경상시험연구개발비, 보험료 등을 말하며 기업손익계산서를 기준하여 산정한다.

제13조(일반관리비의 계상방법) 제12조에 의한 일반관리비는 제조원가에 별표3에서 정한 일반관리비율(일반관리비가 매출원가에서 차지하는 비율)을 초과하여 계상할 수 없다.

제14조(이윤) 이윤은 영업이익(비영리법인의 경우에는 목적사업이외의 수익사업에서 발생하는 이익을 말한다. 이하 같다.)을 말하며 제조원가중 노무비, 경비와 일반관리비의 합계액(이 경우에 기술료 및 외주가공비는 제외한다)의 25%를 초과하여 계상할 수 없다.〈개정 2008. 12. 29.〉

제3절 공사원가계산

제15조(공사원가) 공사원가라 함은 공사시공과정에서 발생한 재료비, 노무비, 경비의 합계액을 말한다.

제16조(작성방법) 계약담당공무원은 공사원가계산을 하고자 할 때에는 별표2의 공사원가계산서를 작성하고 비목별 산출근거를 명시한 기초계산서를 첨부하여야 한다. 이 경우에 재료비, 노무비, 경비 중 일부를 별표2의 공사원가계산서상 일반관리비 또는 이윤 다음 비목으로 계상하여서는 아니된다.

제17조(재료비) 재료비는 공사원가를 구성하는 다음 내용의 직접재료비 및 간접재료비로 한다.

① 직접재료비는 공사목적물의 실체를 형성하는 물품의 가치로서 다음 각호를 말한다.

1. 주요재료비

공사목적물의 기본적 구성형태를 이루는 물품의 가치

2. 부분품비

공사목적물에 원형대로 부착되어 그 조성부분이 되는 매입부품, 수입부품, 외장재료 및 제19조제3항제13호에 의해 경비로 계상되는 것을 제외한 외주품의 가치

② 간접재료비는 공사목적물의 실체를 형성하지는 않으나 공사에 보조적으로 소비되는 물품의 가치로서 다음 각호를 말한다.

1. 소모재료비

기계오일·접착제·용접가스·장갑등 소모성물품의 가치

2. 소모공구·기구·비품비

내용년수 1년미만으로서 구입단가가 「법인세법」 또는 「소득세법」 규정에 의한 상당금 액이하인 감가상각대상에서 제외되는 소모성 공구·기구·비품의 가치

3. 가설재료비

비계, 거푸집, 동바리 등 공사목적물의 실체를 형성하는 것은 아니나 동 시공을 위하여 필요한 가설재의 가치

③ 재료의 구입과정에서 해당재료에 직접 관련되어 발생하는 운임, 보험료, 보관비등의 부대비용은 재료비에 계상한다. 다만 재료구입 후 발생되는 부대비용은 경비의 각 비목 으로 계상한다.

④ 계약목적물의 시공중에 발생하는 작업설, 부산물 등은 그 매각액 또는 이용가치를 추산하여 재료비에서 공제하여야 한다. 다만, 기존 시설물의 철거, 해체, 이설 등으로 발생되는 작업설, 부산물 등은 재료비에서 공제하지 아니하고, 매각비용 등에 대해 별도 계상한다. 〈단서 신설 2021. 12. 1.〉

제18조(노무비) 노무비의 내용 및 산정방식은 제5조와 제10조를 준용하며, 간접노무비의 구체적 계산방법 등에 대하여는 별표2-1을 참고하여 계산한다.

제19조(경비) ① 경비는 공사의 시공을 위하여 소요되는 공사원가중 재료비, 노무비를 제외 한 원가를 말하며, 기업의 유지를 위한 관리활동부문에서 발생하는 일반관리비와 구분 된다.

② 경비는 해당 계약목적물 시공기간의 소요(소비)량을 측정하거나 제34조에 의한 원가 계산 자료나 계약서, 영수증 등을 근거로 산정하여야 한다.

③ 경비의 세비목은 다음 각호의 것으로 한다.

1. 전력비, 수도광열비는 계약목적물을 시공하는데 소요되는 해당 비용을 말한다.

2. 운반비는 재료비에 포함되지 않은 운반비로서 원재료, 반재료 또는 기계기구의 운송비, 하역비, 상하차비, 조작비등을 말한다.

3. 기계경비는 각 중앙관서의 장 또는 그가 지정하는 단체에서 제정한 "표준품셈상의 건설기계의 경비산정기준에 의한 비용을 말한다.

4. 특허권사용료는 타인 소유의 특허권을 사용한 경우에 지급되는 사용료로서 그 사용비례에 따라 계산한다.

5. 기술료는 해당 계약목적물을 시공하는데 직접 필요한 노하우(Know-how) 및 동 부대비용으로서 외부에 지급되는 비용을 말하며 「법인세법」상의 시험연구비 등에서 정한 바에 따라 계상하여 사업초년도부터 이연상각하되 그 사용비례를 기준으로 배분계산한다.

6. 연구개발비는 해당 계약목적물을 시공하는데 직접 필요한 기술개발 및 연구비로서 시험 및 시범제작에 소요된 비용 또는 연구기관에 의뢰한 기술개발 용역비와 법령에 의한 기술개발촉진비 및 직업훈련비를 말하며 「법인세법」상의 시험연구비 등에서 정한 바에 따라 이연상각하되 그 사용비례를 기준하여 배분계산한다. 다만, 연구개발비 중 장래 계속시공으로서의 연결이 불확실하여 미래 수익의 증가와 관련이 없는 비용은 특별상각할 수 있다.

7. 품질관리비는 해당 계약목적물의 품질관리를 위하여 관련법령 및 계약조건에 의하여 요구되는 비용(품질시험 인건비를 포함한다)을 말하며, 간접노무비에 계상(시험관리인)되는 것은 제외한다.

8. 가설비는 공사목적물의 실체를 형성하는 것은 아니나 현장사무소, 창고, 식당, 숙사, 화장실 등 동 시공을 위하여 필요한 가설물의 설치에 소요되는 비용(노무비, 재료비를 포함한다)을 말한다.

9. 지급임차료는 계약목적물을 시공하는데 직접 사용되거나 제공되는 토지, 건물, 기계기구(건설기계를 제외한다)의 사용료를 말한다.

10. 보험료는 산업재해보험, 고용보험, 국민건강보험 및 국민연금보험 등 법령이나 계약조건 에 의하여 의무적으로 가입이 요구되는 보험의 보험료를 말하고, 동 보험료는 「건설산업기본법」 제22조제7항 등 관련법령에 정한 바에 따라 계상하며, 재료비에 계상되는 보험료는 제외한다. 다만 공사손해보험료는 제22조에서 정한 바에 따라

별도로 계상된다.〈개정 2015. 9. 21.〉

11. 복리후생비는 계약목적물을 시공하는데 종사하는 노무자·종업원·현장사무소직원 등의 의료위생약품대, 공상치료비, 지급피복비, 건강진단비, 급식비등 작업조건 유지에 직접 관련되는 복리후생비를 말한다.

12. 보관비는 계약목적물의 시공에 소요되는 재료, 기자재 등의 창고사용료로서 외부에 지급되는 비용만을 계상하여야 하며 이중에서 재료비에 계상되는 것은 제외한다.

13. 외주가공비는 재료를 외부에 가공시키는 실가공비용을 말하며 외주가공품의 가치로서 재료비에 계상되는 것은 제외한다.

14. 산업안전보건관리비는 작업현장에서 산업재해 및 건강장해예방을 위하여 법령에 따라 요구되는 비용을 말한다.

15. 소모품비는 작업현장에서 발생되는 문방구, 장부대등 소모용품 구입비용을 말하며, 보조재료로서 재료비에 계상되는 것은 제외한다.

16. 여비·교통비·통신비는 시공현장에서 직접 소요되는 여비 및 차량유지비와 전신전화사용료, 우편료를 말한다.

17. 세금과 공과는 시공현장에서 해당공사와 직접 관련되어 부담하여야 할 재산세, 차량세, 사업소세 등의 세금 및 공공단체에 납부하는 공과금을 말한다.

18. 폐기물처리비는 계약목적물의 시공과 관련하여 발생되는 오물, 잔재물, 폐유, 폐알칼리, 폐고무, 폐합성수지등 공해유발물질을 법령에 의거 처리하기 위하여 소요되는 비용을 말한다.

19. 도서인쇄비는 계약목적물의 시공을 위한 참고서적구입비, 각종 인쇄비, 사진제작비(VTR제작비를 포함한다) 및 공사시공기록책자 제작비등을 말한다.

20. 지급수수료는 시행령 제52조제1항 단서에 의한 공사이행보증서 발급수수료,「건설산업기본법」제34조 및「하도급거래 공정화에 관한 법률」제13조의2의 규정에 의한 건설하도급대금 지급보증서 발급수수료,「건설산업기본법」제68조의3에 의한 건설기계 대여대금 지급보증 수수료 등 법령으로서 지급이 의무화된 수수료를 말한다. 이 경우 보증서 발급수수료는 보증서 발급기관이 최고 등급업체에 대해 적용하는 보증요율중 최저요율을 적용하여 계상한다.〈개정 2015. 9. 21.〉

21. 환경보전비는 계약목적물의 시공을 위한 제반환경오염 방지시설을 위한 것으로서, 관련법령에 의하여 규정되어 있거나 의무 지워진 비용을 말한다.

22. 보상비는 해당 공사로 인해 공사현장에 인접한 도로 하천·기타 재산에 훼손을

가하거나 지장물을 철거함에 따라 발생하는 보상·보수비를 말한다. 다만, 해당공사를 위한 용지보상비는 제외한다.

23. 안전관리비는 건설공사의 안전관리를 위하여 관계법령에 의하여 요구되는 비용을 말한다.

24. 건설근로자퇴직공제부금비는 「건설근로자의 고용개선 등에 관한 법률」에 의하여 건설근로자퇴직공제에 가입하는데 소요되는 비용을 말한다. 다만, 제10조제1항제4호 및 제18조에 의하여 퇴직급여충당금을 산정하여 계상한 경우에는 동 금액을 제외한다.

25. 관급자재 관리비는 공사현장에서 사용될 관급자재에 대한 보관 및 관리 등에 소요되는 비용을 말한다.〈신설 2015. 1. 1.〉

26. 법정부담금은 관련법령에 따라 해당 공사와 직접 관련하여 의무적으로 부담하여야 할 부담금을 말한다.〈신설 2019. 12. 18.〉

27. 기타 법정경비는 위에서 열거한 이외의 것으로서 법령에 규정되어 있거나 의무 지워진 경비를 말한다.

제20조(일반관리비) 일반관리비의 내용은 제12조와 같고 별표3에서 정한 일반관리비율을 초과하여 계상할 수 없으며, 아래와 같이 공사규모별로 체감 적용한다.

종합공사		전문·전기·정보통신·소방 및 기타공사	
공사원가	일반관리비율(%)	공사원가	일반관리비율(%)
50억원미만	6.0	5억원미만	6.0
50억원~300억원미만	5.5	5억~30억원미만	5.5
300억원 이상	5.0	30억원 이상	5.0

〈개정 2011. 5. 13., 2015. 9. 21.〉

제21조(이윤) 이윤은 영업이익을 말하며 공사원가중 노무비, 경비와 일반관리비의 합계액(이 경우에 기술료 및 외주가공비는 제외한다)의 15%를 초과하여 계상할 수 없다.〈개정 2008. 12. 29.〉

제22조(공사손해보험료) ① 공사손해보험료는 계약예규 「공사계약일반조건」 제10조에 의하여 공사손해보험에 가입할 때에 지급하는 보험료를 말하며, 보험가입대상 공사부분의 총공사원가(재료비, 노무비, 경비, 일반관리비 및 이윤의 합계액을 말한다. 이하 같다)에

공사손해 보험료율을 곱하여 계상한다.

② 발주기관이 지급하는 관급자재가 있을 경우에는 보험가입 대상 공사부분의 총공사원가와 관급자재를 합한 금액에 공사손해보험료율을 곱하여 계상한다.

③ 제1항에 의한 공사손해보험료를 계상하기 위한 공사손해보험료율은 계약담당공무원이 설계서와 보험개발원, 손해보험회사 등으로부터 제공받은 자료를 기초로 하여 정한다.

제4절 학술연구용역 원가계산

제23조(용어의 정의) 이 절에서 사용하는 용어의 정의는 다음 각호와 같다.

1. "학술연구용역"이라 함은 "학문분야의 기초과학과 응용과학에 관한 연구용역 및 이에 준하는 용역"을 말하며, 그 이행방식에 따라 다음 각목과 같이 구분할 수 있다.

　　가. 위탁형 용역 : 용역계약을 체결한 계약상대자가 자기책임하에 연구를 수행하여 연구결과물을 용역결과보고서 형태로 제출하는 방식

　　나. 공동연구형 용역 : 용역계약을 체결한 계약상대자와 발주기관이 공동으로 연구를 수행하는 방식

　　다. 자문형 용역 : 용역계약을 체결한 계약상대자가 발주기관의 특정 현안에 대한 의견을 서면으로 제시하는 방식

2. "책임연구원"이라 함은 해당 용역수행을 지휘·감독하며 결론을 도출하는 역할을 수행하는 자를 말하며, 대학 부교수 수준의 기능을 보유하고 있어야 한다. 이 경우에 책임연구원은 1인을 원칙으로 하되, 해당 용역의 성격상 다수의 책임자가 필요한 경우에는 그러하지 아니하다.

3. "연구원"이라 함은 책임연구원을 보조하는 자로서 대학 조교수 수준의 기능을 보유하고 있어야 한다.

4. "연구보조원"이라 함은 통계처리·번역 등의 역할을 수행하는 자로서 해당 연구분야에 대해 조교정도의 전문지식을 가진 자를 말한다.

5. "보조원"이라 함은 타자, 계산, 원고정리등 단순한 업무처리를 수행하는 자를 말한다.〈신설 2015. 9. 21.〉

제24조(원가계산비목) 원가계산은 노무비(이하 "인건비"라 한다), 경비, 일반관리비등으로 구분하여 작성한다. 다만, 제23조제1호나목 및 다목에 의한 공동연구형 용역 및 자문형 용역의 경우에는 경비항목 중 최소한의 필요항목만 계상하고 일반관리비는 계상하지 아니한다.〈개정 2015. 9. 21.〉

제25조(작성방법) 학술연구용역에 대한 원가계산을 하고자 할 때에는 별표4에서 정한 학술연구용역원가계산서를 작성하고 비목별 산출근거를 명시한 기초계산서를 첨부하여야 한다.

제26조(인건비) ① 인건비는 해당 계약목적에 직접 종사하는 연구요원의 급료를 말하며, 별표5에서 정한 기준단가에 의하되, 「근로기준법」에서 규정하고 있는 상여금, 퇴직급여충당금의 합계액으로 한다. 다만, 상여금은 기준단가의 연 400%를 초과하여 계상할 수 없다.〈개정 2018. 12. 31.〉

② 이 예규 시행일이 속하는 년도의 다음 년도부터는 매년 전년도 소비자물가 상승률만큼 인상한 단가를 기준으로 한다.

제27조(경비) 경비는 계약목적을 달성하기 위하여 필요한 다음 내용의 여비, 유인물비, 전산처리비, 시약 및 연구용 재료비, 회의비, 임차료, 교통통신비 및 감가상각비를 말한다.

1. 여비는 다음 각호의 기준에 따라 계상한다.

가. 여비는 「공무원여비규정」에 의한 국내여비와 국외여비로 구분하여 계상하되 이를 인정하지 아니하고는 계약목적을 달성하기 곤란한 경우에 한하며 관계공무원의 여비는 계상할 수 없다.

나. 국내여비는 시외여비만을 계상하되 연구상 필요불가피한 경우외에는 월15일을 초과할 수 없으며, 책임연구원은 「공무원여비규정」제3조관련 별표1(여비지급구분표) 제1호등급, 연구원, 연구보조원 및 보조원은 동표 제2호등급을 기준으로 한다.〈개정 2008. 12. 29., 2015. 9. 21.〉

2. 유인물비는 계약목적을 위하여 직접 소요되는 프린트, 인쇄, 문헌복사비(지대포함)를 말한다.

3. 전산처리비는 해당 연구내용과 관련된 자료처리를 위한 컴퓨터사용료 및 그 부대비용을 말한다.

4. 시약 및 연구용 재료비는 실험실습에 필요한 비용을 말한다.

5. 회의비는 해당 연구내용과 관련하여 자문회의, 토론회, 공청회 등을 위해 소요되는 경비를 말하며, 참석자의 수당은 해당 연도 예산안 작성 세부지침상 위원회 참석비를 기준으로 한다.〈개정 2010. 4. 15. 2016. 12. 30.〉

6. 임차료는 연구내용에 따라 특수실험실습기구를 외부로부터 임차하거나 혹은 공청회 등을 위한 회의장사용을 하지 아니하고는 계약목적을 달성할 수 없는 경우에 한하여 계상할 수 있다.

7. 교통통신비는 해당 연구내용과 직접 관련된 시내교통비, 전신전화사용료, 우편료

를 말한다.

8. 감가상각비는 해당 연구내용과 직접 관련된 특수실험 실습기구·기계장치에 대하여 제11조제3항제3호의 규정을 준용하여 계산한다. 단 임차료에 계상되는 것은 제외한다.

제28조(일반관리비 등) ① 일반관리비는 시행규칙 제8조에 규정된 일반관리비율을 초과하여 계상할 수 없다.〈개정 2015. 9. 21.〉

② 이윤은 영업이익을 말하며, 인건비, 경비 및 일반관리비의 합계액에 시행규칙 제8조에서 정한 이윤율을 초과하여 계상할 수 없다.〈개정 2008. 12. 29.〉

제29조(회계직공무원의 주의의무) ① 계약담당공무원은 학술연구용역 의뢰시에는 해당 연구에 대한 전문기관 또는 전문가를 엄선하여 연구목적을 달성할 수 있도록 그 주의의무를 다하여야 한다.

② 각 중앙관서의 장은 학술연구용역을 수의계약으로 체결하고자 할 경우에는 해당 계약상대자의 최근년도 원가계산자료(급여명세서, 손익계산서등)을 활용하여 제26조의 상여금, 퇴직금 및 제28조제1항의 일반관리비 산정시 과다 계상되지 않도록 주의하여야 한다.〈개정 2008. 12. 29.〉

제5절 기타용역의 원가계산

제30조(기타용역의 원가계산) ① 엔지니어링사업, 측량용역, 소프트웨어 개발용역 등 다른 법령에서 그 대가기준(원가계산기준)을 규정하고 있는 경우에는 해당 법령이 정하는 기준에 따라 원가계산을 할 수 있다.

② 원가계산기준이 정해지지 않은 기타의 용역에 대하여는 제1항 및 제23조 내지 제29조에 규정된 원가계산기준에 준하여 원가계산할 수 있다. 이 경우 시행규칙 제23조의3 각호의 용역계약에 대한 인건비의 기준단가는 다음 각호의 어느 하나에 따른 노임에 의하되, 「근로기준법」에서 정하고 있는 제수당, 상여금(기준단가의 연 400%를 초과하여 계상할 수 없다), 퇴직급여충당금의 합계액으로 한다.〈개정 2015. 9. 21., 2017. 12. 28.〉

1. 시설물관리용역: 「통계법」 제17조의 규정에 따라 중소기업중앙회가 발표하는 '중소제조업 직종별 임금조사 보고서'(최저임금 상승 효과 등 적용시점의 임금상승 예측치를 반영한 통계가 있을 경우 동 통계를 적용한다. 이하 이 조에서 '임금조사 보고서'라 한다)의 단순노무종사원 노임(다만, 임금조사 보고서상 해당직종의 노임이 있는 종사원에 대하여는 해당직종의 노임을 적용한다)〈개정 2018. 12. 31.〉〈신설 2017.

12. 28.〉〈개정 2018. 12. 31.〉

2. 그 밖의 용역: 임금조사 보고서의 단순노무종사원 노임〈신설 2017. 12. 28.〉

제6절 원가계산용역기관

제31조(원가계산용역기관의 요건) ① 시행규칙 제9조제3항제2호의 "전문인력 10명 이상"은 다음의 요건을 갖춘 인원을 말한다.〈개정 2018. 12. 31.〉

1. 국가공인 원가분석사 자격증 소지자 6인 또는 원가계산업무에 종사(연구기간 포함) 한 경력이 3년 이상인자 4인, 5년 이상인자 2인〈신설 2018. 12. 31.〉

2. 이공계대학 학위소지자 또는 「국가기술자격법」에 의한 기술·기능분야의 기사 이상인 자 2인〈신설 2018. 12. 31.〉

3. 상경대학 학위소지자 2인〈신설 2018. 12. 31.〉

② 시행규칙 제9조제2항제2호 및 제3호의 기관의 경우에는 제1항 각호의 인원이 대학 (교) 직원 또는 대학(교) 부설연구소 직원이어야 하며, 각 분야별 상시고용인원 중에 교수(부교수, 조교수, 전임강사 포함)는 1인 이하로 하여야 한다.〈신설 2018. 12. 31.〉

③ 계약담당공무원은 제9조제5항제3호의 기본재산 요건 구비 여부를 판단함에 있어 자본금은 최근연도 결산재무제표(또는 결산재무상태표)상의 자산총액에서 부채총액을 차감한 금액을 적용하여야 한다.〈신설 2018. 12. 31.〉

④ 용역기관은 본부 외에 별도로 지사·지부 또는 출장소, 연락사무소 등을 설치하여 원가계산용역업무를 수행할 수 없다. 〈제2항에서 이동 2018. 12. 31.〉

제31조의2(용역기관에 대한 제재) 계약담당공무원은 원가계산용역기관이 자격요건 심사 시에 허위서류를 제출하는 등 관련 규정을 위반하거나 원가계산용역을 부실하게 한 경우에는 국가기관의 원가계산용역업무를 수행할 수 없도록 해당 용역기관의 주무관청 등 감독기관에 요청할 수 있다.〈신설 2010. 4. 15.〉

제32조(원가계산용역 의뢰시 주의사항) ① 계약담당공무원은 제31조의 요건을 갖춘 기관에 한하여 원가계산내용에 따른 전문성이 있는 기관에 용역의뢰를 하여야 한다. 다만, 제31조의 요건을 갖춘 용역기관들의 단체로서 「민법」 제32조의 규정에 의하여 설립된 법인이 동 요건 충족여부를 확인한 경우에는 별도의 요건심사를 면제할 수 있다.

② 계약담당공무원은 용역의뢰시에 제1항 단서에서 규정한 용역기관들의 단체에게 용역기관의 자격요건 심사를 의뢰하여 그 충족여부를 확인하여야 한다. (제1항 단서에 따라 심사가 면제된 용역기관은 제외) 〈신설 2010. 4. 15. 개정 2015. 9. 21.〉

③ 계약담당공무원은 제1항의 경우에 해당 용역기관의 장과 다음 각호의 사항을 명백히 한 계약서를 작성하여야 한다. 다만, 시행령 제49조에 의한 계약서 작성을 생략할 경우에도 다음 각호의 사항을 준용하여 각서 등을 징구하여야 한다. 〈제2항에서 이동 2010. 4. 15.〉

  1. 부실원가계산시 그 책임에 관한 사항

  2. 계약의 해제 또는 해지에 관한 사항

  3. 원가계산내용의 보안유지에 관한 사항

  4. 기타 원가계산 수행에 필요하다고 인정되는 사항

④ 계약담당공무원은 최종원가계산서에 해당 용역기관의 장[대학(교) 연구소의 경우에는 연구소장] 및 책임연구원이 직접 확인·서명하였음을 확인하여야 한다. 〈제3항에서 이동 2010. 4. 15.〉

⑤ 계약담당공무원은 용역기관에서 제출된 최종원가계산서의 내용이 「국가를 당사자로 하는 계약에 관한 법률」, 동법 시행령, 시행규칙, 이 예규 및 계약서 등의 용역조건에 부합되는지 여부를 검토하여 해당 원가계산의 적정을 기하여야 한다. 이 경우에 원가계산의 적정성을 기하기 위해 필요하다고 판단되는 때에는 해당 원가계산서를 작성하지 아니한 다른 용역기관에 검토를 의뢰할 수 있다. 〈제2항에서 이동 2010. 4. 15. 개정 2010. 10. 22. 2016. 12. 30.〉

⑥ 계약담당공무원은 제1항에 따라 원가계산용역기관에 용역의뢰를 하려는 경우 시행규칙 제9조제2항부터 제4항까지의 요건을 확인하기 위해 원가계산용역기관으로 하여금 다음 각 호의 서류를 제출하게 하여야 한다.〈신설 2018. 12. 31.〉

  1. 정관(학교의 연구소 또는 산학협력단의 경우 학칙이나 연구소 규정)

  2. 삭제 〈2020. 12. 28.〉

  3. 설립허가서 등 시행규칙 제9조제2항각호의 기관임을 증명하는 서류

  4. 제1항 각호의 인력에 대한 학위, 자격증명서, 재직증명서 등 자격 및 재직여부를 증명하는 서류

  5. 재무제표 등 시행규칙 제9조제3항제3호에 따른 기본재산을 증명할 수 있는 서류

  6. 기타 자격요건 등 확인을 위해 필요하다고 인정되는 서류

⑦ 계약담당공무원은 제6항의 요건을 확인하는 경우 「전자정부법」 제36조제1항에 따른 행정정보의 공동이용을 통하여 원가계산용역기관의 법인등기부 등본 서류를 확인하여야 한다.〈신설 2020. 12. 28.〉

제7절 보칙

제33조(특례설정 등) ① 각 중앙관서의 장은 특수한 사유로 인하여 동 기준에 따른 원가계산이 곤란하다고 인정될 때에는 특례를 설정할 수 있다.〈개정 2015. 9. 21.〉

② 각 중앙관서의 장은 반복적 또는 계속적으로 발주되는 공사에 있어서는 최근의 발주된 동종의 공사에 대한 원가계산서에 따라 예정가격을 작성할 수 있다.

제34조(원가계산자료의 비치 및 활용) ① 계약담당공무원은 원가계산에 의한 예정가격을 작성함에 있어서 계약상대방으로 적당하다고 예상되는 2개 업체 이상의 최근년도 원가계산자료에 의거하여 계약목적물에 관계되는 수치를 활용하거나(수의계약대상업체에 대하여는 해당업체의 최근년도 원가계산자료), 동 업체의 제조(공정)확인 결과를 활용하여 제7조, 제15조의 비목별 가격결정 및 제12조, 제20조의 일반관리비 계상을 위한 기초자료로 활용할 수 있다.

② 계약담당공무원은 공사원가계산을 위하여 각 중앙관서의 장 또는 그가 지정하는 단체에서 제정한 "표준품셈"에 따라 제15조의 비목별 가격을 산출할 수 있으며, 동 품셈적용대상공사가 아닌 경우와 동 품셈적용을 할 수 없는 비목계상의 경우에는 제1항을 준용한다.

제35조(외국통화로 표시된 재료비의 환율적용) 예정가격을 산출함에 있어서 외국통화로 표시된 재료비는 원가계산시 외국환거래법에 의한 기준환율 또는 재정환율을 적용하여 환산한다.

제36조(세부시행기준) 이 예규를 운용함에 있어 필요한 세부사항에 관하여는 기획재정부장관이 그 기준을 정할 수 있다.

제3장 표준시장단가에 의한 예정가격작성

제37조(표준시장단가에 의한 예정가격의 산정) ① 표준시장단가에 의한 예정가격은 직접공사비, 간접공사비, 일반관리비, 이윤, 공사손해보험료 및 부가가치세의 합계액으로 한다.〈개정 2015. 3. 1.〉

② 시행령 제42조제1항에 따라 낙찰자를 결정하는 경우로서 추정가격이 100억원 미만인 공사에는 표준시장단가를 적용하지 아니한다.〈신설 2015. 3. 1.〉

제38조(직접공사비) ① 직접공사비란 계약목적물의 시공에 직접적으로 소요되는 비용을 말하며, 계약목적물을 세부 공종(계약예규 「정부 입찰·계약 집행기준」 제19조 등 관련

규정에 따른 수량산출기준에 따라 공사를 작업단계별로 구분한 것을 말한다)별로 구분하여 공종별 단가에 수량(계약목적물의 설계서 등에 의해 그 완성에 적합하다고 인정되는 합리적인 단위와 방법으로 산출된 공사량을 말한다)을 곱하여 산정한다.

② 직접공사비는 다음 각호의 비용을 포함한다.

　1. 재료비

재료비는 계약목적물의 실체를 형성하거나 보조적으로 소비되는 물품의 가치를 말한다.

　2. 직접노무비

공사현장에서 계약목적물을 완성하기 위하여 직접작업에 종사하는 종업원과 노무자의 기본급과 제수당, 상여금 및 퇴직급여충당금의 합계액으로 한다.

　3. 직접공사경비

공사의 시공을 위하여 소요되는 기계경비, 운반비, 전력비, 가설비, 지급임차료, 보관비, 외주가공비, 특허권 사용료, 기술료, 보상비, 연구개발비, 품질관리비, 폐기물처리비 및 안전관리비를 말하며, 비용에 대한 구체적인 정의는 제19조를 준용한다.

③ 제1항의 공종별 단가를 산정함에 있어 재료비 또는 직접공사경비중의 일부를 제외할 수 있다. 이 경우에는 해당 계약목적물 시공 기간의 소요(소비)량을 측정하거나 계약서, 영수증 등을 근거로 금액을 산정하여야 한다.

④ 각 중앙관서의 장 또는 각 중앙관서의 장이 지정하는 기관은 직접공사비를 공종별로 직접조사·집계하여 산정할 수 있다.

제39조(간접공사비) ① 간접공사비란 공사의 시공을 위하여 공통적으로 소요되는 법정경비 및 기타 부수적인 비용을 말하며, 직접공사비 총액에 비용별로 일정요율을 곱하여 산정한다.

② 간접공사비는 다음 각호의 비용을 포함하며, 비용에 대한 구체적인 정의는 제10조제2항 및 제19조를 준용한다.

　1. 간접노무비

　2. 산재보험료

　3. 고용보험료

　4. 국민건강보험료

　5. 국민연금보험료

　6. 건설근로자퇴직공제부금비

　7. 산업안전보건관리비

8. 환경보전비

9. 기타 관련법령에 규정되어 있거나 의무지워진 경비로서 공사원가계산에 반영토록 명시된 법정경비

10. 기타간접공사경비(수도광열비, 복리후생비, 소모품비, 여비, 교통비, 통신비, 세금과 공과, 도서인쇄비 및 지급수수료를 말한다.)

③ 제1항의 일정요율이란 관련법령에 의해 각 중앙관서의 장이 정하는 법정요율을 말한다. 다만 법정요율이 없는 경우에는 다수기업의 평균치를 나타내는 공신력이 있는 기관의 통계자료를 토대로 각 중앙관서의 장 또는 계약담당공무원이 정한다.

④ 제38조에 따라 산정되지 아니한 공종에 대하여도 간접공사비 산정은 제1항 내지 제3항을 적용한다.

제40조(일반관리비) ① 일반관리비는 기업의 유지를 위한 관리활동부문에서 발생하는 제비용으로서, 비용에 대한 구체적인 정의와 종류에 대하여는 제12조의 규정을 준용한다.

② 일반관리비는 직접공사비와 간접공사비의 합계액에 일반관리비율을 곱하여 계산한다. 다만, 일반관리비율은 공사규모별로 아래에서 정한 비율을 초과할 수 없다.

종합공사		전문·전기·정보통신·소방 및 기타공사	
직접공사비+간접공사비	일반관리비율(%)	직접공사비+간접공사비	일반관리비율(%)
50억원미만	6.0	5억원미만	6.0
50억원~300억원미만	5.5	5억~30억원미만	5.5
300억원이상	5.0	30억원이상	5.0

〈개정 2011. 5. 13., 2015. 9. 21.〉

제41조(이윤) 이윤은 영업이익을 말하며 직접공사비, 간접공사비 및 일반관리비의 합계액에 이윤율을 곱하여 계산한다. 이윤율은 시행규칙에서 정한 기준에 따른다.

제42조(공사손해보험료) 계약예규 「정부 입찰·계약 집행기준」 제12장에 따른 공사손해보험가입 비용을 말한다.

제43조(총괄집계표의 작성) 계약담당공무원이 표준시장단가에 따라 예정가격을 작성하는 경우, 예정가격을 직접공사비, 간접공사비, 일반관리비, 이윤, 공사손해보험료 및 부가가치세로 구분하여 별표6의 총괄집계표를 작성하여야 한다.〈개정 2015. 3. 1.〉

제44조(세부시행기준) 계약담당공무원은 이 장을 운용함에 있어 필요한 세부사항을 정할 수 있다.

제4장 복수예비가격에 의한 예정가격의 결정

제44조의2(복수예비가격 방식에 의한 예정가격의 결정) 각 중앙관서의 장 또는 계약담당공무원은 예정가격의 유출이 우려되는 등 필요하다고 인정되는 경우 복수예비가격 방식에 의해 예정가격을 결정할 수 있으며, 이 경우에는 이 장에서 정한 절차와 기준을 따라야 한다.[[본조신설 2018. 12. 31.]]

제44조의3(예정가격 결정 절차) ① 계약담당공무원은 입찰서 제출 마감일 5일 전까지 기초금액(계약담당공무원이 시행령 제9조제1항의 방식으로 조사한 가격으로서 예정가격으로 확정되기 전 단계의 가격을 말하며,「출판문화산업 진흥법」제22조에 해당하는 간행물을 구매하는 경우에는 간행물의 정가를 말한다)을 작성하여야 한다.

② 계약담당공무원은 제1항 따라 작성된 기초금액의 ±2% 금액 범위 내에서 서로 다른 15개의 가격(이하 "복수예비가격"이라 한다)을 작성하고 밀봉하여 보관하여야 한다.

③ 계약담당공무원은 입찰을 실시한 후 참가자 중에서 4인(우편입찰 등으로 인하여 개찰장소에 출석한 입찰자가 없는 때에는 입찰사무에 관계없는 자 2인)을 선정하여 복수예비가격 중에서 4개를 추첨토록 한 후 이들의 산술평균가격을 예정가격으로 결정한다.

④ 유찰 등으로 재공고 입찰에 부치려는 경우에는 복수예비가격을 다시 작성하여야 한다.

제44조의4(세부기준ㆍ절차의 작성) ① 각 중앙관서의 장은 이 장에서 정하지 아니한 사항으로서 복수예비가격에 의한 예정가격의 작성과 관련하여 필요한 사항에 대하여는 세부기준 및 절차를 정하여 운용할 수 있다.

② 제44의 의규정에도 불구하고 「전자달의 이용 및 촉진에 관한 법률」 제4호에 따른 국가종합전자달시스템 또는 동법 제4에 따른 자체전자달시스템을 통해 전자입찰을 실시하는 경우에는 제44의 의규정을 적용하지 아니하고 해당기관이 정하는 기준에 따라 예정가격을 결정할 수 있다[]

제5장 전문가격조사기관의 등록 및 조사업무

제45조(전문가격조사기관 등록) 이 장은 시행규칙 제5조제1항제2호에 의한 전문가격조사기관의 등록에 관하여 필요한 사항을 정함으로써, 공신력 있는 조사기관에 의한 조사가격의 객관성과 신뢰성을 확보하여 예정가격의 합리적 결정과 이에 따른 예산의 효율적 집행을 도모함을 목적으로 한다.〈개정 2016. 12. 30.〉

제46조(등록자격요건) 전문가격조사기관으로 등록하고자하는 자는 다음 각호의 자격요건을

갖추어야 한다.

    1. 정관상 사업목적에 가격조사업무가 포함되어있는 비영리법인

    2. 별첨 "표준가격조사요령"에 의하여 조사한 가격의 정보에 관한 정기간행물을 월1회이상 발행한 실적이 있는 자

제47조(등록신청) 제46조의 자격요건을 갖춘 자가 전문가격조사기관으로 등록하고자할 경우에는 별표7의 등록 신청서에 다음 각호의 서류를 첨부하여 기획재정부장관에게 제출하여야 한다.

    1. 비영리법인의 설립허가서, 등기부등본 및 정관사본 1부

    2. 제46조제2호에 규정한 사항을 증명할 수 있는 자료 1부

    3. 조사요원 재직증명서 1부

    4. 「국가기술자격법 시행규칙」 제4조관련 별표5(기술·기능분야)에 의한 기계, 전기, 통신, 토목, 건축 직무분야 중 3개이상 직무분야의 산업기사 이상인 자의 재직증명서 1부

제48조(등록증의 교부) 기획재정부장관은 제47조에 의한 전문가격조사기관등록신청자가 제46조의 자격요건을 갖춘 경우에는 조사기관등록대장에 등재하고, 그 신청인에게 별표8의 전문가격조사기관등록증을 교부한다.

제49조(가격정보에 관한 간행물) ① 전문가격조사기관으로 등록한 기관은 매월 1회이상 별첨 표준가격조사요령에 의하여 조사한 가격의 정보에 관한 정기간행물을 발행하여야 한다.

  ② 제1항에 의한 가격의 정보에 관한 정기간행물에는 조사기관의 등록번호와 등록 년월일을 기재하여야 한다.

제50조(등록사항의 변경신청) ① 전문가격조사기관으로 등록한 자가 제46조의 등록요건과 법인명, 대표자, 주소 등이 변경된 때에는 별표 9의 등록사항변경신고서를 작성하여 기획재정부장관에게 60일이내에 신고하여야 한다.

  ② 기획재정부장관은 제1항의 등록사항 변경신고서의 내용에 따라 조사기관등록증을 재발급한다. 단, 등록번호 및 등록년월일은 변경하지 아니한다.

제51조(등록의 취소) 기획재정부장관은 다음 각호의 어느 하나에 해당될 경우에는 전문가격조사기관의 등록을 취소할 수 있다.

    1. 제46조에 의한 자격요건에 미달될 때

    2. 정당한 조사방법에 의하지 아니하고 담합 등 허위로 가격을 게재하는 경우

    3. 기획재정부장관의 자료제출의 요구를 받고도 정당한 사유 없이 이를 제출하지 아

니하는 경우

4. 기획재정부장관에 의한 3회이상 시정조치를 받고도 이에 응하지 않은 경우

5. 조사원이 윤리강령 등에 위배되는 행동으로 인하여 사회적 물의를 야기한 경우

제52조(등록기관의 지도감독) ① 기획재정부장관은 제45조에 규정한 목적을 달성하기 위하여 필요하다고 인정될 때에는 조사기관에 대하여 가격조사에 관한 필요한 지시 및 시정조치를 명할 수 있다.

② 기획재정부장관은 년 1회이상 조사기관에 대하여 감사를 할 수 있다.

제6장 보칙

제53조(재검토기한) 「훈령·예규 등의 발령 및 관리에 관한 규정」에 따라 이 예규에 대하여 2016년 1월 1일 기준으로 매3년이 되는 시점(매 3년째의 12월 31일까지를 말한다)마다 그 타당성을 검토하여 개선 등의 조치를 하여야 한다.〈개정 2015. 9. 21.〉

부칙 〈제577호, 2021. 12. 1.〉

제1조(시행일) 이 계약예규는 2021년 12월 1일부터 시행한다.

제2조(적용례) 이 계약예규는 부칙 제1조에 따른 시행일 이후 예정가격을 작성하는 경우부터 적용한다.

(별표 1) 제조원가계산서

품명:　　　　생산량:

규격:　　　　단위:　　　　제조기간:

비목		구분	금액	구성비	비고
제조원가	재료비	직접재료비 간접재료비 작업설·부산물 등(△)			
		소　계			
	노무비	직접노무비 간접노무비			
		소　계			
	경비	전력비 수도광열비 운반비 감가상각비 수리수선비 특허권사용료 기술료 연구개발비 시험검사비 지급임차료 보험료 복리후생비 보관비 외주가공비 산업안전보건관리비 소모품비 여비·교통비·통신비 세금과공과 폐기물처리비 도서인쇄비 지급수수료 기타법정경비			
		소　계			
일반관리비(　)%					
이윤(　)%					
총원가					

(별표 2) 공사원가계산서

공사명: 공사기간:

비목		구분	금액	구성비	비고
순공사원가	재료비	직접재료비 간접재료비 작업설·부산물 등(△)			
		소 계			
	노무비	직접노무비 간접노무비			
		소 계			
	경 비	전력비 수도광열비 운반비 기계경비 특허권사용료 기술료 연구개발비 품질관리비 가설비 지급임차료 보험료 복리후생비 보관비 외주가공비 산업안전보건관리비 소모품비 여비·교통비·통신비 세금과공과 폐기물처리비 도서인쇄비 지급수수료 환경보전비 보상비 안전관리비 건설근로자퇴직공제부금비 기타법정경비			
		소 계			
일반관리비[(재료비+노무비+경비)×( )%]					
이윤[(노무비+경비+일반관리비)×( )%]					
총원가					
공사손해보험료[보험가입대상공사부분의총원가×()%]					

(별표 2-1) 공사원가계산시 간접노무비 계산방법 〈개정 2011.5.13.〉

1. 직접계상방법

가. 계상기준

발주목적물의 노무량을 예정하고 노무비단가를 적용하여 계산함.

〈 공 식 〉

간접노무비 = 노무량 × 노무비단가

나. 계상방법

(가) 노무비단가는 「통계법」 제15조의 규정에 의한 지정기관이 조사·공표한 시중노임 단가를 기준으로 하며 제수당, 상여금, 퇴직급여충당금은 「근로기준법」에 의거 일정기간 이상 근로하는 상시근로자에 대하여 계상한다.〈개정 2015.9.21.〉

(나) 노무량은 표준품셈에 따라 계상되는 노무량을 제외한 현장시공과 관련하여 현장 관리사무소에 종사하는 자의 노무량을 계상한다.

(다) 간접노무비(현장관리인건비)의 대상으로 볼 수 있는 배치인원은 현장소장, 현장 사무원(총무, 경리, 급사 등), 기획·설계부문종사자, 노무관리원, 자재·구매관리 원, 공구담당원, 시험관리원, 교육·산재담당원, 복지후생부문종사자, 경비원, 청 소원 등을 들 수 있음.

(라) 노무량은 공사의 규모·내용·공종·기간 등을 고려하여 설계서(설계도면, 시방서, 현장설명서 등) 상의 특성에 따라 적정인원을 설계반영 처리한다.

2. 비율분석방법

가. 계상기준

발주목적물에 대한 직접노무비를 표준품셈에 따라 계상함.

〈 공 식 〉

간접노무비 = 직접노무비 × 간접노무비율

나. 계상방법

(가) 발주목적물의 특성 등(규모·내용·공종·기간 등)을 고려하여 이와 유사한 실적이 있는 업체의 원가계산자료, 즉 개별(현장별) 공사원가명세서, 노무비명세서(임금

대장) 또는 직·간접노무비 명세서를 확보한다.

(나) 노무비 명세서(임금대장)를 이용하는 방법

① 개별(현장별) 공사원가명세서에 대한 임금대장을 확보한다.

② 확보된 임금대장상의 직·간접노무비를 구분하되, 구분할 자료가 많은 경우에는 간접노무비율을 객관성 있게 산정할 수 있는 기간에 해당하는 자료를 분석한다.

③ 동 임금대장에서 표준품셈에 따라 계상되는 노무량을 제외한 현장시공과 관련하여 현장관리사무소에 종사하는 자의 노무비(간접노무비)를 계상한다.

④ 계상된 간접노무비를 직접노무비로 나누어서 간접노무비율을 계산한다.

(다) 업체로부터 직·간접노무비가 구분된 「직·간접노무비 명세서」를 확보한 경우에는 위 임금대장을 이용하는 방법에 의하여 자료 및 내용을 검토하여 간접노무비율을 계산한다.

3. 기타 보완적 계상방법

직접계산방법 또는 비율분석방법에 의하여 간접노무비를 계산하는 것을 원칙으로 하되, 계약목적물의 내용·특성 등으로 인하여 원가계산자료를 확보하기가 곤란하거나, 확보된 자료가 신빙성이 없어 원가계산자료로서 활용하기 곤란한 경우에는 아래의 원가계산자료(공사종류 등에 따른 간접노무비율)를 참고로 동비율을 해당 계약목적물의 규모·내용·공종·기간 등의 특성에 따라 활용하여 간접노무비(품셈에 의한 직접노무비×간접노무비율)를 계상할 수 있다.〈개정 2011.5.13.〉

구 분	공사종류별	간접노무비율
공사 종류별	건축공사 토목공사 특수공사(포장, 준설 등) 기타(전문, 전기, 통신 등)	14.5 15 15.5 15
공사 규모별	50억원 미만 50~300억원 미만 300억원 이상	14 15 16
공사 기간별	6개월 미만 6~12개월 미만 12개월 이상	13 15 17

* 공사규모가 100억원이고 공사기간이 15개월인 건축공사의 경우 예시
  - 간접노무비율 = (15% + 17% + 14.5%)/3 = 15.5%

(별표 3) 일반관리비율

업 종	일반관리비율(%)
○ 제조업	
음·식료품의 제조·구매	14
섬유·의복·가죽제품의 제조·구매	8
나무·나무제품의 제조·구매	9
종이·종이제품·인쇄출판물의 제조·구매	14
화학·석유·석탄·고무·플라스틱제품의 제조·구매	8
비금속광물제품의 제조·구매	12
제1차 금속제품의 제조·구매	6
조립금속제품·기계·장비의 제조·구매	7
기타물품의 제조·구매	11
○ 시설공사업	6

주1) 업종분류 : 한국표준산업분류에 의함.

(별표 4) 학술연구용역원가계산서

비목 \ 구분	금액	구성비	비고
인건비 책임연구원 연구원 연구보조원 보조원			
경비 여비 유인물비 전산처리비 시약및연구용역재료비 회의비 임차료 교통통신비 감가상각비 일반관리비( )% 이윤( )% 총원가			

(별표 5) 학술연구용역인건비기준단가('22년)

등 급	월 임 금
책임연구원	월 3,327,026원
연 구 원	월 2,551,119원
연구보조원	월 1,705,337원
보 조 원	월 1,279,046원

주 1) 본 인건비 기준단가는 1개월을 22일로 하여 용역 참여율 50%로 산정한 것이며, 용역 참여율을 달리하는 경우에는 기준단가를 증감시킬 수 있다.

※ 상기단가는 2022년도 기준단가로 계약예규 「예정가격 작성기준」 제26조 제2항에 따라 소비자물가 상승률(2021년 2.5%)을 반영한 단가이며, 소수점 첫째자리에서 반올림한 금액임.

(별표 6) 총괄집계표

공사명 :   공사기간 :

구 분		금 액	구 성 비	비 고
직접공사비				
간접공사비	간접노무비 산재보험료 고용보험료 안전관리비 환경보전비 퇴직공제부금비 수도광열비 복리후생비 소모품비 여비·교통비·통신비 세금과공과 도서인쇄비 지급수수료 기타법정경비			
일반관리비				
이 윤				
공사손해보험료				
부가가치세				
합 계				

(별표 7) 전문가격조사기관 등록신청서

전문가격조사기관 등록신청서	
① 법인명	
② 대표자성명	
③ 주　소	
④ 법인설립허가관청	
예정가격 작성기준 제47조의 규정에 의하여 위와 같이 신청합니다. 　　　　　　　　　　　　　　　　년　　　　월　　　　일 　　　　　　　　　　　　　　신청인　　　　　　　(인) 　　　　　　　　　　　　　　(전화 :　　　　　　　) 　　　　　　　　　　　기획재정부장관 귀하	
구비서류 　1. 비영리법인의 설립허가서, 등기부등본 및 정관사본 1부. 　　　　　　2. 예정가격 작성기준 제46조제2항에 규정한 사항을 증명할 수 있는 자료 1부. 　　　　　　3. 조사요원재직증명서 1부. 　　　　　　4. 품셈분야별 기술자재직증명서 1부.	

22451-01511일　　　　　　　　　　　　　　　201㎜×297㎜

'93.5.18 승인　　　　　　　　　　　　　인쇄용지(특급) 70g/㎡

(별표 8) 전문가격조사기관 등록증

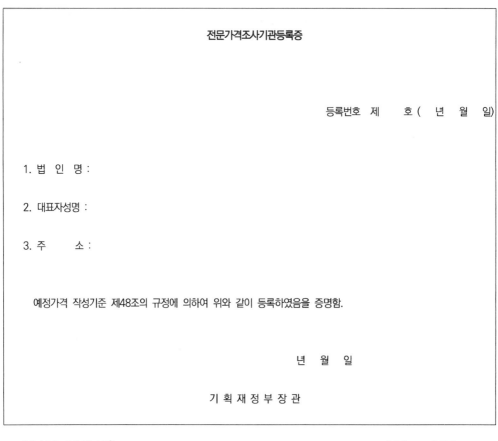

전문가격조사기관등록증

등록번호 제   호(년 월 일)

1. 법 인 명 :

2. 대표자성명 :

3. 주   소 :

예정가격 작성기준 제48조의 규정에 의하여 위와 같이 등록하였음을 증명함.

년   월   일

기 획 재 정 부 장 관

22451-01611일   201㎜×297㎜
'93.5.18 승인   인쇄용지(특급) 70g/㎡

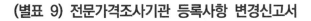

(별표 9) 전문가격조사기관 등록사항 변경신고서

전문가격조사기관 등록사항 변경신고서		
① 등록번호	제 호 (년 월 일)	
② 법인명		
③ 대표자성명		
④ 주소		
변경내용	변경전의 사항	변경후의 사항

예정가격 작성기준 제50조의 규정에 의하여 위와 같이 등록사항중 변경내용을 신고합니다.

년 월 일

신청인 (인)

기획재정부장관 귀하

22451-01611일
승인

201㎜×297㎜ '93.5.18
인쇄용지(특급) 70g/㎡

(별표 10) 조사상품기본조사표

① 상 품 명	② 통상명칭	③ 코 드 번 호	④ 수록단위 품 종 명

상 품 내 용

	품 질 규 격	단 위 품 목 수	생산자별취급구분	수록단위 품 종 명
⑤주요용도	⑧공인규격 유무종류	⑪단위품목 구분기준	⑭생산자별 구분여부	⑰기본단위
⑥주 재 질	⑨공인형식 또는성능	⑫규격품과 유통품수	⑮총생산자수	⑱포장단위 및구수량
⑦상품형상	⑩규격유무별 유통비중	⑬주종품과의 거래비중	⑯조사대상 생산자범위	⑲거래단위

*1 수급사정(수량 또는 금액)

수급구분\연도별	년	년	년
공급 ⑳년간능력			
㉑국 산			
㉒수 입			
수요 ㉓년간능력			
㉔내 수			
㉕수 출			
㉖계 절 성			

㉗관 련 단 체
㉘단 체 (기관)명 ㉙관련부서 및 담당자 전화번호

	단 체 성 격	관련부서 및 담당자	전화번호
종목별단체			
연구단체			
정부기관			

조사가격의종류

조사조건별\연도별	년	년	년
㉚가 격 성 격			
㉛조 사 지 역			
㉜조 사 단 계			
㉝단위거래량의 구분여부			

*2 원가구성내용(구성비 : %)

요소비목\연도별	년	년	년
㉞재 료 비			
㉞-1 재료비 내 역 기 타			
㉟노 무 비			
㊱경 비			
㊲일반관리비 및 이윤			

㊳전 문 가
성 명 소 속 직 위 전 화 번 호

※ 조사상품기본조사표의 기재요령 (별표 10 서식)

(1) 상품학상의 상품명으로서 공인된 정식명칭

(2) 공식명칭이외에 시중거래에서 일반적으로 통용되는 상품명칭

(3) 코오드번호 부여 후에 기입

(4) 수록단위품종 편성 후에 기입

(5) 용도를 기입하되, 용도가 다양할 시에는 용도비중 60%내의 그용도

(6) 성분35%이상시는 ①, 성분 35%미만시는 60%내중 다성분②

(7) 상품의 외관상의 형태, 형상

(8) 산업통상자원부에서 공인된 KS규격 또는 국제규격의 종류 〈개정 2018.12.31.〉

(9) 형식승인된 공인된 시험성능

(10) 규격품과 비규격품의 유통비중

(11) 단위품목을 구분하는 기준의 종류

(12) 규격상에 있는 총 품목수와 시중에서 유통되는 품목수

(13) 단위품목중 시중거래비중이 가장높은 품목과 그거래비중

(14) 품질, 규격, 형식, 성능 등에서 생산자간의 차이로 구분취급의 필요성 유무

(15) 총생산자수

(16) 총생산자중 그 생산량이 상위 60%이내에 드는 생산자수

(17) 상품의 수량을 계산하는 기초단위

(18) 상품의 포장단위와 포장단위의 수량

(19) 시중에 유통되는 거래단위

(20) 가격이 형성되는 유형에 따라 시장거래, 생산자공표, 행정지도로 구분

(21) 조사대상도시수에 따라 서울(전국), 2대도시, 5대도시, 9대도시등

(22) 유통단계 중 조사대상 단계를 표시하되, 필요시에는 2개단계도 표시

(23) 동일조사단계에서도 단위거래량의 과다에 따라 가격의 차이에 따른 구분여부 표시

(24) 국산과 수입을 합한 연간공급능력을 합산표시

(25) ~ (26) 생략

(27) 내수와 수출을 합한 연간수요능력을 합산표시

(28) ~ (29) 생략

(30) 상품수급에 있어서 계절적인변화시기를 성수기와 비수기간을 표시

(31) 기업회계상 각상품의 생산비에서 재료비가 차지하는 비중을 100분율로 표시

(32) 기업회계상 각 상품의 생산비에서 노무비가 차지하는 비중을 100분율로 표시

(33) 기업회계상 각 상품의 생산비에서 경비가 차지하는 비중을 100분율로 표시

(34) 기업회계상 각상품의 생산비이외에 판매비, 일반관리비 및 이윤이 차지하는 비율

(35) 조사상품에 관계가 있는 단체등에서 자문을 구할 기관

(36)조사상품에 관해 업계, 학계의 전문자중 자문을 구할 수 있는 자

(별표 11) 조사처 대장

1. 업체개요

상 호	대 표 자	형 태
소 재 지	창립년월일	취급종목
소속업종별단체	경쟁업체수	

2. 면접담당자

위촉년월일	성 명	부서, 직위	전 화

(별표 12) 품목별조사처대장

조사품목		조사처			면접담당자			등록	
코드 번호	품종별	업체별	업태	소재지	성명	부서 직위	직통 전화	접수	말소

[별첨] 표준가격조사요령(제4장 관련)

제1조(조사대상가격) 조사기관이 조사할 가격은 정부가 기업 등의 대량수요자가 생산자 또는 도매상으로부터 구입하는 가격(이하 "대량수요자 도매가격"이라 한다)을 원칙으로 하되 필요에 따라 그 외의 가격으로 할 수 있다.

제2조(가격의 구분) ① 가격은 그 형성되는 유형에 따라 시장거래가격, 생산자공표가격, 행정지도가격으로 구분한다.

　　1. "시장거래가격"이라함은 수요와 공급의 원리에 의한 시장의 가격조절기능을 통하여 형성되는 가격을 말한다.

　　2. "생산자공표가격"이라 함은 상품의 성능·시방 등이 표준화되어있지 않거나 독과점으로 인하여 시장거래가격의 조사가 곤란한 경우에 생산자가 대외적으로 공표한 판매희망가격을 말한다.

　　3. "행정지도가격"이라 함은 국민경제의 안정을 위하여 필요하다고 인정되는 상품에 대하여 정부가 그 거래가격의 상한선을 지정·고시하는 가격을 말한다.

② 가격은 그 유통단계에 따라 생산자가격, 도매가격, 대리점가격 또는 소매가격으로 구분한다.

　　1. "생산자가격"이라함은 생산자로부터 수요자에게 인도되는 가격을 말한다.

　　2. "대리점가격"이라함은 대리점으로부터 수요자에게 인도되는 가격을 말한다.

　　3. "소매가격"이라함은 소매상으로부터 수요자에게 인도되는 가격을 말한다.

③ 가격에는 판매방법, 거래량, 결제조건, 기타 부가가치세 등 국세의 포함 여부 등 거래조건에 의한 구분이 명백하게 표시되어져야한다.

　　1. "판매방법"이라함은 생산자등이 상품을 수요자에게 인도하는 장소 또는 방법을 말한다.

　　2. "거래량"이라함은 통상적인 거래기준량 즉 거래수량하한선을 말한다.

　　3. "결제조건"은 현금에 의한 결제를 원칙으로 한다.

　　4. 기타부가가치세, 특별소비세, 교육세, 관세 등의 포함여부를 구분한다.

제3조(조사대상상품) ① 조사기관이 조사대상상품을 선정할 경우 해당상품의 유통성·장래성 및 다른 상품에의 영향 등을 고려하여 단위 품조별로 1,000개이상으로 한다.

② 제1항에 의한 조사대상상품이 동일한 경우라 하더라도 생산자에 따라 그 상품의 성능·시방 등에 차이가 있을 경우에는 생산자를 구분한다.(이하 "생산자 구분품목"이라한다.)

③ 제1항 및 제2항에 의한 조사대상상품에 대하여는 별표 10에 의한 조사표를 작성·비치하여야한다.

제4조(조사처) ① 조사처는 제5조에 의한 조사대상도시에 있어 해당상품의 취급량이 많고 신뢰도가 높은 생산자를 대상으로 하여 3개업체 이상으로 한다.

② 제1항에 의한 조사처에 대하여는 별표 11 및 별표 12에 의한 조사대장 및 품목별 조사처 대장을 작성·비치하여야한다.

제5조(조사대상도시) ① 조사대상도시는 인구·산업·교육문화·행정·도로교통사정·자연지리조건 등을 고려하여 구분하되 서울지역, 경기지역, 강원지역, 충청지역, 전라지역, 경상지역 및 제주지역으로 한다.

제6조(조사방법) ① 가격조사는 제4조에 의한 조사처를 대상으로 매월 일정한 기간내에 동일한 기준과 조건으로 면접에 의한 직접조사를 원칙으로 하되, 증빙서류 등에 의한 간접조사를 병행할 수 있으며, 자재의 품귀, 2중가격 형성 등으로 조사처에 대한 조사만으로 적정한 가격을 파악하기 곤란한 경우에는 수요자를 대상으로 하는 보충조사에 의할 수 있다.

② 제1항에 의한 조사를 하고자 할 때에는 조사처(면접자포함), 대상 품종, 조사자, 조사일시, 조사지역, 조사가격 및 거래조건 등이 기재된 조사 조서를 작성·비치하여야 한다.

③ 제3조 및 제4조에 의한 조사대상 상품, 조사처 등은 정당한 사유 없이 이를 변경할 수 없다.

제7조(공표가격의 결정) 조사기관이 조사하여 공표할 가격은 최빈치가격으로 한다. 다만 이것이 없을 경우에는 조사처의 거래비중을 고려한 가중평균가격으로 할 수 있다.

제8조(수시조사) 제1조 내지 제7조의 규정은 계약담당공무원이 가격조사를 의뢰하는 수시조사의 경우에 이를 준용한다.

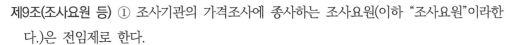

제9조(조사요원 등) ① 조사기관의 가격조사에 종사하는 조사요원(이하 "조사요원"이라한다.)은 전임제로 한다.

② 조사요원은 30인이상으로 한다. 이 경우 제5조에 의한 조사지역별 각 1인이상을 포함한다.

③ 조사기관은 조사요원에 대한 자격요건 및 윤리강령을 제정·운용하여야하고 기타 적정한 조사가 이루어 질수 있도록 그 자질을 유지할 수 있는 교육 등 필요한 조치를 하여야한다.」

④ 조사요원은 소정의 조사증표를 휴대하여야하고, 면접자가 이의 제시를 요구할 경우에는 그에 응해야 한다.

⑤ 제2항에 의한 조사요원 외에 제47조제4호에 의한 자가 그 직무분야별로 1인 이상이어야 한다.

제10조(보고) 조사기관은 제3조 ,제4조 및 제9조에 의한 조사상품 기본조사표, 조사처 대장, 조사요원의 자격, 윤리강령, 조사증표 등을 기획재정부장관에게 보고하여야한다.

제11조(보존기한) 조사기간은 제3조에 의한 조사상품기본조사표는 5년, 제4조 및 제6조에 의한 조사처 대장 및 조사조서 등은 3년이상 보관한다.

원가계산준칙

제정 1998. 04. 01 증권선물위원회
개정 1999. 12. 08 증권선물위원회

제1장 총 칙

제 1 조(목적) 이 준칙은 기업회계기준 제90조의 규정에 의하여 회사가 재무제표를 작성하기 위하여 제품의 원가를 산정함에 있어 준거해야 할 세부사항에 관하여 정함을 목적으로 한다.(1999. 12. 8 개정)

제 2 조(적용범위) 이 준칙은 회사가 제품의 생산과 관련하여 발생한 원가(이하 "제조원가"라 한다)를 산정하는 데 적용한다.(1998. 4. 1 제정)

제 3 조(원가계산제도의 확립 등) ①회사는 제조원가를 계속적으로 수집·측정·배분·보고하기 위한 계산절차로서 실제원가계산제도 또는 표준원가계산제도를 확립하여야 한다. (1998. 4. 1 제정)

②회사가 채택한 원가계산제도는 매기 계속하여 적용하여야 하며, 정당한 이유 없이 이를 변경하여서는 아니 된다.(1998. 4. 1 제정)

제 4 조(제조원가의 범위) ①제조원가는 제품의 생산과 관련하여 소비된 경제적 자원의 가치만을 포함한다.(1998. 4. 1 제정)

②비정상적으로 발생한 경제적 자원의 소비는 제조원가에 포함하지 아니한다.(1998. 4. 1 제정)

제 5 조(원가계산기간) 원가계산기간은 회사의 회계연도와 일치하여야 한다. 다만, 필요한

경우에는 월별 또는 분기별 등으로 세분하여 원가계산을 실시할 수 있다.(1998. 4. 1 제정)

제6조(원가계산의 일반원칙) 제조원가의 계산은 다음 각 호에 따른다.(1998. 4. 1 제정)

1. 제조원가는 일정한 제품의 생산량과 관련시켜 집계하고 계산한다.(1998. 4. 1 제정)

2. 제조원가는 신뢰할 수 있는 객관적인 자료와 증거에 의하여 계산한다.(1998. 4. 1 제정)

3. 제조원가는 제품의 생산과 관련하여 발생한 원가에 의하여 계산한다.(1998. 4. 1 제정)

4. 제조원가는 그 발생의 경제적 효익 또는 인과관계에 비례하여 관련제품 또는 원가부문에 직접 부과하고, 직접 부과가 곤란한 경우에는 합리적인 배부기준을 설정하여 배부한다.(1998. 4. 1 제정)

제7조(제조원가요소의 분류) ①제조원가요소는 재료비, 노무비 및 경비로 분류하거나, 회사가 채택하고 있는 원가계산방법에 따라 직접재료비, 직접노무비 및 제조간접비 등으로 분류할 수 있다.(1998. 4. 1 제정)

②제조원가요소와 판매비와 일반관리비요소는 구분하여 집계한다. 다만, 그 구분이 명확하지 아니한 경우에는 발생원가를 비목별로 집계한 후, 일정한 기준에 따라 제조원가와 판매비와 일반관리비로 구분하여 배부할 수 있다.(1998. 4. 1 제정)

제8조(실제원가계산의 절차) 실제원가계산은 원가요소의 실제발생액을 비목별 계산을 거쳐 원가부문별로 계산한 후 제품별로 제조원가를 집계한다.(1998. 4. 1 제정)

제9조(재료비의 계산) ①재료비는 기초재료재고액에 당기재료매입액을 가산하고 기말재료재고액을 차감하여 계산한다.(1998. 4. 1 제정)

②재료의 소비수량은 계속기록법에 의하여 계산하며 필요한 경우에는 실지재고조사법 또는 역산법에 의하여 계산할 수 있고, 2 이상의 방법을 병행하여 적용할 수 있다.(1998. 4. 1 제정)

③재료의 소비가격은 취득원가에 의하여 계산하며, 동일 재료의 취득원가가 다를 경우에는 개별법·선입선출법·후입선출법·이동평균법 또는 총평균법 등의 방법을 적용하여 계산한다.(1998. 4. 1 제정)

제10조(노무비의 계산) ①노무비는 그 지급기준에 기초하여 당해 기간에 실제로 발생한 비용을 집계하여 계산한다.(1998. 4. 1 제정)

②작업시간 또는 작업량에 비례하여 발생하는 노무비는 실제작업시간 또는 실제작업량에 임률을 곱하여 계산한다. 이 경우 임률은 개별임률 또는 평균임률에 의한다.(1998. 4. 1 제정)

③상여금 또는 특별수당 등과 같이 월별·분기별로 지급금액 또는 지급시기가 일정하지

아니한 노무비는 회계연도 중의 원가계산 기간에 안분하여 계산한다.(1998. 4. 1 제정)

제11조(경비의 계산) ①경비는 제조원가 중 재료비와 노무비를 제외한 모든 비용을 포함하고 그 내용을 표시하는 적절한 세부과목으로 구분하여 기재한다.(1998. 4. 1 제정)

②경비는 당해 기간에 실제로 발생한 비용을 집계하여 계산한다.(1998. 4. 1 제정)

③시간 또는 수량에 비례하여 발생하는 경비는 실제시간 또는 실제수량에 단가를 곱하여 계산한다.(1998. 4. 1 제정)

제12조(외주가공비의 계산) ①당기제품제조와 관련하여 발생한 외주가공비는 당해 기간에 실제로 발생한 비용을 집계하여 계산한다.(1998. 4. 1 제정)

②외주가공비는 그 성격에 따라 재료비 또는 경비에 포함하여 계상할 수 있으며, 그 금액이 중요한 경우에는 별도의 과목으로 기재할 수 있다.(1998. 4. 1 제정)

제13조(예정가격 등의 적용 특례) 제8조의 규정에 불구하고 제조원가는 재료의 가격, 임률 및 경비를 예정가격 또는 예정액으로 계산할 수 있으며, 제조간접비는 예정배부율을 적용하여 계산할 수 있다.(1998. 4. 1 제정)

제14조(원가부문별 계산) ①원가계산은 원가의 발생을 관리하고 제품원가의 계산을 정확히 하기 위하여 부문별로 계산할 수 있다. 이 경우 원가의 비목별 계산에서 집계된 원가요소는 그 전부 또는 일부를 다시 원가부문별로 집계한 후, 이를 다시 제품별로 배분할 수 있다.(1998. 4. 1 제정)

②원가부문은 원가요소를 분류·집계하는 계산상의 구분으로서 제조부문과 보조부문으로 구분한다.(1998. 4. 1 제정)

③제조부문은 직접 제조작업을 수행하는 부문을 말하며 제조활동 등에 따라 세분할 수 있다.(1998. 4. 1 제정)

④보조부문은 직접 생산활동을 수행하지 아니하고 제조부문을 지원·보조하는 부문으로서 그 수행하는 내용에 따라 세분할 수 있다.(1998. 4. 1 제정)

제15조(부문비 계산의 절차) ①원가의 부문별 계산은 원가요소를 제조부문과 보조부문에 배부하고, 보조부문비는 직접배부법·단계배부법 또는 상호배부법 등을 적용하여 각 제조부문에 합리적으로 배부한다.(1998. 4. 1 제정)

②제조부문에 집계된 원가요소는 필요에 따라 그 부문의 소공정 또는 작업단위별로 집계할 수 있다.(1998. 4. 1 제정)

제16조(부문개별비와 부문공통비) ①원가요소는 발생한 원가의 직접적인 집계가능성 여부에 따라 부문개별비와 부문공통비로 구분한다.(1998. 4. 1 제정)

②부문개별비는 원가발생액을 당해 발생부문에 직접 부과하고, 부문공통비는 인과관계 또는 효익관계 등을 감안한 합리적인 배부기준에 의하여 관련부문에 배부한다.(1998. 4. 1 제정)

제17조(원가의 제품별 계산방법) 원가의 제품별 계산은 원가요소를 제품단위에 집계하여 단위 제품의 제조원가를 산정하는 절차를 말하며, 이는 생산형태에 따라 개별원가계산방식과 종합원가계산방식 등으로 분류한다.(1998. 4. 1 제정)

제18조(개별원가계산) ①개별원가계산은 다른 종류의 제품을 개별적으로 생산하는 생산형태에 적용하며, 각 제조지시서별로 원가를 산정한다.(1998. 4. 1 제정)

② 제조간접비의 제품별 배부액은 각 제조부문별·소공정별 또는 작업단위별로 예정배부율 또는 실제배부기준에 의하여 배부한다. 다만, 필요한 경우에는 제조부문에 배부하지 않고 직접 제품에 부과할 수 있다.(1998. 4. 1 제정)

제19조(종합원가계산) ①종합원가계산은 동일 종류 또는 다른 종류의 제품을 연속하여 반복적으로 생산하는 생산형태에 적용한다.(1998. 4. 1 제정)

②종합원가계산의 단위당 원가는 발생한 모든 원가요소를 집계한 당기 총제조비용에 기초재공품원가를 가산한 후 그 합계액을 완성품과 기말재공품에 안분계산함으로써 완성품총원가를 계산하고, 이를 제품단위에 배분하여 산정한다.(1998. 4. 1 제정)

③종합원가계산에 있어서 완성품원가와 기말재공품원가는 완성품환산량에 의하여 선입선출법·후입선출법 또는 총평균법 등 기타 합리적인 방법을 적용하여 계산한다.(1998. 4. 1 제정)

④기말재공품의 완성품환산량은 재료의 투입정도 또는 가공정도 등을 고려하여 직접재료비와 가공비로 구분하여 산정할 수 있다.(1998. 4. 1 제정)

⑤종합원가계산은 생산되는 제품의 형태 및 공정에 따라 공정별원가계산, 조별원가계산, 등급별원가계산 및 연산품원가계산 등으로 분류한다.(1998. 4. 1 제정)

제20조(공정별원가계산) ①공정별원가계산은 제조공정이 2 이상의 연속되는 공정으로 구분되고 각 공정별로 당해 공정제품의 제조원가를 계산할 경우에 적용한다.(1998. 4. 1 제정)

②전공정에서 다음 공정으로 대체되는 제조원가는 전공정대체원가로 하여 다음 공정의 제조원가에 가산한다.(1998. 4. 1 제정)

③재료가 최초 공정에 전량 투입되고 다음 공정 이후에는 단순히 가공비만이 발생하는 경우 완성품총원가는 각 공정별로 가공비를 집계하고 여기에 재료비를 가산하여 계산할 수 있다.(1998. 4. 1 제정)

제21조(조별원가계산) ①조별원가계산은 다른 종류의 제품을 조별로 연속하여 생산하는 생산형태에 적용한다.(1998. 4. 1 제정)

②조별원가계산에서는 당해 기간의 제조원가를 조직접비와 조간접비로 구분하여 조직접비는 각 조에 직접 부과하고, 조간접비는 일정한 배부기준에 의하여 각 조별로 배부하여 조별총제조원가를 산출한다.(1998. 4. 1 제정)

제22조(등급별원가계산) ①등급별원가계산은 동일 종류의 제품이 동일 공정에서 연속적으로 생산되나 그 제품의 품질 등이 다른 경우에 적용한다.(1998. 4. 1 제정)

②등급품별단위당원가는 각 등급품에 대하여 합리적인 배부기준을 정하고, 당해 기간의 완성품총원가를 동 배부기준에 따라 안분하여 계산한다.(1998. 4. 1 제정)

③등급품별로 직접 원가를 구분하는 것이 가능할 경우 직접 원가는 당해 제품에 직접 부과하고 간접 원가는 제2항의 배부기준에 따라 배부할 수 있다.(1998. 4. 1 제정)

제23조(연산품원가계산) ①연산품원가계산은 동일재료로 동일공정에서 생산되는 다른 종류의 제품으로서 주산물과 부산물을 명확히 구분하기 곤란한 경우에 적용한다.(1998. 4. 1 제정)

②연산품원가계산은 제22조 제2항 및 제3항의 규정을 준용한다.(1998. 4. 1 제정)

제24조(부산물과 작업폐물의 평가) ①부산물은 제22조의 규정을 준용하여 평가하거나, 다음 각 호의 방법에 의하여 그 가액을 산정하여 이를 발생부문의 주산물 총원가에서 안분하여 차감한다.(1998. 4. 1 제정)

1. 부산물을 그대로 외부에 매각할 수 있는 경우에는 추정매각가격에서 판매비와 일반관리비 및 정상이윤을 공제한 가액(1998. 4. 1 제정)

2. 부산물로서 추가가공 후 매각하는 경우에는 가공제품의 추정매각가격에서 추가가공비, 판매비와 일반관리비 및 정상이윤을 공제한 가액(1998. 4. 1 제정)

3. 부산물을 그대로 자가소비하는 경우에는 그 추정매입가격(1998. 4. 1 제정)

4. 부산물로서 추가가공 후 자가소비하는 것은 그 추정매입가격에서 추가가공비 발생액을 공제한 가액(1998. 4. 1 제정)

②부산물의 추정매각가격 또는 추정매입가격은 최근 거래가격 또는 권위있는 물가조사기관의 물가조사표에 의한 시가를 적용한다.(1998. 4. 1 제정)

③판매비와 일반관리비 및 정상이윤은 유사제품의 최근 평균매출원가율을 적용하여 계산한다.(1998. 4. 1 제정)

④작업폐물은 제1항 내지 제3항의 규정을 준용하여 평가하고, 이를 발생부문의 제조원

가에서 차감하거나 필요에 따라 당해 제품의 제조원가에서 차감할 수 있다.(1998. 4. 1 제정)

제25조(공손비의 계산) ①공손비는 다음 각 호에 따라 계산하여 당해 제품의 제조원가에 부과하거나 원가발생부문의 간접비용으로 한다. 다만, 비정상적인 공손비는 영업외 비용으로 한다.(1998. 4. 1 제정)

1. 공손이 보수에 의하여 회복될 경우 공손비는 그 보수비용으로 한다.(1998. 4. 1 제정)

2. 공손이 보수로서 회복되지 않고 그 전부를 다시 생산할 경우 공손비는 기발생된 공손품 제조원가에서 공손품의 평가액을 차감한 가액으로 한다.(1998. 4. 1 제정)

3. 공손이 보수로서 완전 회복되지 않고 그 일부를 다시 생산할 경우 공손비는 추가적으로 발생하는 제조원가에서 공손품의 평가액을 차감한 가액으로 한다.(1998. 4. 1 제정)

②제1항 제2호 및 제3호의 규정에 의한 공손품의 평가는 제24조의 규정을 준용한다.(1998. 4. 1 제정)

제26조(표준원가계산의 적용) ①표준원가계산은 사전에 객관적이고 합리적인 방법에 의하여 산정한 원가(이하 "표준원가"라 한다)를 이용하여 제조원가를 계산하는 경우에 적용한다.(1998. 4. 1 제정)

②표준원가는 회사의 제반사정을 고려하여 현실적으로 달성 가능하도록 설정한다.(1998. 4. 1 제정)

제27조(표준원가의 산정) ①표준원가는 직접재료비, 직접노무비 및 제조간접비에 대하여 산정하고, 다시 제품원가에 대하여 설정한다.(1998. 4. 1 제정)

②원가요소의 표준은 수량과 가격에 대하여 각각 설정한다.(1998. 4. 1 제정)

제28조(표준직접재료비) ①표준직접재료비는 직접재료의 종류별로 제품단위당 표준소비수량과 표준소비가격을 설정하고, 이 양자를 곱하여 산정한다.(1998. 4. 1 제정)

②표준소비수량은 과학적·통계적 조사에 의하여 제품의 생산에 필요한 각종 재료의 종류, 품질, 가공방법 등을 고려하여 정한다. 이 경우 표준소비수량에는 정상적인 공손 및 감손을 포함한다.(1998. 4. 1 제정)

③동일한 기능을 수행하는 여러 종류의 재료가 대체적으로 사용되는 경우 표준직접재료비는 각 재료의 표준배합비율을 설정하고, 이에 각 재료의 표준소비수량과 표준소비가격을 곱하여 산정한다.(1998. 4. 1 제정)

④표준소비가격은 과거 및 현재의 시장가격과 장래에 예측되는 가격동향이나 거래관습 등 제반 경제적 여건을 고려하여 정한다.(1998. 4. 1 제정)

제29조(표준직접노무비) ①표준직접노무비는 직접작업의 구분마다 제품단위당 표준작업시간과 표준임률을 설정하고, 이 양자를 곱하여 산정한다.(1998. 4. 1 제정)

②표준작업시간은 과학적·통계적 조사에 의하여 작업의 종류, 사용기계공구, 작업방식, 노동의 등급 등을 고려하여 정한다.(1998. 4. 1 제정)

③표준임률은 과거 및 현재의 임률과 장래에 예측되는 변동 등 제반 여건을 고려하여 정한다.(1998. 4. 1 제정)

제30조(제조간접비의 표준) ①제조간접비의 표준은 부문별 또는 작업단위별로 일정기간에 발생할 제조간접비의 예정액으로 산정한다.(1998. 4. 1 제정)

②부문별 제조간접비 표준의 산정방법은 제14조 내지 제16조의 규정을 준용한다.(1998. 4. 1 제정)

제31조(표준원가의 수정) 표준원가는 생산의 조건 등에 변화가 있는 경우 이를 적절히 수정한다.(1998. 4. 1 제정)

제32조(원가차이의 산정) 표준원가와 실제발생원가와의 차액(이하 "원가차이"라 한다)은 원가계산기간별로 산정한다. 이 경우 실제발생원가의 산정은 제8조 내지 제16조의 규정에 의한다.(1998. 4. 1 제정)

제33조(원가차이의 회계처리) ①원가차이는 일정한 기준에 따라 회계연도의 매출원가와 기말재고자산에 배부하며, 원가차이의 배부를 보다 정확히 하기 위하여 원가요소별로 다른 배부기준을 적용할 수 있다.(1998. 4. 1 제정)

②비정상적으로 발생한 원가차이는 영업외수익 또는 영업외비용으로 한다.(1998. 4. 1 제정)

③실제원가계산제도에 있어서 원가의 일부를 예정가격 등으로 계산할 경우 발생한 원가차이는 제1항 및 제2항의 규정을 준용하여 처리한다.(1998. 4. 1 제정)

제34조(준용규정) 이 준칙은 제조업 이외의 업종을 영위하는 회사가 원가계산을 함에 있어서도 이를 준용할 수 있다.(1998. 4. 1 제정)

부 칙 (1999. 12. 8)

이 준칙은 1999년 12월 9일부터 시행한다.

부 칙 (1998. 4. 1)

제1조(시행일) 이 준칙은 1998년 4월 1일부터 시행한다.

제 2 조(종전 준칙의 폐지 및 이에 따른 경과조치) ①종전 증권관리위원회의 원가계산준칙(이하 "종전준칙"이라 한다)은 이 준칙 시행일부터 이를 폐지한다.

②이 준칙 시행 전에 종전 준칙에 의하여 회계처리한 경우에는 이 준칙을 적용한 것으로 본다.

제 3 조(다른 규정과의 관계) 이 준칙 시행당시 다른 규정에서 종전 준칙을 인용하고 있는 경우에 이 준칙 중 그에 해당하는 규정이 있는 경우에는 종전 준칙에 갈음하여 이 준칙 또는 이 준칙의 해당규정을 인용한 것으로 본다.

원가관련 전문용어

순번	한글표기	영문표기	낱 말 뜻
1	가격	PRICE	화폐로서 나타낸 상품의 교환 가치
2	간접원가	INDIRECT COST	물량추정이 어렵고 개별적이며 구체적인 인과 관계의 식별이 불가능한 원가(간접노무비, 보험료)
3	간접재료비	INDIRECT MATERIAL COST	제품 생산에 직·간접으로 소비되지만 중요도가 낮아 가격구성 요소의 중요 요소가 되지 않는 재료
4	감가상각	DEPRECIATION	취득가에서 잔존가액을 차감한 잔액을 그 내용연수에 걸쳐서 분배하는 과정
5	개발비	DEVELOPMENT EXPENSES	회사 설립일부터 영업개시일 까지 발생한 개업 준비를 위한 비용(제품구상에서 판매 개시 전까지)
6	건물	BUILDING	토지에 정착된 건조물 중 지붕과 벽 또는 기둥이 있는 것
7	경비	MANUFACTURING EXPENSES	제품제조를 위하여 지출된 원가요소 중 재료비, 노무비를 제외한 일절의 비용
8	경상이익	NORMAL PROFIT	기업의 경상거래 즉, 영업거래에 의하여 발생한 이익(영업이익+영업외수익-영업외비용)
9	경영	MANAGEMENT	계획을 세우고 일을 하여 나감
10	경쟁가격	COMPETITIVE PRICE	수요자와 공급자 상호간에 경쟁함으로써 이루어진 값
11	고정부채	FIXED LIABILITIES	대차대조표일 다음날로부터 1년 이후에 상환이 도래되는 부채(사채, 장기차관, 퇴직급여충당금)
12	고정비	FIXED COST	조업도 또는 생산량의 변화에 관계없이 고정적으로 발생하는 원가(임대료, 관리직임금, 기계감가상각비)
13	고정자산	FIXED ASSETS	전매를 목적으로 하지 않고 경영수단으로 사용할 목적으로 취득한 자산 즉, 장기간 기업내부에 고정화되어 경영수단으로 반복 사용되어도 그 형태 변화에 급격한 변화를 가져오지 않는 자산

순번	한글표기	영문표기	낱 말 뜻
14	공구		기계 또는 장치에 부착시키거나 또는 손으로 공장의 현장 작업에서 직접적으로 사용하는 것
15	공수		사람이나 기계가 할 수 있는, 또는 한일의 량을 수치로 표시한 것
16	공정	PROCESS	일이 진행되는 과정
17	광고선전비	ADVERTISING EXPENSES	기업이 상품, 제품, 용역 등의 판매촉진이나 기업이미지 개선 등의 효과를 위하여 불특정 다수인을 상대로 지출하는 비용
18	구축물	CONSTRUCTIONS	토지에 정착된 토목설비 교량, 굴뚝, 상하수도관 등으로 지붕이나 벽에 얹는 것
19	급료	SALARY	정신적 노동을 주로 하는 감독자, 관리자, 기술자, 사무원에 대해 지급되는 급여
20	기간원가	PERIOD COST	일정기간의 수익에 대응하여 발생하는 것으로 흔히 자산화 또는 재고화 될 수 없는 비용 (판·관비, 영업외비용)
21	기계장치	MACHINERY APPARATUS	재화의 제조를 위하여 사용되는 것(기계장치, 운송설비(콘베어, 호이스트, 기중기) 기타 부속설비)
22	기구		일정한 기능을 가지고 공장의 현장에서 간접적으로 사용하는 것
23	기말재공품재고액	FINAL INVENTORIES OF GOODS IN PROCESS	결산일련재 생산 과정 중에 있는 반제품 또는 부분품의 시재액
24	기초재공품재고액	INITIAL INVENTORIES OF GOODS IN PROCESS	재공품은 제조공정 중에 있는 반제품 또는 부분품 (전기로부터 이월된 재공품의 총재고액)
25	내용연수	USEFUL LIFE YEAR	고정자산이 일반적 상황에서 경제적으로 유효하게 사용될 수 있는 추정사용년수
26	노무비	LABOR COST	제품의 생산 또는 공장작업에 직·간접으로 종사하는 공장 종업원에 대한 급여
27	단가	UNIT COST	단위당 가격
28	단위	UNIT	사물을 헤아리는데 기초가 되는 표준
29	당기순이익	NET PROFIT	법인세 차감전 순이익-법인세
30	당기제품 제조원가	COST OF GOODS MANUFACTURED FOR THE PERIOD	당기중 제품 생산을 위하여 소비된 총비용(기초재공품재고액+당기총제조비용-기말재공품재고액-타계정대체액)
31	당좌자산	QUICK ASSETS	환금과 판매과정을 거치지 않고 단기간 내에 현금화하여 채무의 변재 또는 지급에 충당할 수 있는 자산(현금, 예금, 유가증권)

순번	한글표기	영문표기	낱 말 뜻
32	매출액	NET SALES	총매출액에서 매출에누리액과 매출환입액을 차감한 금액
33	매출액 경상이익률	RATIO OF NORMAL PROFIT TO NET SALES	경상이익을 매출액으로 나눈 비율로 기업활동의 전반적인 경영활동의 성과 측정에 활용
34	매출액 증가율	GROWTH RATE OF SALES	당년도 매출액에서 전년도 매출액을 차감한 후 전년도 매출액으로 나눈 비율로 기업의 신장세 측정에 활용
35	매출원가	COST OF SALES	매출을 실현하기 위하여 생산 또는 구매과정에서 소비된 재화와 용역의 총소비액
36	매출채권 회전율	TURNOVER RATE OF SALES STOCKS	매출액을 받을 어음과 외상매출금 합계로 나눈 값으로 매출채권의 결제속도 측정에 활용
37	매출총이익	GROSS PROFIT FROM SALES	매출액-매출원가(매출총원가가 매출액을 상회하는 경우에는 그 차액을 매출 손실로 표시)
38	목적	PURPOSE	일을 이루려는 목표
39	목표가	TARGET PRICE	달성하기 위한 목표가 되는 가격(신제품 개발시 경쟁력 확보를 위한 내부원가 관리에 사용)
40	무게	WEIGHT	사물(물건)의 무거운 정도를 나타내는 정도(중량)
41	무형고정 자산	INTANGIBLE FIXED ASSETS	구체적 존재 형태는 없으나 장기간에 걸쳐 경영에 이용됨으로써 특수한 수익을 얻을 수 있는 고정자산 (특허권, 상표권)
42	반제품		자가제조한 중간제품과 부분품
43	배당금	DIVIDEND	주식회사가 주주에게 이익을 배당해준 주식 또는 현금
44	법인세	CORPORATION TAX	당기의 부담에 속하는 법인세 추산액과 이 법인세에 부수되어 과세되는 방위세, 주민세 등
45	법인세차감 전순이익	NET PROFIT BEFORE INCOME TAX	경상이익+특별이익-특별손실
46	법정복리비	LEGAL WELFARE PAYMENT	의료보험, 산재보험, 퇴직보험, 연금(개인별) 등 법으로 정한 복지비용
47	변동비	VARIABLE COST	조업도 또는 생산량의 변화에 따라 변동하는 원가 (전력비, 현장직 임금 등)
48	보관료	STORAGE FEE	창고업자가 기탁계약에 의하여 남의 물건을 그 창고에 보관하고 수수료를 받는 일정한 요금
49	보조 재료비	ASSISTANT MATERIAL, SUB-MATERIAL	제품을 제작, 생산할 때 소량으로 소요되는 재료의 비용(원가계산시 경비로 분류함)
50	보험료	INSURANCE EXPENSES	보험계약에서 보험계약자가 보험자(보험회사)에 내는 돈

순번	한글표기	영문표기	낱 말 뜻
51	복리후생비	WELFARE COST	공장관계 전종업원의 복리후생을 위해 지출된 제경비(종업원 의료, 위생, 보건, 오락, 수양 급식비)
52	복합법	COMPOUND METHOD	복수의 배부기준으로 제조경비 배부하는 방법 (직접경비 : 기계 작업시간 기준, 간접경비 : 표준 단위시간)
53	부가가치율	ADDED VALUE RATE	부가가치를 매출액으로 나눈 비율로 매출액에 대한 부가가치율 측정에 활용
54	부채	LIABILITY	기업이 안고 있는 경제적 의무 (ECONOMIC OBLIGATIONS)
55	부채비율	LIABILITY RATE	부채를 자기자본으로 나눈 비율로 타인자본에 대한 안정도 측정에 활용
56	비용	EXPENSES	수익을 얻기 위하여 소비 또는 지출된 영업상의 원가 또는 소비액
57	비품	FIXTURES	공장이나 사업장의 현장에서 사용하지 않고 사무용 또는 영업용으로 사용되는 비품(내용년수가 1년 이상)
58	사전원가	PRE COST	제품개발/생산 후 산출된 원가
59	사후원가	POST COST	제품개발/생산 후 산출된 원가
60	상표권	TRADEMARK RIGHT	특정상표가 상표법에 의하여 등록되어 이를 일정 기간 동안 독점적, 배타적으로 이용할 수 있는 권리
61	상품		판매를 목적으로 구입한 상품, 미착상품, 적송품
62	생리여유	SPARE TIME OF PHYSIOLOGICAL RESTING	용변, 물을 마시거나 땀을 닦는 시간, 난로에 몸을 덥히는 시간
63	생산량		최종검사에서 합격한 제품의 수량
64	생산성	PRODUCTIVITY	경영소유의 투입(INPUT) 요소에 대한 산출 (OUTPUT)의 성과
65	생산성 비율		기업의 생산활동에 사용하고 있는 인적, 무적자원의 능력과 업적을 측정
66	설비투자효율	INVESTMENT EFFICIENCY OF APPARATUS	설비투자의 투자효율 측정에 활용 (부가가치×100)/(유형자산−건설가계정)
67	성장성 비율	GROWTH RATE	기업의 성장규모 및 기업활동의 성과가 당해연도 중 전년에 비해 얼마나 증가하였는가를 측정
68	세금과 공과금	TAXES AND PUBLIC CHARGES	공장 등 제조부문에서 발생한 인지세, 재산세, 자동차세 등 세금 및 공공단체에 납부하는 공과금
69	소모공구비	CONSUMPTION JIGS	제품생산에 소모되는 공구비(소모성 공구 : 드릴, 리머, 에드일, 바이트)
70	소모품비	ARTICLES OF CONSUMPTION EXPENSES	작업현장에서 발생되는 문구류, 제도용품, 청소용품 등의 소모품

순번	한글표기	영문표기	낱 말 뜻
71	손실	LOSS	비경상적이고 비반복적인 거래로 부터 발생하는 순자산의 감소(고정자산 처분손)
72	손익계산서	PROFIT AND LOSS STATEMENT	기업의 일정회계 기간에 있어서의 영업성적을 수익과 비용을 대응시켜 나타내는 보고서
73	수도광열비	WATER AND LIGHTING COST	수도료, 연료비, 유류대, 전기료 등(자가 발전을 하는 경우의 발전설비 운영, 유지비)
74	수량법	NUMBER METHOD	제품의 개수, 수량, 중량, 용적, 면적 등의 수량을 배부기준으로 하여 제조경비를 배부하는 방법
75	수선비	REPAIR EXPENSES	제품생산과 관련 제공되고 있는 건물, 기계장치, 공구, 구축물, 차량 등의 수선 유지에 소요되는 비용
76	수익	REVENUE	기업이 일정기간 동안에 고객에게 제공한 재화나 용역을 화폐액으로 표시한 것
77	수익성비율	PROFITABILITY RATE	일정기간동안 기업의 경영성(손익현황)을 측정하고 그 성과의 원인을 분석 검토하는 수익성 분석을 위한 자료
78	시간법	TIME METHOD	일정기간을 기준으로 하여 제조간접비 배부율을 산정하고 이에 따라 해당제품별로 제조경비를 배부하는 방법
79	실제원가	ACTUAL COST	실제로 투입된 인적, 물적 지원이 발생한 원가
80	안정성	STABILITY	기업이 단기적인 채무지급 능력을 갖추고 있을 뿐 아니라 장기적으로 기업외적 변화에 대응할 수 있는가를 측정
81	여비교통비	TRAFFIC EXPENSES	제조부품의 외근비, 출장비 등의 소요비용
82	여유시간	SPARE TIME	작업시간에 직접 필요한 정미시간 이외에 작업을 할 수 없는 대기시간(휴식시간 작업여유 생리여유)
83	영업외비용	NON OPERATING EXPENSES	기업의 주된 영업활동으로부터 발생하는 영업비용 이외의 비용 또는 손실 (지급이자, 할인료 외환차손)
84	영업외수익	NON OPERATING INCOME	기업의 주된 영업활동 이외에 부수적 활동에서 순환적으로 발생하는 금융적, 재무적 수입(수입이자, 수입배당금)
85	영업이익	OPERATING PROFIT	기업의 주된 영업활동의 결과 발생하는 이익(총매출이익-판매비와 일반관리비)
86	외주가공비	OUTSIDE PROCURED MANUFACTURE COST	하청업자에게 재료를 공급하여 가공을 의뢰한 경우에 발생하는 비용
87	운반비	TRANSPORT COST	자재운송 및 보관과 관련하여 발생하는 비용
88	원가	COST	기업에서 제품생산이나 용역의 제공을 위해 소비될 경제적 가치(재화와 용역)을 화폐액으로 표시하는 것

순번	한글표기	영문표기	낱 말 뜻
89	원가계산	COST CALCULATION	일정한 제품에 관해 그것에 필요한 원재료, 노동 그밖의 모든 비용을 가능한 정확하게 산출하는 절차
90	원가법	COST METHOD	일정가액을 배부기준으로 하여 제조경비 배부율을 산정하고 이에 따라 해당제품별로 제조경비를 배부하는 방법
91	원료	INGREDIENT	화학적인 변화로 제품이 되는 것
92	원재료	RAW MATERIAL	원료, 재료 매입부분품 미착원료
93	유가증권	SECURITY	재산권을 표창화는 증권으로서 그 권리의 이전 및 행사에 증권을 필요로 하는 것(화폐증권, 물품증권, 자본증권)
94	유동부채	CURRENT LIABILITIES	일반적인 상거래에서 발생하는 영업상의 채무와 1년 이내에 지급기일이 도래하는 부채(지급어음, 외상매입금, 단기차입금)
95	유동비율	FLOATING RATE	유동자산을 유동부채로 나눈 비율로 지불능력 측정에 활용
96	유동자산	CURRENT ASSETS	일반적으로 상거래에서 순환적으로 발생하는 자산과 발생형태는 비순환적이지만 대차대조표상의 다음날로부터 1년 이내에 현금화가 가능한 자산
97	유형고정 자산	TANGIBLE FIXED ASSETS	구체적 존재형태를 가지고 있는 자산(토지, 건물, 구축물, 기계장치, 차량운반구)
98	이연부채	DEFERRED LIABILITIES	환율조정비, 기타이연부채
99	이연자산	DEFERRED ASSET	지출에 따른 효과가 당해연도분 아니라 장래의 수년에 걸쳐서 나타날 것으로 예상되는 이연비용 (창업비, 개업비 등)
100	이윤	PROFIT	비정상적이고 비반복적인 거래로부터 발생하는 순자산의 증가(고정자산처분이익)
101	이익잉여금	EARNED SURPLUS	기업의 손익거래의 결과로 나타낸 잉여금 중 사외유출분을 제외하고 사내에 보유 축적된 이익 (미처분 이익잉여금)
102	일반관리비	GENERAL MANAGEMENT EXPENSES	영업, 총무, 경리, 기획부서 등의 일반관리직 및 임원
103	일반관리직	GENERAL MANAGERS	현장에서 제조작업에 직접 종사하는 일급제 (성과급제) 기능직 사원에 대해 지급하는 급여
104	임원급여	OFFICER SALARIES & ALLOWANCE	공장요의 토지, 건물, 구축물 등을 임차한 경우에 지급되는 임차료 또는 사용료
105	자본	CAPITAL, OWNER'S EQUITY, NET-WORK	자산총계에서 부채총계를 차감한 잔액 즉 순자산액이며 소유주지분이라고도 함
106	자본금	CAPITAL STOCK	정관에서 자본금으로 확정되어 발행이 완료된

순번	한글표기	영문표기	낱 말 뜻
			주식의 액면총액(증액방법 : 무산증자 : 유산증자)
107	자본잉여금	CAPITAL SURPLUS	주식의 발행, 증자, 감자와 같은 기본거래에서 발생한 잉여금(자본준비금, 재평가적립금, 기타자본잉려금)
108	자산	ASSET	기업이 소유하고 있는 각종의 재화와 채권(경세석 효익을 제공할 수 있는 잠재력을 갖은 자원)
109	자산평가		기업이 소유하고 있는 자산의 경제적 가치를 화폐액으로 표시하는 과정
110	작업여유	SPARE TIME OF WORK	공구연삭, 기계급유 절삭칩처리, 기계청소 재료에 있는 작은 결함 손질 등의 불규칙적으로 발생하는 시간
111	작업인원	NUMBER OF WORKER	일터에서 연장이나 기계를 가지고 일을 하는 사람
112	잔존가액	REMAINING COST	자산이 더 이상 고유의 목적에 사용할 수 없게 되어 폐기처분하거나 매각할 때 얻을 수 있는 추정가액
113	잡급	SUNDAY PAYMENT BONUS	임시직 종업원과 잡역인부에 대해서 지급되는 급여
114	재고자산	INVENTORIES	기업이 판매 또는 제조를 목적으로 보유하는 자산 (상품, 제품, 반제품, 원재료, 재공품, 저장품)
115	재고자산 회전율	TURNOVER RATE OF INVENTORIES	매출액을 재고자산으로 나눈 비율로 재고자산의 현금화 속도 측정에 활용
116	재공품		제품 또는 반제품제조를 위하여 재공 과정이 있는 것
117	재료		제조할 때 단순히 물리적인 변화만으로 제품이 되는 것
118	재료비	MATERIAL COST	제품의 제조에 직접 소요된 주재료, 부재료 매입부분품과 간접으로 소요된 물조재료 소모공구 비품 등의 소비액
119	재산세	PROPERTY TAX	재산을 조세 객체로 하여 과하는 세, 재산자체를 재원으로 하는 실질적 관세이외에 재산소득을 재원으로 하는 명목적 과세를 포함
120	재질	MATERIAL QUALITY	재료의 특성이나 성질
121	저장품		소모품, 소모성공구, 기구, 비품, 수선용 부분품, 기타 저장품
122	전력비	ELECTRICITY EXPENSES	전기를 사용하는 대가로 지급하는 비용
123	점유면적	OCCUPY AREA	차지하여 자기의 소유로 한 넓이
124	정비 작업시간	NET WORK TIME	가공물을 기공하는데 소요되는 시간 (순수작업시간)
125	정상 작업시간		1일 480분(8Hr) 근무시간 중에서 휴식시간을 제외한 시간

순번	한글표기	영문표기	낱 말 뜻
126	정상작업일		휴무일(공휴일, 국경일, 회사사정에 의한 휴무일) 이외의 근무일
127	정액감가 상각법	DEPRECIATION COST BY THE FIXED AMOUNT METHOD	매기 일정한 금액을 감가상각하는 방법(감가상각 대상금액을 내용연수 동안 매기 균등하게 분배)
128	정율감가상각법	DEPRECIATION COST BY THE FIXED RATE METHOD	매기 일정한 상각율을 곱하여 각 연도의 감가상각비를 구하는 방법(연도마다 율이 상이함)
129	제수당	ALLOWANCE	기본급을 제외한 기타수당(특별수당, 상여금, 퇴직급, 기타급여)
130	제조관리직	MANUFACTURING MANAGERS	제조를 위한 관리자 및 스태프(생관, 생산, 개발, 구매, 자재, Q.C, 기술부 등에 근무하는 원급제 사원)
131	제조원가명세서		재무재표의 부속명세서로서 제품의 생산을 위하여 소비된 경제가치인 원가의 계산 명세서
132	제품	GOODS	판매를 목적으로 제조한 생산품, 부산물, 작업폐물
133	제품원가	PRODUCT COST	일정한 생산단위에 관련된 것으로 재고화 가능원가
134	주요 재료	PRINCIPAL MATERIAL	제품의 제조에 직접 소비되고 제품의 주요 구성부품이 되는 원재료
135	준비시간	PRELIMINARY TIME	제품의 가공준비에 소요되는 시간(도면수령, 해독, 공구수령 및 반납, 금형취부, 시험작업)
136	직장여유	SPARE TIME OF WORK PLACE	조회, 청소, 회의 등 직장 특유 사정에 의한 지연과 정전, 재료운반, 기계고장에 소요되는 시간
137	직접원가	DIRECT COST	특정원가 대상에 대하여 발생한 원가의 물량추적이 가능한 것으로 인과관계가 분명하게 인지될 수 있는 원가(재료비, 직접노무비)
138	직접재료비		제품생산에서 제품의 생산에 직접소비 되고 주요한 구성성분이 되는 재료
139	차량운반구	VEHICLE CARRIERS	사람이나 화물을 적재하고 육상에서 운반하는 용구
140	차량유지비	VEHICLES MAINTENANCE EXPENSES	차량유지와 관련하여 발생되는 비용 (제조경비 : 화물차, 지게차 버스)
141	차종	KIND OF CAR	자동차의 종류
142	총자본 경상이익률	RATIO OF NORMAL PROFIT TO CAPITAL	경상익을 총자본으로 나눈 비율로 총자본에 대한 수익성 측정에 활용
143	총자산회전율	TURNOVER RATE OF THE TOTAL CAPITAL	매출액을 총자본으로 나눈 비율로 총자본의 이용도 측정에 활용
144	취득원가	BUYING COST	자산의 취득에 직접 소요된 대가와 당해자산이 사용 가능한 상태에 이르기까지 발생한 모든 부대비용
145	타계정 대체액	TRANS FERRIED TO OTHER ACCOUNT	제조업에 있어서 자사의 제품이나 반제품을 자사가 소비할 경우 자가소비된 부분은 당기 제조원가에서

순번	한글표기	영문표기	낱 말 뜻
			공제하여 자산 등 다른 계정으로 대체
146	통관수수료	CUSTOMS FEE	세관의 통과 즉 정규의 수속을 이행하여 세관으로부터 수출입의 허가를 받을 때 지급하는 수수료(비용)
147	퇴직금	RETIREMENT ALLOWANCE	공무원이나 근로자 등이 그 직에서 물러날 때 국가나 그 밖의 단체로부터 받는 돈
148	투자	INVESTMENT	기업의 주된 영업활동과 관계없이 장기적인 투자수익을 목적으로 획득한 자산
149	특별손실	SPECIAL LOSSES	정상적인 영업활동과 관계없이 비정상적으로 발생하는 비용(고정자산처분손실, 화재손실)
150	특별이익	SPECIAL GAINS	정상적인 영업활동과 관계없이 비정상적으로 발생하는 수익(투자자산처분이익, 고정자산처분이익)
151	특허권	RIGHT TO A PATENT	특정발명이 특허법에 의하여 등록되어 이를 일정 기간동안 독점적 배타적으로 이용할 수 있는 권리
152	표준원가	STANDARD COST	예산편성 및 FEED BACK 시스템이 기초를 제공하는 것으로 실제원가에 비해 다양한 의사결정에 유용
153	표준작업 시간		필요한 능력을 가지고 충분히 연습된 작업자가 적당한 속도와 환경에서 가공할 때 표준임금을 받을 수 있게 정해진 가공 필요시간
154	피로여유	SPARE TIME OF FATIGUE	작업으로 인한 피로 회복을 위하여 소요되는 작업지연
155	하역료	UNLOADING FEE	배서서 짐(화물)을 내릴 때 소요되는 비용
156	할인료	DISCOUNT PAID	어음할인에 있어 현금과 바꾼 날부터 만기까지의 날수에 따라 차인하는 이자
157	현장간접직	INDIRECT ON THE JOB PERSONNEL	일급제이나 제조작업에 직접 종사하지 않는 기능직 사원(공무, 동력, 수선, Q.C 등)
158	현장직접직	DIRECT ON THE JOB PERSONNEL	현장에서 제조작업에 직접 종사하는 기능직 사원 (선반공, 밀링공, 프레스공 등)
159	환율	EXCHANGE RATE	두 나라 사이의 통화(화폐) 교환율
160	활동성	ACTIVITY	기업에 투자된 자본이 기간 중 얼마나 활발하게 운용되었는가를 나타내는 비율

● 저자소개

·박석하

한국물류관리사협회장을 지냈으며, SCM, 물류, 원가관리시스템 구축, 코스트테이블 구축과 관련된 컨설팅 및 교육을 하고 있다. 학회지에 관련 논문 50여편을 출판하였으며, 기업물류비산정지침해설 등의 과제를 수행하였으며, 지속가능물류 경영 등 도서도 출판하였다.

·손영삼

GM Korea 구매팀장
아주대학교 산업공학과

·김제숭

서울대학교 산업공학과에서 박사학위를 취득하였고, 현재 상지대학교 경영학과 교수로 재직중이다. 국제전문학술지(SCI)에 100여 편의 논문을 출판하였으며, 연구재단의 지원으로 다수의 연구 과제를 수행한 바 있다. 주요 관심분야로는 대기행렬이론, 확률모형, 정보통신 응용, 환경물류 및 신뢰성평가 등이다.

[제6판]
원가계산과 원가관리

초   판 발행   2002년 5월 31일
개정 1판 발행   2006년 2월 20일
개정 3판 발행   2010년 2월 10일
개정 4판 발행   2012년 5월 20일
개정 5판 발행   2018년 2월 28일
개정 6판 발행   2022년 5월 20일

지은이   박석하, 손영삼, 김제승
발행인   이낙용

발행처   도서출판 범한
등록   1995년 10월 12일(제2-2056)
주소   10579 경기도 고양시 덕양구 통일로 374 101동 1301호
전화   (02) 2278-6195
팩스   (02) 2268-9167
메일   bumhanp@hanmail.net
홈페이지 www.bumhanp.com

정가 23,000원   ISBN 979-11-5596-199-5 93320